中華古籍保護計劃

ZHONG HUA GU JI BAO HU JI HUA CHENG GUO

·成果·

（唐）釋玄奘 譯 （唐）釋辯機 撰

宋思溪藏本大唐西域記

第一册

國家圖書館出版社

圖書在版編目(CIP)數據

宋思溪藏本大唐西域記:全三册 / (唐)釋玄奘譯;(唐)釋辯機撰.-- 北京:國家圖書館出版社,2017.3(2017.9 重印)
(國學基本典籍叢刊)
ISBN 978 -7 -5013 -6009 -3

Ⅰ.①宋…　Ⅱ.①釋…②釋…　Ⅲ.①西域—歷史地理—唐代　Ⅳ.①K928.6 ②K935.06

中國版本圖書館 CIP 數據核字(2016)第 325984 號

書　　名　宋思溪藏本大唐西域記(全三册)
著　　者　(唐)釋玄奘　譯　(唐)釋辯機　撰
責任編輯　黄　静
封面設計　徐新狀

出　　版　國家圖書館出版社(100034　北京市西城區文津街7號)
(原書目文獻出版社　北京圖書館出版社)
發　　行　010-66114536　66126153　66151313　66175620
66121706(傳真)　66126156(門市部)
E - mail　nlcpress@nlc.cn(郵購)
Website　www.nlcpress.com→投稿中心
經　　銷　新華書店
印　　裝　河北三河弘翰印務有限公司
版　　次　2017年3月第1版　2017年9月第2次印刷

開　　本　880×1230(毫米)　1/32
印　　張　18

書　　號　ISBN 978-7-5013-6009-3
定　　價　56.00圓

《國學基本典籍叢刊》編委會

《國學基本典籍叢刊》前言

國家圖書館出版社（原書目文獻出版社 北京圖書館出版社）成立三十多年來，出版了大量的中國傳統文化典籍。由於這些典籍的出版往往採用叢書的方式或綫裝形式，供公共圖書館和大學圖書館典藏使用，普通讀者因價格較高、部頭較大，不易購買使用。爲弘揚優秀傳統文化，滿足廣大普通讀者的需求，現將經、史、子、集各部的常用典籍，選擇善本，分輯陸續出版單行本。每書之前均加簡要説明，必要者加編目録和索引，總名《國學基本典籍叢刊》。歡迎讀者提出寶貴意見和建議，以使這項工作逐步完善。

國家圖書館出版社

二〇一六年四月

序　言

該書爲唐釋玄奘譯、釋辯機撰，宋紹興二年（一一三二）王永從刻安吉州思溪法寶資福寺大藏本（卷一、六配日本抄本），楊守敬跋。

玄奘（六〇二—六六四）俗姓陳，洛州偃師（今屬河南）人。唐太宗時高僧，世稱三藏法師。曾於貞觀年間遊歷印度，於貞觀十九年（六四五）回到長安，譯經同時奉敕撰寫《大唐西域記》，翌年書成。《舊唐書》有傳，曰：『（玄奘）在西域十七年，經百餘國，悉解其國之語，仍採其山川謡俗，土地所有，撰《西域記》十二卷。』該書記述玄奘往印度取經過程中親身經歷和傳聞所知，凡一百三十八個國家和地區之山川勝迹、風土人情，乃當時南亞次大陸、中亞、西亞及我國新疆之真實記載，是研究這些地區之珍貴資料。正文起首有尚書左僕射燕國公張説序，曰：『奉詔翻譯梵本，凡六百五十七部。具覽遐方異俗，絶壤殊風，土著之宜，人備之序，正朔所暨，聲教所覃者，《大唐西域記》，勒成一十二卷。編録典奥，綜覈明審，立言不朽，其在兹焉。』日本智恩院收藏有奈良時期(七一〇—七八四)寫本『大唐三藏法師玄奘表啓』,係書成後所呈進書表。

正文末有辯機跋記,敘在長安跟隨玄奘撰録《西域記》過程。辯機,大揔持寺沙門,曾爲玄奘譯經場之證文。

《新唐書·藝文志》記爲玄奘、辯機各撰一書,成二書,鄭樵《通志》與之同;晁公武《郡齋讀書志》記此書爲玄奘撰,不及辯機;《宋史·藝文志》記此書爲辯機撰,不及玄奘;陳振孫《直齋書録解題》記爲玄奘譯辯機撰。關於『譯』與『撰』,賀昌群一九三六年在《圖書季刊》曾發表專論,一九八八年楊廷福《玄奘年譜》亦有定論,其要曰:《西域記》係玄奘口述,辯機筆録,最後由玄奘修潤、審定。此書爲玄奘奉詔撰述,唐代經録本無疑詞,但由於今本結銜爲『三藏法師玄奘奉詔譯,大揔持寺沙門辯機撰』,遂産生『譯』與『撰』之疑問。據考,唐代載籍無一作玄奘譯,《慈恩傳》《内典録》《珠林》《開元録》《貞元録》均作玄奘撰。其誤始於宋《開寶藏》,而《開寶藏》又爲宋以後佛經雕版祖本,各本因此沿襲莫辨。

今存《大唐西域記》最早傳本,乃現藏巴黎和倫敦之敦煌寫本,僅卷一、二、三,俱爲殘卷。北宋崇寧二年(一一〇三)福州東禪寺雕造《崇寧萬壽大藏》,其中收有此書,但已不全,北京大學圖書館存卷四。今藏中國國家圖書館之《趙城金藏》中存此書第十一、十二兩卷。高麗王朝刊刻《高麗藏》中收録此書，國内無藏。此次《國學基本典籍叢刊》所選係資福寺大藏經，爲著名《思溪藏》本。該藏經由湖州歸安縣王永從與弟王永錫施刊，始刻於北宋末年靖康元年（一一二六），至紹興二年（一一三二）已完成。後來曾經補版。國内原無存完整之《思溪藏》，日本尚存，楊守敬從日本尋訪歸國一部，今藏中國國家圖書館。扉葉書牌題『宋紹興二年王永從刻安吉州思溪法寶資福寺大藏本』。《宋史·地理志》記寶慶元年（一二二五）改湖州爲安吉州，時距紹興二年已有九十餘年。楊守敬《日本訪書志》認爲這是『宋理宗嘉熙三年（一二三九）安吉州思溪法寶資福寺所刊』。根據日本藏本中題記，王永從宋紹興二年刊經時已致仕，此時當不在世。王國維《兩浙古刊本考》中曰：『疑此藏即就思溪王氏所刊加以增補，未必别有一刻。』王國維之説，可增進對扉葉書牌之題的理解。此本《西域記》原缺卷一和卷六，日本元禄九年（清康熙三十五年 公元一六九六年）山城州天安司法金剛院重修整此書時，乃從别本（日本所藏宋本）影抄此二卷。此二卷末均有題識二行『山城國綴喜郡薪村、靈瑞山酬恩庵沙門宗桂書寫之』。楊守敬《日本訪書志》記載本書尋訪事及其考辨。其孫楊先梅於宣統三年（一九一一）復録諸卷末。《四庫全書》所收此書，係用浙江鮑士恭家藏本，即明代吴琯《古今逸史》本，其中注釋雜有明代永樂年鄭和至斯里蘭卡事。

該書扉葉有楊守敬肖像，右上角鈐印『星吾七十歲小像』，序文首葉鈐印『星吾海外訪得祕笈』

『飛青閣藏書印』。該書現藏中國國家圖書館。《中華再造善本》所用即此本。今國家圖書館出版社將其列入《國學基本典籍叢刊》影印出版，定價低廉，實乃讀者之幸事。

王菡

二〇一七年二月二十八日

總目録

第一册

卷一　三十四國……一
阿耆尼國　屈支國　跋禄迦國　笯赤建國　赭時國　怖捍國　窣堵利瑟那國　颯秣建國
弭秣賀國　劫布呾那國　屈霜你迦國　喝捍國　捕喝國　伐地國　貨利習彌伽國
羯霜那國　呾蜜國　赤鄂衍那國　忽露摩國　愉漫國　鞠和衍那國　鑊沙國　珂咄羅國
拘謎陀國　縛伽浪國　紇露悉泯健國　忽懔國　縛喝國　鋭秣陀國　胡寔健國
呾剌健國　揭職國　梵衍那國　迦畢試國
卷二　三國……五七
濫波國　那揭羅曷國　健馱羅國
卷三　八國……一〇九

烏仗那國　鉢露羅國　呾叉始羅國　僧訶補羅國
烏剌尸國　迦濕彌羅國　半笯蹉國　曷羅闍補羅國
卷四　十五國……一五五
磔迦國　至那僕底國　闍爛達羅國　屈露多國　設多圖盧國
波理夜呾羅國　秣菟羅國　薩他泥濕伐羅國　窣祿勤那國　秣底補羅國
婆羅吸摩補羅國　瞿毗霜那國　堊醯掣呾羅國　毗羅刪拏國　劫比他國

第二册

卷五　六國……一
羯若鞠闍國　阿踰陁國　阿耶穆佉國
鉢邏耶伽國　憍賞彌國　鞞索迦國
卷六　四國……四一
室羅伐悉底國　劫比羅伐窣堵國　藍摩國　拘尸那揭羅國

卷七　五國……八七
婆羅痆斯國　戰主國　吠舍釐國　弗栗恃國　尼波羅國
卷八　一國……一二七
摩揭陀國上

第三册

卷十　十七國……一
伊爛拏鉢伐多國　瞻波國　羯朱嗢祇羅國　奔那伐彈那國　迦摩縷波國
三摩呾吒國　耽摩栗底國　羯羅拏蘇伐剌那國　烏荼國　恭御陁國
羯餕伽國　憍薩羅國　案達羅國　馱那羯磔迦國　珠利耶國
達羅毗荼國　秣羅矩吒國
卷十一　二十三國……四九
僧伽羅國　恭建那補羅國　摩訶剌侘國　跋禄羯呫婆國　摩臘婆國
阿吒釐國　契吒國　伐臘毗國　阿難陁補羅國　蘇剌侘國　瞿折羅國

鄔闍衍那國　擲枳陁國　摩醯濕伐羅補羅國　信度國　茂羅三部盧國　鉢伐多國
阿點婆翅羅國　狼揭羅國　波剌斯國　臂多勢羅國　阿軬荼國　伐剌拏國
卷十二　二十二國……………………………………九九
漕矩吒國　弗栗恃薩儻那國　安呾羅縛國　闊悉多國　活國　瞢健國
阿利尼國　曷邏胡國　訖栗瑟摩國　鉢利曷國　呬摩呾羅國　鉢鐸創那國
淫薄健國　屈浪拏國　達摩悉鐵帝國　尸棄尼國　商彌國　朅盤陁國
烏鎩國　佉沙國　斫句迦國　瞿薩旦那國

第一册目録

卷一　三十四國……………………………………一
阿耆尼國　屈支國　跋禄迦國　笯赤建國　赭時國　㤄捍國　窣堵利瑟那國　颯秣建國
弭秣賀國　劫布呾那國　屈霜你加國　喝捍國　捕喝國　伐地國　貨利習彌伽國
羯霜那國　呾蜜國　赤鄂衍那國　忽露摩國　愉漫國　鞠和衍那國　鑊沙國　珂咄羅國
拘謎陀國　縛伽浪國　紇露悉泯健國　忽懔國　縛喝國　鋭秣陀國　胡寔健國
呾刺健國　揭職國　梵衍那國　迦畢試國
卷二　三國……………………………………五七
濫波國　那揭羅曷國　健馱羅國
卷三　八國……………………………………一〇九
烏仗那國　鉢露羅國　呾叉始羅國　僧訶補羅國
烏刺尸國　迦濕彌羅國　半笯蹉國　曷羅闍補羅國

卷四　十五國……一五五
磔迦國　至那僕底國　闍爛達羅國　屈露多國　設多圖盧國
波理夜呾羅國　秣菟羅國　薩他泥濕伐羅國　窣禄勤那國　秣底補羅國
婆羅吸摩補羅國　瞿毗霜那國　堊醯掣呾羅國　毗羅刪拏國　劫比他國

據國家圖書館藏宋紹興二年（一一三二）王永從刻安吉州思溪法寶資福寺大藏本（卷一、六配日本抄本）影印原書版框高二十五厘米寬十一點四厘米

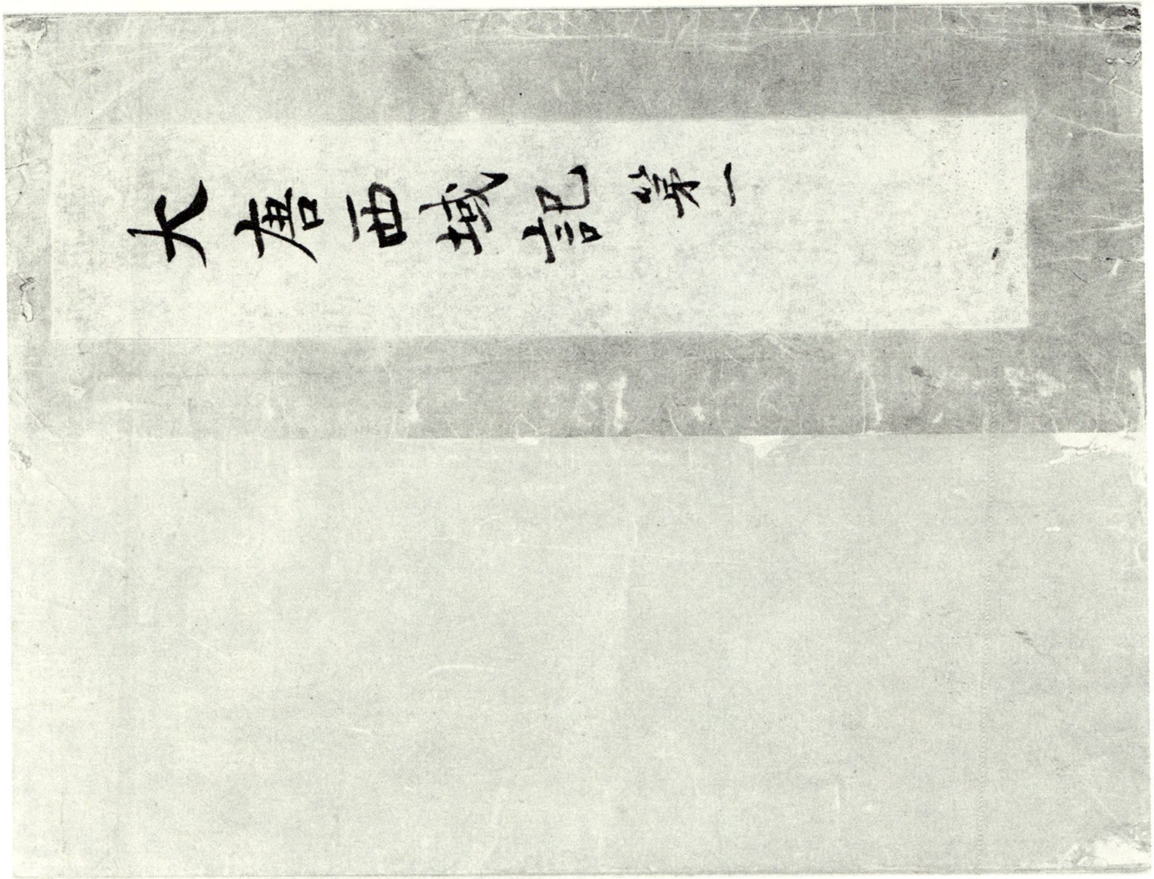
大唐西域記第一

星吾七十歲小像

大唐西域記序

尚書左僕射燕國公製　轉

若夫玉毫流照甘露灑於大千金鏡揚輝薰風被於有截故知示現三界粤稱天下之尊光宅四表式標域中之大是以惠日淪影像化之跡東歸帝猷宏闡大章之步西極有慈恩道場三藏法師諱玄奘俗姓陳氏其先潁川人也帝軒提象控華渚而開源大舜賓門基歷山而聳構三恪照於姬載六奇光於漢祀書奏而承朗月遊道而聚德星縱壑駢鱗培風齊翼世濟之美鬱爲景胄法師籍慶誕生含和降德結根深而茂道源浚而靈長

奇閱之歲霞軒月舉聚沙之年蘭薰桂馥伯
乎成立藝殫墳素九皐載響丘府交辟以夫
早悟真假夙照慈懸鏡真筌而廷佇顧生涯
而永息而朱紱紫纓誠有界之微網寶車丹
枕寔出世之津途由是擯落塵滓言歸閑曠
令兄長捷法師釋門之棟幹者也擅龍象於
身世挺鶖鷺於當年朝野挹其風猷中外羨
其聲彩既而情深友愛道睦天倫法師服勤
請益分陰靡棄業光上首擢秀檀林德契中
庸騰芬蘭室抗策平道包九部而吞夢鼓拕
玄津俯四章而小曾自茲遍遊談肆載移涼
燠功既成矣能亦畢矣至於泰初日月燭耀

靈臺子雲攀恍發揮神府於是金文蹔啓佇
秋駕而雲趨玉柄纔撝披霧市而波屬若會
劉輪之旨猶知拜瑟之微以瀉瓶之多聞泛
虛舟而獨遠遁於轘轅之地先摧鍱腹之誇
井絡之鄉遽表浮杯之異遠途宗挹為之語
曰昔聞荀氏八龍今見陳門雙驥汝潁多奇
士誠哉此言法師自幼迄長遊刃玄籍名流
先達部執交馳趨末忘本摭華捐實遂有南
北異学是非紛紀永言於此良用憮然或恐
傳譯踳駁未能筌究欲窮香象之文將罄龍
宮之目以絕倫之德屬會昌之期杖錫拂衣
第如遐境於是背玄灞而延望指葱山而矯

迹川陸綿長備嘗艱險陋博望之非遠嗤法
顯之為局遊踐之處畢究方言鐫求幽賾妙
窮津會於是詞發雌黃飛英天竺文傳貝葉
聿歸振旦　太宗文皇帝金輪纂御寶位居
尊載佇風徽召見青蒲之上迺睠通識前膝
黃屋之間　手詔綢繆中使繼路俯摛睿思
轉一　二
乃製三藏聖教序凡七百八十言今上昔在
春闈裁述聖記凡五百七十九言啟玄妙之
津盡揄揚之旨蓋非道映雞林譽光鷲岳豈
能緬降神藻以旌時秀奉　詔翻譯梵本凡
六百五十七部具覽遐方異俗絕壤殊風土
著之宜人備之序正朔所暨聲教所覃者大

唐西域記勒成一十二卷編録典奥綜覈明
審立言不朽其在茲焉

大唐西域記卷第一

三藏法師　玄奘奉　詔譯

大總持寺沙門　辯機　撰

三十四國

阿耆尼國　屈支國
跋禄迦國　笯(奴故反)赤建國
赭時國　㤽(數廢反)捍國
窣(蘇沒反)堵利瑟那國　颯秣建國
弭秣賀國　劫布呾那國
屈霜(去聲)你加國　喝捍國

轉一

捕喝國　伐地國

貨利習彌伽國　羯霜（去聲）那國

呾蜜國　赤鄂衍那國

忽露摩國　愉（色俱反）漫國

鞠和衍那國　鑊沙國

珂咄羅國　拘謎（莫閉反）陀國

縛伽浪國　紇露悉泯健國

三

忽懍國　縛喝國

銳秣陀國　胡寔健國

呾剌健國　揭職國

梵衍那國　迦畢試國

歷選皇猷遐觀帝録庖羲出震之初軒轅垂

衣之始所以司牧黎元所以壃畫分野暨乎
唐堯之受天運光格四表虞舜之納地圖德
流九土自茲已降空傳書事之冊逖聽前修
徒聞記言之史豈若時逢有道運屬無為者
歟我大唐御極則天乘時握紀一六合而光
宅四三皇而照臨玄化滂流祥風遐扇同乾
坤之覆載齊風雨之鼓潤與夫東夷入貢西
戎即叙創業垂統撥亂反正固以跨越前王
囊括先代同文共軌至治神功非載記無以
贊大猷非昭宣何以光盛業玄奘輒隨遊至
舉其風土雖未能考方辨俗信已越五踰三
含生之疇咸被凱澤能言之類莫不稱功越

自天府暨諸天竺幽荒異俗絶域殊邦咸承
正朔俱霑聲教贊武功之績諷成口實美文
德之盛鬱為稱首詳觀載籍所未嘗聞緬惟
圖諜誠無與二亦有所叙何記化洽今據聞
見於是載述然則索訶世界（舊曰娑婆世界 又曰娑訶世界 皆訛）
（轉一）三千大千國土為一佛之化攝也今（四）一日
月所照臨四天下者據三千大千世界之中
諸佛世尊皆此垂化現生現滅導聖導凡蘇
迷盧山（唐言妙高山 舊曰須弥 又曰須弥婁 皆訛略）四寶合成在
大海中據金輪上日月之所迴薄諸天之所
遊舍七山七海環峙環列山間海水具八功
德七金山外乃鹹海也海中可居者大略有

四洲焉。東毗提訶洲（舊曰弗婆提，又曰弗于逮，訛），南贍部洲（舊曰閻浮提洲，又曰剡浮洲，訛也），西瞿陀尼洲（舊曰瞿耶尼，又曰劬伽尼，訛），北拘盧洲（舊曰鬱單越，又曰鳩樓，訛）。金輪王乃化被四天下，銀輪王則政隔北拘盧，銅輪王除北拘盧及西瞿陀尼，鐵輪王則唯贍部洲。夫輪王者，將即大位，隨福所感，有大輪寶浮空來應，感有金銀銅鐵之異，境乃四三二一之差，因其先瑞，即以為号。則贍部洲之中地者，阿那婆答多池也（唐言無熱惱，舊曰阿耨達池，訛），在香山之南，大雪山之北，周八百里矣。金銀琉璃頗胝飾其岸焉，金沙彌漫，清波皎鏡。大地菩薩以願力故，化為龍王，於中潛宅，出清冷水，給贍部洲是以池東面銀牛口流出殑伽河（巨升反。舊曰恒河，又曰恒伽，訛也）繞池一帀入東南海。池南面金象口流出信度河（舊曰辛頭河，訛）繞池一帀入西南海。池西面瑠璃馬口流出縛芻河（舊曰博叉河，訛）繞池一帀入西北海。池北面頗胝師子口流出徙多河（舊曰私陀河，訛）繞池一帀入東北海。或曰潛流地下出積石山，即徙多河之流，為中國之河源云。

時無輪王應運，贍部洲地有四主焉。南象主則暑濕宜象，西寶主乃臨海盈寶，北馬主寒勁宜馬，東人主和暢多人。故象主之國躁烈篤學，特閑異術，服則橫巾右袒，首則中髻四

垂族類邑居室宇重閣寶主之鄉無禮義重
財賄短製左衽斷髮長髭有城郭之居務殖
貨之利馬主之俗天資獷暴情忍殺戮毳帳
穹廬鳥居逐牧人主之地風俗機慧仁義照
明冠帶右衽車服有序安土重遷務資有類
四主之俗東方為上其居室則東闢其戶且
日則東向以拜人主之地南面為尊方俗殊
風斯其大槩至於君臣上下之禮憲章文軌
之儀人主之地無以加也清心釋累之訓出
離生死之教象主之國其理優矣斯皆著之
經誥聞諸土俗博閱今古詳考見聞然則佛
興西方法流東國通譯音訛方言語謬音訛

則義失語謬則理乖故曰必也正名乎貫無乖謬矣

夫人有剛柔異性言音不同斯則繫風土之氣亦習俗之致也若其山川物産之異風俗性類之差則人主之地國史詳焉馬主之俗寳主之鄉史誥備載可略言矣至於象主之國前古未詳或書地多暑濕或載俗好仁慈頗存方志莫能詳舉豈道有行藏之致固世有推移之運矣是知候律以歸化飲澤而來賓越重險而疑玉門貢方奇而拜絳闕者蓋難得而言焉由是之故訪道遠遊請益之隙存記風土黑嶺已來莫非胡俗雖戎人同貫

而族類群分畫界封壃大率土著建城郭務
殖田畜性重財賄俗輕仁義嫁娶無禮尊卑
無次婦言是用男位居下死則焚骸喪期無
數務面截耳斷髮裂囊屠殺群畜祀祭幽鬼
吉乃素服凶則皂衣同風類俗略舉條貫異
政殊制隨地別叙印度風俗語在後記出高
昌故地自近者始曰阿耆尼國舊曰烏耆
阿耆尼國東西六百餘里南北四百餘里國
大都城周六七里四面據山道險易守泉流
交帶引水為田土宜穈黍宿麥香棗蒲萄梨
柰諸果氣序和暢風俗質直文字取則印度
微有增損服飾氎褐斷髮無巾貨用金錢銀

錢小銅錢王其國人也勇而略好自稱伐國
無綱紀法不整肅伽藍十餘所僧徒二千餘
人習学小乘教説一切有部經教律儀既遵
印度諸習学者即其文而翫之戒行律儀絜
清勤勵然食雜三淨滯於漸教矣從此西南
行二百餘里踰一小山越二大河西得平川
行七百餘里至屈（居勿反）支國（舊曰龜茲）
屈支國東西千餘里南北六百餘里國大都
城周十七八里宜穈麦有粳稻出蒲萄石榴
多梨柰桃杏土產黃金銅鐵鉛錫氣序和風
俗質文字取則印度粗有改變管絃伎樂特
善諸國服飾錦褐斷髮巾帽貨用金銀錢小

銅錢王屈支種也智謀寡昧迫於強臣其俗
生子以木押頭欲其匾㔟也伽藍百餘所僧
徒五千餘人習學小乘教說一切有部經教
律儀取則印度其習讀者即本文矣尚拘漸
教食雜三淨潔清耽翫人以功競
國東境城北天祠前有大龍池諸龍易形交
合牝馬遂生龍駒𢠷戾難馭龍駒之子方乃
馴駕所以此國多出善馬聞諸先志曰近代
有王号曰金花政教明察感龍馭乘王欲終
没鞭觸其耳因即潛隱以至于今城中無井
取汲池水龍變為人與諸婦會生子驍勇走
及奔馬如是漸染人皆龍種恃力作威不恭

王命王乃引擒突厥殺此城人少長俱戮略
無噍類城今荒蕪人煙斷絶
荒城北四十餘里接山阿隔一河水有二伽
藍同名照怙釐而東西隨稱佛像莊飾殆越
人工僧徒清肅誠為勤勵東昭怙釐佛堂中
有玉石面廣二尺餘色帶黄白狀如海蛤其
上有佛足履之迹長尺有八寸廣餘八寸矣
或有齋日照燭光明
大城西門外路左右各有立佛像高九十餘
尺於此像前建五年一大會處每歲秋分數
十日間舉國僧徒皆來會集上自君王下至
士庶損廢俗務奉持齋戒受經聽法渇日忘

疲諸僧肇僧伽藍莊嚴佛像瑩以珍寶飾之
錦綺載諸肇輿謂之行像動以千數雲集會
所常以月十五日晦日國王大臣諮議國事
訪及高僧然後宣布會場西北渡河至阿奢
理貳伽藍（唐言奇特）庭宇顯敞佛像功飾僧徒肅
穆精勤匪怠並是耆艾宿德博学高才遠方
俊彥慕義至止國王大臣士庶豪碩四事供
養久而彌敬聞諸先志曰昔此國先王崇敬
三寶將欲遊方觀禮聖迹乃命母弟攝知留
事其弟受命竊自割勢防未萌也封之金函
持以上王王曰斯何謂也對曰迴駕之日乃
可開發即付執事隨軍掌護王之還也果有

搆禍者曰王命監國婬亂中宮王聞震怒欲置嚴刑弟曰不敢逃責願開金函王遂發而視之乃斷勢也曰斯何異物欲何發明對曰王昔遊方命知留事懼有讒禍割勢自明今果有徵願垂照覽王深敬異情愛彌隆出入後庭無所禁礙王弟於後行遇一夫擁五百牛欲事刑腐見而惟念引類增懷我今形虧豈非宿業即以財寶贖此群牛以慈善力男形漸具以形具故遂不入宮王怪而問之乃陳其始末王以為奇特也遂建伽藍式旌美迹傳芳後葉從此西行六百餘里經小沙磧至跋祿迦國舊謂姑墨又曰亟墨

跋祿迦國東西六百餘里南北三百餘里國大都城周五六里土宜氣序人性風俗文字法則同屈支國語言少異細氈細褐鄰國所重伽藍數十所僧徒千餘人習學小乘教說一切有部國西北行三百餘里度石磧至凌山此則葱嶺北原水多東流矣山谷積雪春夏合凍雖時消泮尋復結冰經途險阻寒風慘烈多暴龍難陵犯行人由此路者不得赭衣持瓠大聲叫微有違犯災禍目覩暴風奮發飛沙雨石遇者喪沒難以全生山行四百餘里至大清池（或名熱海 又謂鹹海）周千餘里東西長南北狹四面負山衆流交湊色帶青黑味兼

鹹苦洪濤浩汗驚波汨急龍魚雜處靈怪間
起所以往來行旅禱以祈福水族雖多莫敢
漁捕
清池西北行五百餘里至素葉水城城周六
七里諸國商胡雜居也土宜糜麥蒲萄林樹
稀疎氣序風寒人衣氈褐素葉已西數十孤
城城皆立長雖不相稟命然皆役屬突厥自
素葉水城至羯霜那國地名窣利人亦謂焉
文字語言即隨稱矣字源簡略本二十餘言
轉而相生其流浸廣粗有書記竪讀其文遞
相傳授師資無替服氈褐衣皮氎裳服褊急
齊髮露頂或總剪剃繒綵絡額形容偉大志

性惟怯風俗澆訛多行詭詐大抵貪求父子計利財多為貴良賤無差雖富巨萬服食麁弊力田逐利者雜半矣

素葉城西行四百餘里至千泉千泉者地方二百餘里南面雪山三垂平陸水土沃潤林樹扶疏暮春之月雜華若綺泉池千所故以名焉突厥可汗每來避暑中有群鹿多飾鈴鐶馴狎於人不甚驚走可汗愛賞下命群屬敢加殺害有誅無赦故此群鹿得終其壽

千泉西行百四五十里至呾邏私城城周八九里諸國商胡雜居也土宜氣序大同素葉

南行十餘里有小孤城三百餘戶本中國人

也音為突厥所掠後遂鳩集同國共保此城於中宅居衣服去就遂同突厥言辭儀範猶存本國從此西南行二百餘里至白水城城周六七里土地所產風氣所宜逾勝呾邏私西南行二百餘里至恭御城城周五六里原隰膏腴樹林蓊鬱從此南行四五十里至笯

十一

赤建國 奴故[轉]反

笯赤建國周千餘里地沃壤備稼穡草木鬱茂華果繁盛多蒲萄亦所貴也城邑百數各別君長進止往來不相稟命雖則畫野區分揔稱笯赤建國從此西行二百餘里至赭時國 唐言石國

赭時國周千餘里西臨葉河東西狹南北長
土宜氣序同笯赤建國城邑數十各别君長
既無揔主役屬突厥從此東南千餘里至怖
（數反）（發）捍國怖捍國周四千餘里山周四境土
地膏腴稼穡滋盛多華果宜羊馬氣序風寒
人性剛勇語異諸國形貌醜弊自數十年無
大君長酋豪力競不相賓伏依川據險畫野
分都從此西行千餘里至窣堵利瑟那國
窣堵利瑟那國周千四五百里東臨葉河葉
河出葱嶺北原西北而流浩汗渾濁汨淴漂
急土宜風俗同赭時國自有王附突厥從此
西北入大沙磧絶無水草途路彌漫壃境難

測望大山尋遺骨以知所指以記經途行五百餘里至颯秣建國唐言康國

颯秣建國周千六七百里東西長南北狹國大都城周二十餘里極險固多居人異方寶貨多聚此國土地沃壤稼穡備植林樹蓊鬱華果滋茂多出善馬機巧之伎特上諸國氣序和暢風俗猛烈凡諸胡國此爲其中進止威儀近遠取則其王豪勇隣國承命兵馬強盛多是赭羯赭羯之人其性勇烈視死如歸戰無前敵從此東南至弭秣賀國唐言米國

弭秣賀國周四五百里據川中東西狹南北長土宜風俗同颯秣建國從此北至劫布呾

那國（唐言曹國）

劫布呾那國周千四五百里東西長南北狹土宜風俗同颯秣建國從此國西行三百餘里至屈（居勿反）霜（去聲）你迦國（唐言何國）

屈霜你迦國周千四五百里東西狹南北長土宜風俗同颯秣建國從此國西二百餘里至喝捍國（唐言東安國）

喝捍國周千餘里土宜風俗同颯秣建國從此國西四百餘里至捕喝國（唐言中安國）

捕喝國周千六七百里東西長南北狹土宜風俗同颯秣建國從此國西四百餘里至伐地國（唐言西安國）

代地國周四百餘里土宜風俗同颯秣建國
從此西南五百餘里至貨利習彌伽國
貨利習彌伽國順縛芻河兩岸東西二三十
里南北五百餘里土宜風俗同伐地國語言
少異從颯秣建國西南行三百餘里至羯霜
（去聲）（轉一）那國（唐言史國）
羯霜那國周千四五百里土宜風俗同颯秣（十三）
建國從此西南行二百餘里入山山路崎嶇
谿徑危險既絕人里又少水草東南山行三
百餘里入鐵門鐵門者左右帶山山極峭峻雖有
狹徑加之險阻兩傍石壁其色如鐵既設門
扉又以鐵錮多有鐵鈴懸諸戶扇因其險固

遂以爲名出鐵門至覩貨邏國（舊曰吐火羅國訛也）其地南北千餘里東西三千餘里東阨葱嶺西接波剌斯南大雪山北據鐵門縛芻大河中境西流自數百年王族絶嗣酋豪力競各擅君長依川據險分爲二十七國雖畫野區分總役屬突厥氣序既温疾疫亦衆冬末春初霜雨相繼故此境已南濫波已北其國風土並多温疾而諸僧徒以十二月十六日入安居三月十五日解安居斯乃據其多雨亦是設教隨時也其俗則志性恇怯容貌鄙陋粗知信義不甚欺詐語言去就稍異諸國字源二十五言轉而相生用之備物書以横讀自

左向右文記漸多逾廣窣利多衣氎少服褐
貨用金銀等錢模摸異諸國順縛芻河北下
流至呾蜜國呾蜜國東西六百餘里南北四
百餘里國大都城周二十餘里東西長南北
狹伽藍十餘所僧徒千餘人諸窣堵波（所謂浮圖也又曰鍮婆又曰塔婆又曰私鍮簸又曰藪斗波皆訛也）及佛尊像多神
異有靈鑒東至赤鄂衍那國赤鄂衍那國東
西四百餘里南北五百餘里國大都城周十
餘里伽藍五所僧徒尠少東至忽露摩國
忽露摩國東西百餘里南北三百餘里國大
都城周十餘里其王奚素突厥也伽藍二所
僧徒百餘人東至愉（朔俱反）漫國

愉漫國東西四百餘里南北百餘里國大都
城周十六七里其王奚素突厥也伽藍二所
僧徒寡少西南臨縛芻河至鞠和衍那國東
西二百餘里南北三百餘里國大都城周十
餘里伽藍三所僧徒百餘人東至鑊沙國
鑊沙國東西三百餘里南北五百餘里國大
都城周十六七里東至珂咄羅國
珂咄羅國東西千餘里南北千餘里國大都
城周二十餘里東接葱嶺至拘謎莫閉反陀國
拘謎陀國東西二千餘里南北二百餘里據
大葱嶺中國大都城周二十餘里西南隣縛
芻河南接尸棄尼國南渡縛芻河至達摩悉

鐵帝國鉢鐸創那國淫薄健國屈浪拏國呬
大利摩呾羅國鉢利曷國訖栗瑟摩國曷邏
叉胡國阿利尼國瞢健國自活國東南至闊悉
多國安呾邏縛國事在迴記活國西南至縛
伽浪國縛伽浪國東西五十餘里南北二百
餘里國大都城周十餘里南至紇露悉泯健
國轉一紇露悉泯健國周千餘里國大都城周十
四十五五里西北至忽懔國忽懔國周八百餘里
國大都城周五六里伽藍十餘所僧徒五百
餘人西至縛喝國
縛喝國東西八百餘里南北四百餘里北臨
縛芻河國大都城周二十餘里人皆謂之小

王舍城也其城雖固居人甚少土地所產物類尤多水陸諸華難以備舉伽藍百有餘所僧徒三千餘人普皆習学小乘法教城外西南有納縛（唐言新）僧伽藍此國先王之所建也大雪山北作論諸師唯此伽藍美業不替其佛像則瑩以名珍堂宇乃飾之奇寶故諸國君長利之以攻劫此伽藍素有毗沙門天像靈鑒可恃宜加守衛近突厥葉護可汗子肆葉護可汗傾其部落率其戎旅奄襲伽藍欲圖珍寶去此不遠屯軍野次其夜夢見毗沙門天曰汝有何力敢壞伽藍因以長戟貫徹胷背可汗驚悟

便苦心痛遂告群屬所要咨徵馳請衆僧方
伸懺謝未及返命已從殞沒伽藍內南佛堂
中有佛澡鑵量可斗餘雜色炫燿金石難名
又有佛牙其長寸餘廣八九分色黃白質光
淨又有佛掃箒迦奢草作也長餘二尺圍可
七寸其把以雜寶飾之凡此三物每至六齋
法俗咸會陳設供養至誠所感或放光明
伽藍北有窣堵波高二百餘尺金剛泥塗衆
寶廁飾中有舍利時燭靈光
伽藍西南有一精廬建立已來多歷年所遠
方輻湊高才類聚證四果者難以詳舉故諸
羅漢將入涅槃示現神通衆所知識乃有建

立諸窣堵波基址相隣數百餘矣雖證聖果
終無神變蓋亦千計不樹封記今僧徒百餘
人夙夜匪懈凡聖難測大城西北五十餘里
至提謂城城北四十餘里有波利城城中各
有一窣堵波高餘三丈昔者如來初證佛果
趣菩提樹方詣鹿園時二長者遇彼威光隨
其行路之資遂獻麨蜜世尊為說人天之福
最初得聞五戒十善也既聞法誨請所供養
如來遂授其髮爪焉二長者將還本國請禮
敬之儀式如來以僧伽胝（舊曰僧伽梨訛）方疊布下
次下鬱多羅僧次僧却崎（舊曰僧祇支訛）又覆鉢豎
錫杖如是次第為窣堵波二人承命各還其

城擬儀聖旨式修崇建斯則釋迦法中最初
窣堵波也城西七十餘里有窣堵波高餘二
丈昔迦葉波佛時之所建也從大城西南入
雪山阿至銃秣陀國銃秣陀國東西五六十
里南北百餘里國大都城周十餘里西南至
胡寔健國故寔健國東西五百餘里南北千
餘里國大都城周二十餘里多山川出善馬
西北至咀剌健國
咀剌健國東西五百餘里南北五六十里國
大都城周十餘里西接波剌斯國界從縛喝
國南行百餘里至揭職國
揭職國東西五百餘里南北三百餘里國大

都城周四五里土地磽确陵阜連屬少華果多菽麥氣序寒烈風俗剛猛伽藍十餘所僧徒三百餘人並学小乘教說一切有部東南入大雪山山谷高深峯巖危險風雪相繼盛夏合凍積雪彌谷蹊徑難涉山神鬼魅暴縱妖祟群盜橫行殺害為務行六百餘里出覩貨邏國境至梵衍那國

梵衍那國東西二千餘里南北三百餘里在雪山中也人依山谷逐勢邑居國大都城據崖跨谷長六七里北背高巖有宿麥少華果宜畜牧多羊馬氣序寒烈風俗剛獷多衣皮褐亦其所宜文字風教貨幣之用同覩貨邏

國語言少異儀貌大同淳信之心特甚隣國
上自三寶下至百神莫不輸誠竭心宗敬商
估往来者天神現徵祥示祟變求福德伽藍
數十所僧徒數千人宗学小乘說出世部王
城東北山阿有立佛石像高百四五十尺金
色晃耀寶飾煥爛東有伽藍此國先王之所
轉一 十八
建也伽藍東有鍮石釋迦佛立像高百餘尺
分身别鑄揔合成立城東十二三里伽藍中
有佛入涅槃卧像長千餘尺其王每此設無
遮大會上自妻子下至國珍府庫既傾復以
身施群官僚佐就僧酬贖若此者以為所務
矣卧像伽藍東南行二百餘里度大雪山東

至小川澤泉池澄鏡林樹青蔥有僧伽藍中
有佛齒及劫初時獨覚齒長五寸餘廣減四
寸復有金輪王齒長三寸廣二寸商諾迦縛
娑舊曰商那和修訛也大阿羅漢所持鐵鉢量可八九
升凡三賢聖遺物並以黄金緘封又有商諾
迦縛娑九條僧伽胝衣絳赤色設諾迦草皮
之所績成也商諾迦縛娑者阿難弟子也在
先身中以設諾迦草衣於解安居日持施衆
僧承兹福力於五百身中陰生陰恒服此衣
以最後身從胎俱出身既漸長衣亦隨廣及
阿難之度出家也其衣變為法服及受具戒
更變為九條僧伽胝將證寂滅入邊際定發

智願力留此袈裟盡釋迦遺法法盡之後方
乃變壞今已少損信有徵矣從此東行入雪
山踰越黑嶺至迦畢試國迦畢試國周四千
餘里北背雪山三垂黑嶺國大都城周十餘
里宜穀麥多果木出善馬鬱金香異方奇貨
多聚此國氣序風寒人性暴獷言辭鄙媟婚
姻雜亂文字大同覩貨邏國習俗語言風教
頗異服用毛氈衣兼皮褐貨用金錢銀錢及
小銅錢規矩模樣異於諸國王剎利種也有
智略性勇烈威懾隣境統十餘國愛育百姓
敬崇三寶歲造丈八尺銀佛像兼設無遮大
會周給貧窶惠施鰥寡伽藍百餘所僧徒六

千餘人並多習學大乘法教窣堵波僧伽藍
崇高弘敞廣博嚴淨天祠數十所異道千餘
人或露形或塗灰連絡髑髏以爲冠鬘
大城東三四里北山下有大伽藍僧徒三百
餘人並學小乘法教聞諸先志曰昔健馱邏
國迦膩色迦王威被隣國化洽遠方治兵廣
地至葱嶺東河西蕃維畏威送質迦膩色迦
王既得質子特加禮命寒暑改館冬居印度
諸國夏還迦畢試國春秋止健馱邏國故質
子三時住處各建伽藍今此伽藍即夏居之
所建也故諸屋壁圖畫質子容貌服飾頗同
東夏其後得還大國心存故居雖阻山川不

替供養故今僧衆每至入安居解安居大興法會爲諸貧子祈福樹善相繼不絕以至于今伽藍佛院東門南大神王像右足下坎地藏寶貧子之所藏也故其銘曰伽藍朽壞取以修治近有邊王貪婪凶暴聞此伽藍多藏珍寶驅逐僧徒方事發掘神王冠中鸚鵡鳥

轉一 二十

像乃奮羽驚鳴地爲震動王及軍人僻易僵仆久而得起謝咎以歸

伽藍北嶺上有數石室貧子習定之處也其中多藏雜寶其側有銘藥叉守衛有欲開發取中寶者此藥叉神變現異形或作師子或作蟒虵猛獸毒虫殊形震怒以故無人敢得

攻發石室西二三里大山嶺上有觀自在菩薩像有人至誠願見者菩薩從其像中出妙色身安慰行者大城東南三十餘里至曷邏怙邏僧伽藍傍有窣堵波高百餘尺或至齋日時燭光明覆鉢勢上石隙閒流出黑香油靜夜中時聞音樂之聲聞諸先志曰昔此國之臣曷邏怙羅之所建也功既成已於夜夢中有人告曰汝所建立窣堵波未有舍利明且有獻上者宜從王請且入朝進請曰不量庸昧敢有願求王曰夫何所欲對曰今日有先獻者願垂恩賜王曰然曷邏怙邏佇立宮門瞻望所至俄有一人持舍利瓶大臣問曰

欲何獻上曰佛舍利大臣曰吾為尒守宜先
白王曷邏怙邏恐王珍貴舍利追悔前愆疾
往伽藍登窣堵波至誠所感其石覆鉢自開
安置舍利已而疾出尚拘衣襟王使逐之石
已掩矣故其隙間流黒香油
城南四十餘里至霫（胥立反）蔽多代剌祠城凡
地大震山崖崩墜周此城界無所動搖
霫蔽多伐剌祠城南三十餘里至阿路猱（奴高
反）山崖嶺隋峻巖谷杳冥其峯每歲增高數
百尺與漕矩吒國𦙶（士句反下同）那呬羅山髣髴
相望便即崩墜聞諸土俗曰初𦙶那天神自
遠而至欲止此山山神震恐搖蕩谿谷天神

曰不欲相舍故此傾動步垂實主當盈賊寶
吾今往漕矩吒國稱那呬羅山每歲至我受
國王大臣祀獻之時宜相属望故阿路猱山
增高既已尋即崩墜
王城西北二百餘里至大雪山山頂有池請
雨祈晴隨求果願聞諸先志曰昔健馱邏國
有阿羅漢常受此池龍王供養每至中食以
神通力并坐繩牀陵虛而往侍者沙彌密於
繩牀之下攀援潛隱而阿羅漢時至便往至
龍宮乃見沙彌龍王因請留食龍王以天甘
露飯阿羅漢以人間味而饌沙弥阿羅漢飯
食已訖便為龍王說諸法要沙弥如常為師

滌器器有餘粒駿其香味即起惡願恨師忿
龍願諸福力於今悉現斷此龍命我自為王
沙弥發是願時龍王已覺頭痛矣羅漢說法
誨喻龍王謝咎責躬沙彌懷忿未從誨謝既
還伽藍至誠發願福力所致是夜命終為大
龍王威猛奮發遂來入池殺龍王居龍宮有
其部屬揔其統命以宿願故興暴風雨摧拔
樹木欲壞伽藍時迦膩色迦王怪而發問其
阿羅漢具以白王王即為龍於雪山下立僧
伽藍建窣堵波高百餘尺龍懷宿忿遂發風
雨王以弘濟為心龍乘瞋毒作暴僧伽藍窣
堵波六壞七成迦膩色迦王恥功不成欲填

龍池毀其居室即興兵象至雪山下時彼龍
王深懷震懼變作老婆羅門叩王象而諫曰
大王宿植善本多種勝因得為人王無思不
服今日何故與龍交爭夫龍者畜也卑下惡
類然有大威不可力競乘雲馭風蹈虛履水
非人力所制豈王心所怒哉王今舉國興兵
與一龍鬭勝則王無伏遠之威敗則王有非
敵之恥為王計者宜可歸兵迦膩色迦王未
之從也龍即還池聲震雷動暴風拔木沙石
如雨雲霧晦冥軍馬驚駭王乃歸命三寶請
求加護曰宿殖多福得為人王威懾強敵統
贍部洲今為龍畜所屈誠乃我之薄福也願

諸福力於今現前即於兩肩起大煙焰龍退
風靜霧卷雲開王令軍衆人擔一石用填龍
池龍王還作婆羅門重請王曰我是彼池龍
王懼威歸命唯王悲愍赦其前過王以含育
覆燾生靈如何於我獨加惡害王若殺我我
之與王俱墮惡道王有斷命之罪我懷怨讎
之心業報皎然善惡明矣王遂與龍明設要
契後更有犯必不相赦龍曰我以惡業受身
為龍龍性猛惡不能自持瞋心或起當忘所
制王今更立伽藍不敢摧毀每遣一人候望
山嶺黑雲若起急擊揵椎我聞其聲惡心當
息其王於是更修伽藍建窣堵波候望雲氣

於今不絕聞諸先志曰窣堵波中有如來骨
肉舍利可一升餘神變之事難以詳述一時
中窣堵波内忽有煙起少時間便出猛焰時
人謂窣堵波已從火燼瞻仰良久火滅煙消
乃見舍利如白珠璠循環表柱宛轉而上昇
高雲際縈旋而下

王城西北大河南岸舊王伽藍内有釋迦菩
薩弱齡齓齒長餘一寸其伽藍東南有一伽
藍亦名舊王有如來頂骨一片面廣寸餘其
色黃白髮孔分明又有如來髮髮色青紺螺
旋右縈引長尺餘卷可半寸凡此三事每至
六齋王及大臣散華供養頂骨伽藍西南有

舊王妃伽藍中有金銅窣堵波高百餘尺聞
諸士俗曰其窣堵波中有佛舍利升餘每月
十五日其夜便放圓光燭燿靈盤聯輝達曙
其光漸斂入窣堵波
城西南有比羅娑洛山唐言象堅山神作象形故
曰象堅也昔如來在世象堅神奉請世尊及
轉一 千二百大阿羅漢山巔有大盤石如作四來即之
受神供養其後無憂王即盤石上起窣堵波
高百餘尺今人謂之象堅窣堵波也亦云中
有如來舍利可一升餘
象堅窣堵波北山巖下有一龍泉是如來受
神飯已及阿羅漢於中漱口嚼揚枝因即植

根今為茂林後人於此建立伽藍名鞞鐸佉唐言爵楊枝也自此東行六百餘里山谷接連峯巖陗峻越黑嶺入北印度境至濫波國北印度境

大唐西域記卷第一　　轉

獻音由道也宏闡上惠扇反大也下昌演反開也渚音煑洲丨聳搆上息勇反高也下古候反丨架也姬載上居宜反周之姓也載年丨也壑呼各反深谷也駢步眠反丨羅培音倍蓅茂上羊歲反下莫候反丨丨草秀盛也浚私閏反深丨也薰兄云反香草也馥音伏字香盛也彈音丹盡也交辟下必亦反朱紱下音弗丨綬也徽音暉擯必刃反滓側史反棟幹上音凍字屋丨也下古且反正作幹枝木也擅時扇反挺他頂反出也鶖鷺二字音秋路即舍利弗是挹音邑酌也擢秀上音濁拔也中庸下音容

鼓柮 下余世反舡旁扳也一云舡檝也 鞶 音盤革帶也 撝 許為反丨拂也
迺 乃字 轘轅 還園二音河南地之名也 鍱腹 上音葉鐵薄也 遽 其預反速
也 迄長 上計訖反至也下上聲 摭 音隻採丨也 捐 音緣弃也 紛紏
下俱有反丨丨雜亂皃 恤然 上音武不意皃 踳駮 上尺尹反下必角反丨丨
雜也 玄灞 下音霸 矯迹 上居小反舉巾飛也 嗤笑 上尺之反 鐫 子全
反丨鑿也（轉） 幽賾 下助高反玄微也 纂御 上子管反繼也 睠 音眷字 綢
繆 上直流反下莫留反丨丨綿密也 摛 丑知反舒也 睿思 上羊歲反聖也
明也下去聲 緬 靡展反遠也 旃 音精丨表 壤 海兩反土也 暨 其器反及
也 着大 知御反立也 綜覈 上子宋反揔也下胡革反考丨也

第一卷

屈支 上居勿反亦云龜茲 笯 奴故反 赭 音者 怖悍 上芳發反下胡旦反
窣堵 上蘇没反下音覩字 颯秣 上蘇雜反下音末 弭 弥尒反 呾 丁達

反蠋竹救反捕喝上音步下呼曷反戍地上思律反鄂衍上吾
各反下音演愉漫上色俱反珂咄上苦何反下丁骨反謎莫閇反紇
胡没反泯米忍反懍呂錦反銳羊歲反咀刺上丁達反下郎達反
環峙下亘介反｜立也寒勁下居政反寒色徤也左袵下汝審反衣襟
也嶢昌歲反毛｜也穹廬上苦弓反下力居反｜｜氈帳也闢皮益反開
也大緊下音蓋略也隙丘逆反戎人上詩注反兵｜也鶩面
上力之反｜剥也糜黍上音眉黍之類粗才古反｜略也遍匝上畀免反
下他兮反牝馬上眦忍反雌｜也憹悷上音攏戾難調下音伏也馴音句
頎也抑也噍類上才笑反又子消反怙饕上音户下力之反瑩紆定反｜
飾也腐音父壞也滲烈上疎錦反一云作滲寒｜也七感反正作瘆恐非也稽
衣上音者赤衣也湊七奏反至也褊急上必展反窄也緡緑上自陵反
帛也偉大上羽鬼反奇也恇怯上音匡下丘業反澆訛上音驕浮薄也

詭詐上音鬼誑也咀邏上丁劃反下郎賀反掠力向反又音略劫也蓊

鬱上於孔反樹之茂盛酋豪上自由反雄勇也崎嶇上丘奇反下音區阻

險也陗峻上七笑反下思閏反陀音尼波剌下郎達反奄襲下音習

長戟下居逆反搶丨殞殁上羽敏反亡也澡灌二字音早貫亦作鑵炫

燿二字音縣曜輻輳上音福車丨也下七奏反麨蜜上尺小反乾麥屑也

伽胝下音知磽确上苦交反下音確石地也妖祟下私遂反鄙褻

下音轉薛正作媟狎也慢也威懾下之葉反驚丨也貧寠下其主反貧甚也

貪婪下郎含反僵仆上音薑下蒲北反仰倒日僵伏倒日仆石隙丘逆

反孔也霫穗立反猱奴高反⿰禾芻那上仕句反下奴个反呬許器反

髣髴上芳罔反下音弗覆燾上音富下音盗蓋也縈旋上紆榮反齓

齒上昌謹反八歲換齒也漱口上音瘦鞞鐸佉上音皮下丘迦反

山城國綴喜郡薪村

霊瑞山酬恩庵沙門宗桂書寫之

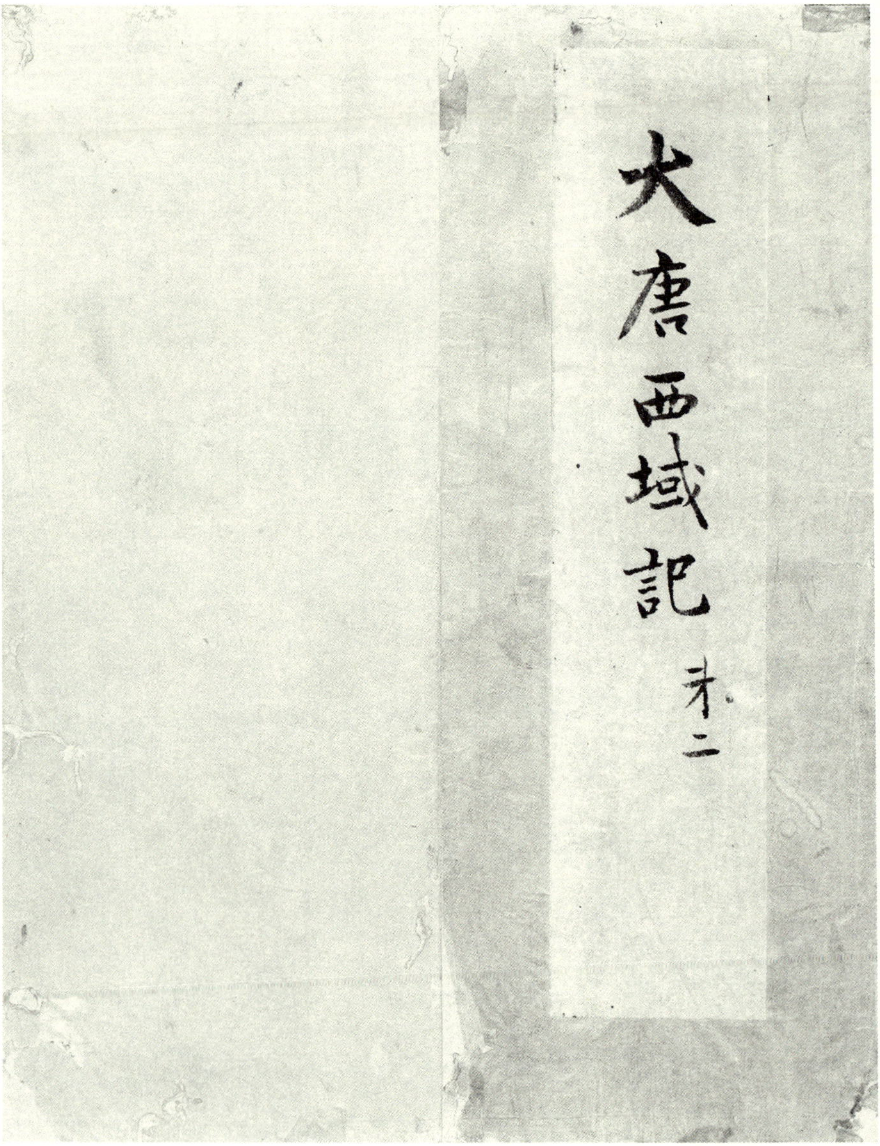
大唐西域記 卷二

大唐西域記卷第二 韓

三藏法師　玄奘奉　詔譯

大揔持寺沙門　辯機　撰

三國

濫波國　那揭羅曷國　健馱羅國

詳夫天竺之稱異議糺紛舊云身毒或曰賢豆今從正音宜云印度印度之人隨地稱國殊方異俗遥舉揔名語其所美謂之印度印度者唐言月月有多名斯其一稱言諸群生輪迴不息無明長夜莫有司晨其猶白日既隱宵燭斯繼雖有星光之照豈如朗月之明苟緣斯致因而譬月良以其土聖賢繼軌導

凡御物如月照臨由是義故謂之印度印度種姓族類群分而婆羅門特爲清貴從其雅稱傳以成俗無云經界之別揔謂婆羅門國焉若其封疆之域可得而言五印度之境周九万餘里三垂大海北背雪山北廣南狹形如半月畫野區分七十餘國時特暑熱地多泉濕北乃山阜隱軫丘陵潟鹵東則川野沃潤疇壟膏腴南方草木榮茂西方土地磽确斯大槩也可略言焉夫數量之稱謂踰繕那舊曰由旬又曰踰闍那又曰由延皆訛略也踰繕那者自古聖王一日軍行也舊傳一踰繕那四十里矣印度國俗乃三十里聖教所載唯十六里窮微之數分

一踰繕那爲八拘盧舍拘盧舍者謂大牛鳴聲所極聞拘盧舍分一拘盧舍爲五百弓分一弓爲四肘分一肘爲二十四指分一指節爲七宿麥乃至虱蟣隙塵牛毛羊毛兎毫銅水次第七分以至細塵細塵七分爲極細塵極細塵者不可復析析即歸空故曰極微也

若乃陰陽曆運日月次舍稱謂雖殊時候無異隨其星建以標月名時極短者謂刹那也百二十刹那爲一呾刹那六十呾刹那爲一臘縛三十臘縛爲一牟呼栗多五牟呼栗多爲一時六時合成一日一夜（夜三晝三）居俗日夜分爲八時（晝四夜四於一一時各有四分）月盈至滿謂之白

分月虧至晦謂之黒分黒分或十四日十五
日月有小大故也黒前白後合爲一月六月
合爲一行日遊在内北行也日遊在外南行
也揔此二行合爲一歲又分一歲以爲六時
正月十六日至三月十五日漸熱也三月十
六日至五月十五日盛熱也五月十六日至
七月十五日雨時也七月十六日至九月十
五日茂時也九月十六日至十一月十五日
漸寒也十一月十六日至正月十五日盛寒
也如來聖教歲爲三時正月十六日至五月
十五日熱時也五月十六日至九月十五日
雨時也九月十六日至正月十五日寒時也

或爲四時春夏秋冬也春三月謂制呾邏月吠舍佉月逝瑟吒月當此從正月十六日至四月十五日夏三月謂頞沙荼月室羅伐拏月婆達羅鉢陁月當此從四月十六日至七月十五日秋三月謂頞濕縛庾闍月迦剌底迦月末伽始羅月當此從七月十六日至十月十五日冬三月謂報沙月磨祛月頗勒窶拏月當此從十月十六日至正月十五日故印度僧徒依佛聖教坐兩安居或前三月或後三月前三月當此從五月十六日至八月十五日後三月當此從六月十六日至九月十五日前代譯經律者或云坐夏或云坐臘斯

皆邊裔殊俗不達中國正音或方言未融而
傳譯有謬又推如來入胎初生出家成佛涅
槃日月皆有參差語在後記
若夫邑里閭閻方域廣峙街衢巷陌曲徑槃
紆闤闠當塗旗亭夾路屠釣倡優魁膾除糞
旌厥宅居厈之邑外行里往來僻於路左至
於宅居之制垣郭之作地既卑濕城多疊甎
暨諸牆壁或編竹木室宇臺觀板屋平頭泥
以石灰覆以甎墼諸異崇構製同中夏苫茅
苫草或甎或板壁以石灰爲飾地塗牛糞爲
淨時花散布斯其異也諸僧伽藍頗極奇製
隅樓四起重閣三層榱梠棟梁奇形彫鏤户

牖垣牆圖畫衆彩黎庶之居内侈外儉奥室中堂高廣有異層臺重閣形製不拘門闢東户朝座東面至於坐止咸用繩牀王族大人士庶豪右莊飾有殊規矩無異君王朝座弥復高廣珠璣間錯謂師子牀敷以細氎蹈以寶机凡百庶僚隨其所好刻彫異類瑩飾奇珍衣裳服玩無所裁製貴鮮白輕雜彩男則繞腰絡腋横巾右袒女乃襜衣下垂通肩總覆頂爲小髻餘髮垂下或有剪髭別爲詭俗首冠花鬘身佩瓔珞其所服者謂憍奢耶衣及氎布等憍奢耶者野蠶絲也蒭摩衣麻之類也顩虚嚴反鉢羅衣織細羊毛也褐剌縭衣

織野獸毛細㲲可得緝績故以見珍而充服
用其北印度風土寒烈短製褊衣頗同胡服
外道服飾紛雜異製或衣孔雀羽尾或飾髑
髏瓔珞或無服露形或草板掩體或拔髮斷
髭或蓬鬢堆髻裳衣無定赤白不恒沙門法
服唯有三衣及僧却崎泥縛些桑箇反那三衣

裁製部執不同或緣有寬狹或葉有小大僧
却崎唐言掩腋舊曰僧祇支訛也覆左肩掩兩腋左開右
合長裁過腰泥縛些那唐言裙舊曰涅槃僧訛也既無帶
襻其將服也集衣爲襵束帶以絛襵則諸部
各異色乃黃赤不同剎帝利婆羅門清素居
簡潔白儉約國王大臣服玩良異花鬘寶冠

以爲首飾環釧纓絡而作身佩其有富商大賈唯釧而已人多徒跣少有所履漆其牙齒或赤或黑齊髮穿耳脩鼻大眼斯其貌也夫其潔清自守非矯其志凡有饌食必先盥洗殘宿不再食器不傳瓦木之器經用必棄金銀銅鐵每加摩瑩饌食既訖嚼楊枝而爲淨澡漱未終無相執觸每有溲溺必事澡濯身塗諸香所謂栴檀鬱金也君王將浴鼓奏絃歌祭祀拜詞沐浴盥洗

詳其文字梵天所製原始垂則四十七言遇物合成隨事轉用流演枝泒其源浸廣因地隨人微有改變語其大較未異本源而中印

度特爲詳正辭調和雅與天同音氣韻清亮爲人軌則隣境異國習謬成訓竟欲澆俗莫守淳風至於記言書事各有司存史誥揔稱謂尼羅蔽荼（唐言青藏）善惡具舉災祥備著而開蒙誘進先遵十二章七歲之後漸授五明大論一曰聲明釋詁訓字詮目流別二曰巧明伎術機關陰陽曆數三醫方明禁呪閑邪藥石針艾四謂因明考定正邪研覈真僞五曰內明究暢五乘因果妙理其婆羅門學四吠陁論（舊曰毗陁訛也）一曰壽謂養生繕性二曰祠謂享祭祈禱三曰平謂禮儀占卜兵法軍陣四曰術謂異能伎數禁呪醫方師必博究精微

貫窮玄奧示之大義導以微言提撕善誘彫

朽勵薄若乃識量通敏志懷逋逸則拘縶及

關業成後巳年方三十志立學成旣居祿位

先酬師德其有博古好雅肥遁居貞沉浮物

外逍遥事表寵辱不驚聲聞已遠君王雅尚

莫能屈迹然而國重聰叡俗貴高明褒贊旣

隆禮命亦重故能强志爲學忘疲遊藝訪道

依仁不遠千里家雖豪富志均羈旅口腹之

資巡匃以濟有貴知道無恥匱財娛遊情業

婾食靡衣旣無令德又非時習恥辱俱至醜

聲載揚如來理教隨類得解去聖悠遠正法

醇醨任其見解之心俱獲聞知之悟部執峯

峙諍論波騰異學專門殊途同致十有八部
各擅鋒鋭大小二乘居止區别有宴默思惟
經行住立定慧悠隔諠靜良殊隨其衆居各
制科防無云律論經紀凡是佛經講宣一部乃免
僧知事二部加上房資具三部差侍者祇承
四部給淨人役使五部則行乘象輿六部又導
從周衞道德既高旌命亦異時集講論考其
優劣彰别善惡黜陟幽明其有商擢微言抑
揚妙理雅辭贍美妙辯敏捷於是馭乘寶象
導從如林至乃義門虛闢辭鋒挫鋭理寡而
辭繁義乖而言順遂即面塗赭堊身坌塵土
斥於曠野棄之溝壑既旌淑慝亦表賢愚人智

樂道家勤志學，出家歸俗，從其所好。罹咎犯律，僧中科罰，輕則衆命訶責，次又衆不與語，重乃衆不共住。不共住者，斥擯不齒，出一住處，措身無所，羇旅艱辛，或返初服。

若夫族姓殊者，有四流焉：一曰婆羅門，淨行也，守道居貞，潔白其操。二曰剎帝利，王種也，（舊曰剎利，略也。）奕世君臨，仁恕爲志。三曰吠奢，（舊曰毗舍，訛也。）商賈也，貿遷有無，逐利遠近。四曰戍陁羅，（舊曰首陁，訛也。）農人也，肆力疇壠，勤身稼穡。凡茲四姓，清濁殊流，婚娶通親，飛伏異路，內外宗枝，姻媾不雜。婦人一嫁，終無再醮。自餘雜姓，寔繁種族，各隨類聚，難以詳載。

君王奕世唯刹帝利篡弑時起異姓稱尊國之戰士驍雄畢選子父傳業遂窮兵術居則宮廬周衛征則奮旅前鋒凡有四兵步馬車象象則被以堅甲牙施利距一將安乘授其節度兩卒左右為之駕馭車乃駕以駟馬兵帥居乘列卒周衛扶輪挾轂馬軍散禦逐北奔命步軍輕捍敢勇充選負大櫓執長戟或持刀劍前奮行陣凡諸戎器莫不鋒銳所謂矛盾弓矢刀劍鉞斧戈殳長矟輪索之屬皆世習矣夫其俗也性雖狷急志甚貞質於財無苟得於義有餘讓懼冥運之罪輕生事之業詭譎不行盟誓為信政教尚質風俗猶和

凶悖群小時虧國憲謀危君上事迹彰明則常幽囹圄無所刑戮任其生死不齒人倫犯傷禮義悖逆忠孝則劓鼻截耳斷手刖足或驅出國或放流竄自餘咎犯輸財贖罪理獄占辭不加荆朴隨問款對據事平科拒違所犯恥過飾非欲究情實事須案者凡有四條水火稱毒水則罪人與石盛以連囊沉之深流校其真偽人沉石浮則有犯人浮石沉則無隱火乃燒鐵罪人踞上復使足蹈旣遣掌案又令舌舐虛無所損實有所傷懦弱之人不堪炎熾捧未開花散之向焰虛則花發實則花焦稱則人石平衡輕重取驗虛則人低

石舉實則石重人輕毒則以一羖羊剖其右
髀隨被訟人所食之分雜諸毒藥置剖髀中
實則毒發而死虛則毒歇而穌舉四條之例
防百非之路

致敬之式其儀九等一發言慰問二俯首示
敬三舉手高揖四合掌平拱五屈膝六長跪
七手膝踞地八五輪俱屈九五體投地凡斯
九等極唯一拜跪而讚德謂之盡敬遠則稽
顙拜手近則舐足摩踵凡其致辭受命褰裳
長跪尊賢受拜必有慰辭或摩其頂或拊其
背善言誨導以示親厚出家沙門既受敬禮
唯加善願無止跪拜隨所宗事多有旋繞或

唯一周或復三帀宿心別請數則從欲
凡遭疾病絕粒七日期限之中多有痊愈必
未瘳差方乃餌藥藥之性類名種不同醫之
工伎占候有異終沒臨喪哀號相泣裂裳拔
髮拍額椎胷服制無聞喪期無數送終殯葬
其儀有三一曰火葬積薪焚燎二曰水葬沉
流漂散三曰野葬棄林飼獸國王殂落先立
嗣君以主喪祭以定上下生立德号死無議
謚喪禍之家人莫就食殯葬之後復常無諱
諸有送死以爲不潔咸於郭外浴而後入至
於年耆壽耄死期將至嬰累沉痾生涯恐極
猒離塵俗願棄人間輕鄙生死希遠世路於

是親故知友奏樂餞會泛舟鼓棹濟殑伽河
中流自溺謂得生天十有其一未盡鄙見出
家僧衆制無號哭父母亡喪誦念酬恩追遠
慎終寔資冥福
政教既寬機務亦簡戶不籍書人無傜課王
田之內大分爲四一充國用祭祀粢盛二以

封建輔佐宰臣三賞聰叡碩學高才四樹福
田給諸異道所以賦斂輕薄傜稅儉省各安
世業俱佃口分假種王田六稅其一商賈逐
利來往貿遷津路關防輕稅後過國家營建
不虛勞役據其成功酬之價直鎮戍征行宮
廬宿衛量事招募懸償待入宰牧輔臣庶官

僚佐各有分地自食封邑風壤既別地利亦
殊花草菓木雜種異名所謂菴没羅果菴弭
羅果末杜迦果跋達羅果劫比他果阿末羅
果鎮杜迦果烏曇跋羅果茂遮果那利蓟羅
果般㮈娑果凡厥此類難以備載見珎人世
者略舉言焉至於棗栗椑柿印度無聞梨柰
桃杏蒲萄等果迦濕弥羅國已來往往間植石
榴甘橘諸國皆樹墾田農務稼穡耕耘播植
隨時各從勞逸土宜所出稻麥尤多蔬菜則
有薑芥苽瓠葷陁菜等葱蒜雖少噉食亦希
家有食者驅令出郭至於乳酪膏酥沙糖石
蜜芥子油諸餅麨常所膳也魚羊麞鹿時薦

肴胾牛驢象馬豕犬狐狼師子猴獶凡此毛
群㑯無味噉噉者鄙恥衆所穢惡屏居郭外
希迹人間若其酒醴之差滋味流別蒲萄甘
蔗剎帝利飲也麴櫱醇醪吠奢等飲也沙門
婆羅門飲蒲萄甘蔗漿非酒醴之謂也雜姓
卑族無所流別然其資用之器功質有殊什
物之具隨時無闕雖釜鑊斯用而炊甑莫知
多器坏土少用赤銅食以一器衆味相調手
指斟酌略無匕箸至於病患乃用銅匙
若其金銀鍮石白玉火珠風土所產弥復盈
積珎奇雜寶異類殊名出自海隅易以求貨
然其貨用交遷有無金錢銀錢貝珠小珠印

度之境壃界具舉風壤之差大略斯在同條共貫粗陳梗槩異政殊俗據國而敘

濫波國周千餘里北背雪山三垂黒嶺國大都城周十餘里自數百年王族絶嗣豪傑力競無大君長近始附屬迦畢試國宜粳稻多甘蔗林樹雖衆果實乃少氣序漸温微霜無雪國俗豐樂人尚歌詠志性怯弱情懷詭詐更相欺誚未有推先體貌卑小動止輕躁多衣白氎所服鮮飾伽藍十餘所僧徒寡少並多習學大乘法教天祠數十異道甚多從此東南行百餘里踰大嶺濟大河至那揭羅曷國北印度境

那揭羅曷國東西六百餘里南北二百

五六十里山周四境懸隔危險國大都城二十餘里無大君長主令役屬迦畢試國豐穀稼多花果氣序溫暑風俗淳質猛銳驍雄輕財好學崇敬佛法少信異道伽藍雖多僧徒寡少諸窣堵波荒蕪圮壞天祠五所異道百餘人

城東三里有窣堵波高三百餘尺無憂王之所建也編石特起刻彫奇製釋迦菩薩值然燈佛敷鹿皮衣布髮掩埿得受記處時經劫壞斯迹無泯或有齋日天雨衆花群黎心競式修供養其西伽藍少有僧徒次南小窣堵波是昔掩埿之地無憂王避大路遂僻建焉

城內有大窣堵波故基聞諸先志曰昔有佛
齒高𥗽嚴麗今既無齒唯餘故基其側有窣
堵波高三十餘尺彼俗相傳不知源起云從
空下峙基於此既非人工寔爲靈瑞
城西南十餘里有窣堵波是如來在日中印
度陵虛遊化降迹於此國人感慕建此靈基
其東不遠有窣堵波是釋迦菩薩昔值然燈
佛於此買花
城西南二十餘里至小石嶺有伽藍高堂重
閣積石所成庭宇寂寥絕無僧侶中有窣堵
波高二百餘尺無憂王之所建也　伽藍西
南深澗陗絕瀑布飛流懸崖壁立東岸石壁

有大洞穴瞿波羅龍之所居也門徑狹小窟
穴冥闇崖石津滴磎徑餘流昔有佛影煥若
真容相好具足儼然如在近代已來人不徧
覩縱有所見髣髴而已至誠祈請有冥感者
乃暫明視尚不能久昔如來在世之時此龍
爲牧牛之士供 王乳酪進奉失宜既獲譴責
心懷恚恨以金錢買花供養受記窣堵波願
爲惡龍破國害王即趣石壁投身而死遂居
此窟爲大龍王便欲出穴成本惡願適起此
心如來已鑒愍此國人爲龍所害運神通力
自中印度至龍所龍見如來毒心遂止受不
殺戒願護正法因請如來常居此窟諸聖弟

子恒受我供如來告曰吾將寂滅為汝留影
遣五羅漢常受汝供正法隱沒其事無替汝
若毒心奮怒當觀吾留影以慈善故毒心當
止此賢劫中當來世尊亦悲愍汝皆留影像影
窟門外有二方石其一石上有如來足蹈之
迹輪相微現光明時燭影窟左右多諸石室
皆是如來諸聖弟子入定之處影窟西北隅有
窣堵波是如來經行之處其側窣堵波有如
來髮爪隣此不遠有窣堵波是如來顯暢真
宗說蘊界之處所也影窟西有大盤石如來
嘗於其上濯浣袈裟文影微現
城東南三十餘里至醯羅城城周四五里竪峻

嶮固花林池沼光鮮澄鏡城中居人淳質正
信復有重閣畫棟丹楹第二閣中有七寶小
窣堵波置如來頂骨骨周一尺二寸髮孔分
明其色黃白盛以寶函置窣堵波中欲知善
惡相者香末和塗以印頂骨隨其福感其文
煥然又有七寶小窣堵波以貯如來髑髏骨
狀若荷葉色同頂骨亦以寶函緘絡而置又
有七寶小窣堵波貯如來眼睛睛大如㮈光明
清徹曒映中外又以七寶函緘封而置如來
僧伽胝袈裟細氎所作其色黃赤置寶函中
歲月既遠微有損壞如來錫杖白鐵作鐶栴
檀爲笴寶筒盛之近有國王聞此諸物並是

如來昔親服用恃其威力迫脅而歸既至本國置所居宮中曾未淡辰求之已失爰更尋訪已還本處斯五聖迹多有靈異迦畢試王令五淨行給侍香花觀禮之徒相繼不絕諸淨行等欲從虛寂以為財用人之所重權立科條以止諠雜其大略曰諸欲見如來頂骨者稅一金錢若取印者稅五金錢自餘節級以次科條科條雖重觀禮弥衆

重閣西北有窣堵波不甚高大而多靈怪人以指觸便即搖震連基傾動鈴鐸和鳴從此東南山谷中行五百餘里至健馱邏國舊曰乾陀衛訛也北印度境

健馱邏國東西千餘里南北八百餘里東臨
信河國大都城號布路沙布邏周四十餘里
王族絶嗣役屬迦畢試國邑里空荒居人稀
少宮城一隅有千餘户穀稼殷盛花果繁茂
多甘蔗出石蜜氣序温暑略無霜雪人性恇
怯好習典藝多敬異道少信正法自古已來

印度之境作論諸師則不那羅延天無著菩
薩世親菩薩法救如意脇尊者等本生處也
僧伽藍千餘所摧殘荒廢蕪漫蕭條諸窣堵
波頗多頹圮天祠百數異道雜居
王城内東北有一故基昔佛鉢之寶臺也如
來涅槃之後鉢流此國經數百年式遵供養流

轉諸國在波剌斯城外東南八九里有畢鉢羅樹高百餘尺枝葉扶蔬蔭影蒙密過去四佛已坐其下今猶現有四佛坐像賢劫之中九百九十六佛皆當坐焉冥祇警衛靈鑒潛被釋迦如來於此樹下南面而坐告阿難曰我去世後當四百年有王命世号迦膩色迦此南不遠起窣堵波吾身所有骨肉舍利多集此中

畢鉢羅樹南有窣堵波迦膩色迦王之所建也迦膩色迦王以如來涅槃之後第四百年君臨膺運統贍部洲不信罪福輕毀佛法畋遊草澤遇見白兎王親奔逐至此忽滅見有

牧牛小豎於林樹間作小窣堵波其高三尺王曰汝何所爲牧豎對曰昔釋迦佛聖智懸記當有國王於此勝地建窣堵波吾身舍利多聚其內大王聖德宿殖名符昔記神功勝福允屬斯辰故我今者先相警發說此語已忽然不現王聞是說喜慶增懷自負其名大聖先記因發正信深敬佛法周小窣堵波處建石窣堵波欲以功力弥覆其上隨其數量恒出三尺若是增高踰四百尺基趾所恃周一里半層基五級高一百五十尺方乃得覆小窣堵波王用喜慶復於其上更起二十五層金銅相輪即以如來舍利一斛而置其中

式修供養營建纔訖見小窣堵波在大基東
南隅下傍出其半王心不平便即擲棄遂住
窣堵波第二級下石基中半現復於本處更
出小窣堵波王乃退而歎曰嗟夫人事易迷
神功難掩靈聖所扶憤怒何及慚懼既已謝
咎而歸其二窣堵波今猶現在有嬰疾病欲
祈康愈者塗香散花至誠歸命多蒙瘳差大
窣堵波東面石陛南鏤作二窣堵波一高三
尺一高五尺規模形狀如大窣堵波又作兩
軀佛像一高四尺一高六尺擬菩提樹下加
趺坐像日光照燭金色晃耀陰影漸移石文
青紺聞諸耆舊曰數百年前石基之隙有金

色蟻大者如指小者如麥同類相從齧其石
壁文若彫鏤廁以金沙作爲此像今猶現在
大窣堵波石陛南面有畫佛像高一丈六尺
自胷巳上分現兩身從胷巳下合爲一體聞
諸先志曰初有貧士傭力自濟得一金錢願
造佛像至窣堵波所謂畫工曰我今欲圖如
來妙相有一金錢酬工尚少宿心憂負迫於
貧乏時彼畫工鑒其至誠無云價直許爲成
功復有一人事同前迹持一金錢求畫佛像
畫工是時受二人錢求妙丹青共畫一像二
人同日俱來禮敬畫工乃同指一像示彼二
人而謂之曰此是汝所作之佛像也二人相

視若有所懷盡乙心知其疑也謂二人曰何思慮之久乎凡所受物毫釐不虧斯言不謬像必神變言聲未靜像現靈異分身交影光相昭著二人悅服心信歡喜大窣堵波西南百餘步有白石佛像高一丈八尺北面而立多有靈相數放光明時有人見像出夜行旋

繞大窣堵波近有群賊欲入行盜像遂出迎賊賊黨怖退像歸本處住立如故群盜因此改過自新遊行邑里具告遠近

大窣堵波左右小窣堵波魚鱗百數佛像莊嚴務窮工思殊香異音時有聞聽靈仙聖賢或見旋繞此窣堵波者如來懸記七燒七立

佛法方盡先賢記曰成壞已三初至此國適遭火災當見營構尚未成功大窣堵波西有故伽藍迦膩色迦王之所建也重閣累榭層臺洞戶旌召高僧式昭景福然雖圮毀尚曰奇工僧徒減少並學小乘自建伽藍異人間出諸作論師及證聖果清風尚扇至德無泯第三重閣有波栗濕縛（唐言脇）尊者室久已傾頓尚立旌表初尊者之爲梵志師也年垂八十捨家染衣城中少年便誚之曰愚夫朽老一何淺智夫出家者有二業焉一則習定二乃誦經而今衰耄無所進取濫迹清流徒知飽食時脇尊者聞諸譏議因謝時人而自誓曰

我若不通三藏理不斷三界欲得六神通具八解脫終不以脇而至於席自尒之後唯日不足經行宴坐住立思惟晝則研習理教夜乃靜慮凝神綿歷三歲學通三藏斷三界欲得三明智時人敬仰因号脇尊者焉

脇尊者室東有故房世親菩薩於此製阿毗達磨俱舍論人而敬之封以記焉

世親室南五十餘步第二重閣末笯曷利他唐言如意論師於此製毗婆沙論論師以佛涅槃之後一千年中利見也少好學有才辯聲聞遐被法俗歸心時室羅伐悉底國毗訖羅摩阿迭多王唐言超日威風遠洽使臣諸印度日以

五億金錢周給貧窶孤獨主藏臣懼國用乏
匱也乃諷諫曰大王威被殊俗澤及昆蟲請
增五億金錢以賑四方匱乏府庫既空更稅
有土重歛不已怨聲載揚則君上有周給之
恩臣下被不恭之責王曰聚有餘給不足非
苟爲身侈靡國用遂如五億惠諸貧乏其後
畋遊逐豕失蹤有尋知迹者償一億金錢如
意論師一使人剃髮輒賜一億金錢其國史
臣依即書記王恥見高心常怏怏欲罪辱如
意論師乃招集異學德業高深者百人而下
令曰欲收視聽遊諸真境異道紛雜歸心靡
措今考優劣專精遵奉洎乎集論重下令曰

外道論師並英俊也沙門法衆宜善宗義勝則崇敬佛法負則誅戮僧徒於是如意詰諸外道九十九人已退飛矣下席一人視之蔑如也因而劇談論及火煙王與外道咸諠言曰如意論師辭義有失夫先煙而後及火此事理之常也如意雖欲釋難無聽鑒者恥見衆辱齰斷其舌乃書誡告門人世親曰黨援之衆無競大義群迷之中無辯正論言畢而死居未久超日王失國興王膺運表式英賢世親菩薩欲雪前恥來白王曰大王以聖德君臨爲含識主命先師如意學窮玄奧前王宿憾衆挫高名我承導誘欲復先怨其王知如

意哲人也美世親雅操焉乃召諸外道與如
意論者世親重述先旨外道謝屈而退
迦膩色迦王伽藍東北行五十餘里渡大河
至布色羯邏伐底城周十四五里居人殷盛
閭閻洞連城西門外有一天祠天像威嚴靈
異相繼城東有窣堵波無憂王之所建也即

過去四佛說法之處先古聖賢自中印度降神
導物斯地寔多即伐蘇蜜呾羅（唐言世友舊曰和須蜜多訛也）論師於此製衆事分阿毗達磨論城北四
五里有故伽藍庭宇荒涼僧徒寡少然皆遵
習小乘法教即達磨呾邏多（唐言法救舊曰達磨多羅訛也）
論師此製雜阿毗達磨論伽藍側有窣堵波

高數百尺無憂王之所建也彫木文石頗異人工是釋迦佛昔爲國王修菩薩行從衆生欲惠施不倦喪身若遺於此國土千生爲王即斯勝地千生捨眼捨眼東不遠有二石窣堵波各高百餘尺右則梵王所立左乃天帝所建以妙珎寶而瑩飾之如來寂滅寶變爲石基雖傾陷尚曰崇高梵釋窣堵波西北行五十餘里有窣堵波是釋迦如來於此化鬼子母令不害人故此國俗祭以求嗣化鬼子母北行五十餘里有窣堵波是商莫迦菩薩舊曰睒摩菩薩訛也恭行鞠養侍育父母於此採果遇王畋遊獵毒矢誤中至誠感靈天帝傅藥德

動明聖尋即復穌

商莫迦菩薩被害東南行二百餘里至跋虜沙城城北有窣堵波是蘇達拏太子（唐言善牙）以父王大象施婆羅門蒙譴被擯顧謝國人旣出郭門於此告別其側伽藍五十餘僧並小乘學也昔伊濕伐邏（唐言自在）論師於此製阿毗達磨明證論

跋虜沙城東門外有一伽藍僧徒五十餘人並大乘學也有窣堵波無憂王之所建立也昔蘇達拏太子擯在彈多落迦山（舊曰檀特山訛也）婆羅門乞其男女於此鬻賣跋虜沙城東北二十餘里至彈多落迦山嶺上有窣堵波無憂

王所建蘇達拏太子於此棲隱其側不遠有
窣堵波太子於此以男女施婆羅門婆羅門
捶其男女流血染地今諸草木猶帶絳色巖
間石室太子及妃習定之處谷中林樹垂條
若帷並是太子昔所遊止其側不遠有一石
廬即古仙人之所居也仙廬西北行百餘里
越一小山至大山山南有伽藍僧徒尠少並
學大乘其側窣堵波無憂王之所建也昔獨
角仙人所居之處仙人爲婬女誘亂退失神
通婬女乃駕其肩而還城邑

跋虜沙城東北五十餘里至崇山山有青石
大自在天婦像毗摩天女也聞諸士俗曰此

天像者自然有也靈異既多祈禱亦衆印度諸國求福請願貴賤畢萃遠近咸會其有願見天神形者至誠無貳絶食七日或有得見求願多遂山下有大自在天祠塗灰外道式修祠祀毗摩羅天祠東南行百五十里至烏鐸迦漢荼城周二十餘里南臨信度河居人富樂寶貨盈積諸方珍異多集於此

烏鐸迦漢荼城西北行二十餘里至娑羅覩邏邑是製聲明論波你尼仙本生處也遂古之初文字繁廣時經劫壞世界空虛長壽諸天降靈導俗由是之故文籍生焉自時厥後其源泛濫梵王天帝作則隨時異道諸仙各

製文字人相祖述競習所傳學者虛功難用詳究人壽百歲之時有波你尼仙生知博物愍時澆薄欲削浮僞刪定繁猥遊方問道遇自在天遂伸述作之志自在天曰盛矣哉吾當祐汝仙人受教而退於是研精覃思捃摭群言作爲字書備有千頌頌三十二言矣究極今古摠括文言封以進上王甚珍異下令國中普使傳習有誦通利賞千金錢所以師資傳授盛行當世故此邑中諸婆羅門碩學高才博物強識

婆羅覩邏邑中有窣堵波羅漢化波你尼仙後進之處如來去世垂五百年有大阿羅漢

自迦濕弥羅國遊化至此乃見梵志捶訓稚
童時阿羅漢謂梵志曰何苦此兒梵志曰令
學聲明業不時進阿羅漢逌尒而笑老梵志
曰夫沙門者慈悲爲情愍傷物類仁今所笑
願聞其説阿羅漢曰談不容易恐致深疑汝
頗當聞波你尼仙製聲明論垂訓於世乎婆
羅門曰此邑之子後進仰德像設猶存阿羅
漢曰今汝此子即是彼仙猶以強識翫習世
典唯談異論不究真理神智唐捐流轉未息
尚乘餘善爲汝愛子然則世典文辞徒疲功
績豈若如來聖教福智冥滋曩者南海之濱
有一枯樹五百蝙蝠於中穴居有諸商侶止

此樹下時屬風寒人皆飢凍聚積樵蘇藴火
其下煙焰漸熾枯樹遂然時商侣中有一賈
客夜分已後誦阿毗達磨藏彼諸蝙蝠雖爲
火困愛好法音忍而不出於此命終隨業受
生俱得人身捨家修學乗聞法聲聰明利智
並證聖果爲世福田近迦膩色迦王與脇尊
者招集五百賢聖於迦濕弥羅國作毗婆沙
論斯並枯樹之中五百蝙蝠也余雖不肖是
其一數斯則優劣良異飛伏懸殊仁今愛子
可許出家出家功德言不能述時阿羅漢説
此語已示神通事因忽不現婆羅門深生敬
信歎羨久之具告隣里遂放其子出家修學

因即迴信崇重三寶鄉人從化於今弥篤從

烏鐸迦漢荼城北踰山涉川行六百餘里至

烏仗那國唐言苑昔輪王之苑囿也舊曰烏孫塲或曰烏荼皆訛北印度境也

大唐西域記卷第二　轉

疇壠上直流反下呂勇反田疇也山壠也邊裔下音曳末之地邊融余弓反和也閭閻上力居反丨里也廣峙下直里反基也闤闠上音還下音會丨丨市門也斥音尺棄不用也編必綿反丨織也苫茅上失廉反丨丨覆屋草也欀梠上音襄下音吕屋端木也侈昌尒反丨華也隩室音奧屋西南隅門闢下毗益反開也服玩下愚貫反襜衣上昌檢反菆摩上初注反諸經多作蒭摩此云麻衣顩鉢上立嚴反或作欽婆羅今作領誤也褐剌

縭上胡葛反中郎達反下勑知反又作緇側思反野獸毛也緝績上七入反
褊衣必展反窄也椎髻上直追反帶襻下疋慢反爲禠下音輙禂
|也絈土高反正作條徒跣下先典反赤足步行矯居小反安也盥洗
上音貫也㵳漱下胡早二瘦音溲溺上音搜下尿字小遺也濯下音濁洗
也研蘙下胡華反拘縶下知立反縶也褭賛上音波驫旅上居
宜容也反寄巡句下音蓋乞見也醇醨上音純下音離濃薄謂也鋒鋭
下|半|歲利反也豬𡉏上音者下音惡羅咎上音遭也離貿莫侯反易也
篡弒上初患反下音試殺也奪也捍胡旦反抵也矛楯上莫浮反下時
尹反鉞斧上音越下音甫戈殳上古和反|也下音殊字戟矟音胡槍|
囹圄二字音令語獄名也劓鼻上魚器反劓鼻刑也刖𡰪上吾骨反斷足
刑也惵弱上奴反臥髀蒲米反腿|也摩踵下之勇反足跟也摲甫音
拍也瘳差上音抽下瘥字餌藥上音服|二飼獸上音寺餧|也殂

落上在吾反死也議諡下音示以封後号也諱許謂反忌也耄音帽老丨
也餞會音賤酒食相送也粢盛上音咨祭食也風壤下汝兩反土也
蒯上音計墾田音懇字耕丨也菫陁上兄云反肴胾上戶交反乾肉
也下側事反肉臠也豕犬上式育反猪也醇醪二字音純勞酒異名也坏
土上疋回反瓦丨匕箸上音比匙也下音佇與筯同梗槩上加猛反下古
愛反丨丨大略也欺誚下才笑反責也圯壞上音比毁也磎經上正

車

作蹊音兮譴責上起現反笴古罕反箭丨也迫愶下許業反以威逼人頹
圮上徒回反丨墜也下彌美反毁也規摹上音圭下莫胡反與摸同齧魚列
反咬丨也阿迭下徒結反俊昌介反詰起一反論也難也蔑如上莫
結反無也齰齘上助陌反齧丨也黨援下音院朋黨也援助也睒式涤
反跋膚上蒲末反下音曾鬻賣上音育丨亦賣也捶之委反丨打也
尠少上息淺反畢萃下才遂反集也削恩約反覃恩下去聲据

攈上居運反下音隻｜｜捃拾也穉童上直利反幼｜逌尒上音由深視之皃也蝙蝠邊福二音不肖音笑謂不似也苑囿上音遠下音祐

大唐西域記 卷三

大唐西域記卷第三　　轉

三藏法師　玄奘奉　詔譯

大揔持寺沙門　辯機　撰

八國

烏仗那國　鉢露羅國

呾叉始羅國　僧訶補羅國

烏剌尸國　迦濕弥羅國

半笯奴故反蹉國　曷羅闍補羅國

烏仗那國周五千餘里山谷相屬川澤連原穀稼雖播地利不滋多蒲萄少甘蔗土產金鐵宜鬱金香林樹蓊鬱花果茂盛寒暑和暢風雨順序人性怯懦俗情譎詭好學而不功

禁呪爲藝業多衣白氎少有餘服語言雖異
大同印度文字禮儀頗相叅預崇重佛法敬
信大乘夾蘇婆伐窣堵河舊有一千四百伽藍
多已荒蕪昔僧徒一万八千今漸減少並學
大乘寂定爲業善誦其文未究深義戒行清
潔特閑禁呪律儀傳訓有五部焉一法密部
二化地部三飲光部四說一切有部五大衆
部天祠十有餘所異道雜居堅城四五其王
多治瞢揭釐城城周十六七里居人殷盛
瞢揭釐城東四五里大窣堵波極多靈瑞是
佛在昔作忍辱仙於此爲羯利王（唐言鬪諍舊云哥利訛也）
割截肢體

瞢揭釐城東北行二百五六十里入大山至阿波邏羅龍泉即蘇婆伐窣堵河之源也派流西南春夏含凍昏夕飛雪雪霏五彩光流四照此龍者迦葉波佛時生在人趣名曰殑祇深閑呪術禁禦惡龍不令暴雨國人賴之以蓄餘糧居人衆庶感恩懷德家税斗穀以饋

遺焉既積歲時或有逋課殑祇含怒願爲毒龍暴行風雨損傷苗稼命終之後爲此池龍泉流白水損傷地利釋迦如來大悲御世愍此國人獨遺斯難降神至此欲化暴龍執金剛神杵擊山崖龍王震懼乃出歸依聞佛説法心淨信悟如來遂制勿損農稼龍曰凡有

所食賴收人田今蒙聖教恐難濟給願十二
歲一收糧儲如來含覆愍而許焉故今十二
年一遭白水之災
阿波邏羅龍泉西南三十餘里水北岸大磐
石上有如來足所履迹隨人福力量有短長
是如來伏此龍已留迹而去後人於上積石
爲室遐迩相趨花香供養順流而下三十餘
里至如來濯衣石袈裟之文憹焉如鏤
瞢揭釐城南四百餘里至醢羅山谷水西泒
逆流東上雜花異果被㵎緣崖峯巖危險谿
谷盤紆或聞諠語之聲或聞音樂之響方石
如榻宛若工成連延相屬接布崖谷是如來

在昔爲聞半頌舊曰偈梵文略也或曰偈陁梵音訛也今從正宜云伽陁唐言頌頌三十二言之法於此捨身命焉

曹揭釐城南二百餘里大山側至摩訶伐那唐言大林伽藍是如來昔修菩薩行号薩縛達之王唐言一切施避敵棄國潛行至此遇貧婆羅門方來乞匄既失國位無以爲施遂令羈縛擒往敵王冀以賞財迴爲惠施

摩訶伐那伽藍西北下山三四十里至摩愉唐言豆伽藍有窣堵波高百餘尺其側大方石上有如來足蹈之迹是佛昔蹈此石放拘胝光明照摩訶伐那伽藍爲諸人天說本生事其窣堵波基下有石色帶黃白常有津膩是

如來在昔修菩薩行爲聞正法於此析骨書寫經典

摩愉伽藍西六七十里至窣堵波無憂王之所建也是如來昔修菩薩行号尸毗迦王（唐言與舊曰尸毗王略也）爲求佛果於此割身從鷹代鴿代鴿西北二百餘里入珊尼羅闍川至薩裒殺地（唐言蛇藥）僧伽藍有窣堵波高八十餘尺是如來昔爲帝釋時遭飢歲疾疫流行醫療無功道殣相屬帝釋悲愍思所救濟乃變其形爲大蟒身僵屍川谷空中徧告聞者感慶相率奔赴隨割隨生療飢療疾其側不遠有蘇摩大窣堵波是如來昔爲帝釋時世疾疫愍諸

舍識自變其身爲蘇摩蛇凡有噉食莫不康豫珊尼羅闍川北石崖邊有窣堵波病者至求多蒙除差如來在昔爲孔雀王與其群而至此熱渴所逼求水不獲孔雀王以觜啄崖涌泉流注今遂爲池飲沐愈疾石上猶有孔雀趾迹

瞢揭釐城西南行六七十里大河東有窣堵波高六十餘尺上軍王之所建也昔如來之將寂滅告諸大衆我涅槃後烏仗那國上軍王宜與舍利之分及諸王將欲均量上軍王後來遂有輕鄙之議是時天人大衆重宣如來顧命之言乃預同分持歸本國式遵崇建

窣堵波側大河濱有大石狀如象昔上軍王以大白象負舍利歸至於此地象忽蹎仆因而自斃遂變爲石即於其側起窣堵波

瞢揭釐城西五十餘里渡大河至盧醯呾迦唐言赤窣堵波高五十餘尺無憂王之所建也昔如來修菩薩行爲大國王号曰慈力於此

刺身血以飼五藥叉舊曰夜叉訛也

瞢揭釐城東北三十餘里至遏部多唐言奇特石窣堵波高四十餘尺在昔如來爲諸人天說法開導如來去後從地踊出黎庶崇敬香花不替

石窣堵波西渡大河三四十里至一精舍中

有阿縛盧枳低濕伐羅菩薩像（唐言觀自在。合字連聲，梵語如上；分文散音，即阿縛盧枳多譯曰觀，伊濕伐羅譯曰自在。舊譯為光世音，或觀世音，或觀世自在，皆訛謬也。）威靈潛被，神迹照明，法侶相趨，供養無替。

觀自在菩薩像西北百四五十里，至藍勃盧山。山嶺有龍池，周三十餘里，淥波浩汗，清流皎鏡。昔毗盧釋迦王前伐諸釋，四人拒軍者，宗親擯逐，各事分飛。其一釋種既出國都，跋涉疲弊，中路而止。時有一鴈飛趣其前，既以馴狎，因即乘焉。其鴈飛翔，下此池側。釋種虛遊，遠適異國，迷不知路，假寐樹陰。池龍少女遊覽水濱，忽見釋種，恐不得當也，變為人形

即而摩拊釋種驚寤因即謝曰羇旅羸人何
見親附遂欵殷勤陵逼野合女曰父母有訓
祗奉無違雖蒙惠顧未承高命釋種曰山谷
杳冥尒家安在曰我此池之龍女也敬聞聖
族流離逃難幸因遊覽敢慰勞弊命有燕私
未聞來旨況乎積禍受此龍身人畜殊途非
所聞也釋種曰一言見允宿心斯畢龍女曰
敬聞命矣唯所去就釋種乃誓心曰凡我所
有福德之力令此龍女舉體成人福力所感
龍遂改形既得人身深自慶悅乃謝釋種曰
我積殃運流轉惡趣幸蒙垂顧福力所加曠
劫弊身一旦改變欲報此德糜軀未謝心願

陪遊事拘物議願白父母然後備禮龍女還
池白父母曰今者遊覽忽逢釋種福力所感
變我爲人情存好合敢陳事實龍王心欣人
趣情重聖族遂從女請乃出池而謝釋種曰
不遺非類降尊就卑願臨我室敢供灑掃釋
種受龍王之請遂即其居於是龍宮之中親
迎備禮燕尒樂會肆極歡娛釋種覩龍之形
心常畏惡乃欲辭出龍王止曰幸無遠舍隣
此宅居當令據壇土稱大号揔有臣庶祚延
長世釋種謝曰此言非冀龍王以寶劒置篋
中妙好白氎而覆其上謂釋種曰幸持此氎
以獻國王王必親受遠人之貢可於此時害

其王也因據其國不亦善乎釋種受龍指誨便往行獻烏仗那王躬舉其氎釋種執其袂而刺之侍目衛兵諠亂階陛釋種麾劒告曰我所仗劒神龍見授以誅後伏以斬不臣咸懼神武推尊大位於是沿弊立政表賢恤患已而動大衆備法駕即龍宮而報命迎龍女以還都龍女宿業未盡餘報猶在每至燕私首出九龍之頭釋種畏惡莫知圖計伺其寐也利刃斷之龍女驚寤曰斯非後嗣之利非徒我命有少損傷而汝子孫當苦頭痛故此國族常有斯患雖不連綿時一發動釋種既沒其子嗣位是爲嗢呾羅犀那王唐言上軍

上軍王嗣位之後其母喪明如來伏阿波邏
羅龍還也從空下其宫中上軍王適從遊獵
如來因爲其母略説法要遇聖聞法遂得復
明如來問曰汝子我之族也今何所在母曰
旦出畋遊今將返駕如來與諸大衆尋欲發
引王母曰我惟福遇生育聖族如來悲愍又
親降臨我子方還願少留待世尊曰斯人者
我之族也可聞教而信悟非親誨以發心我
其行矣還語之曰如來從此往拘尸城娑羅
樹間當入涅槃宜取舍利自爲供養如來與
諸大衆陵虚而去上軍王方遊獵遠見宫中
光明赫奕疑有火災罷獵而返乃見其母復

明慶而問曰我去幾何有斯祥感能令慈母
復明如昔母曰汝出之後如來至此閻佛說
法遂得復明如來從此至拘尸城娑羅樹間
當入涅槃召汝速來分取舍利時王聞已悲
號頓躃久而醒悟命駕馳赴至雙樹間佛已
涅槃時諸國王輕其邊鄙實重舍利不欲分
與是時天人大衆重宣佛意諸王聞已遂先
均授嘗揭鼇城東北踰山越谷逆上信度河
途路危險山谷杳冥或履絙索或牽鐵鏁棧
道虛臨飛梁危構椽棧躡隥行千餘里至達
麗羅川即烏仗那國舊都也多出黃金及鬱
金香達麗羅川中大伽藍側有刻木慈氏菩

薩像金色晃煜靈鑒潛通高百餘尺末田底迦舊曰末田地訛略也阿羅漢之所造也羅漢以神通力攜引匠人升覩史多天舊曰兜率陁又曰兜術陁訛也親觀妙相三返之後功乃畢焉自有此像法流東派從此東行踰嶺越谷逆上信度河飛梁棧道履危涉險經五百餘里至鉢露羅國北印度境

鉢露羅國周四千餘里在大雪山間東西長南北狹多麥豆出金銀資金之利國用富饒時唯寒烈人性獷暴薄於仁義無聞禮節形貌麁弊衣服毛褐文字大同印度言語異於諸國伽藍數百所僧徒數千人學無專習戒行多濫從此復還烏鐸迦漢荼城南渡信

度河河廣三四里西南流澄清皎鏡汩淴漂
流毒龍惡獸窟穴其中若持貴寶奇花果種
及佛舍利渡者船多飄没渡河至呾叉始羅
國北印度境
呾叉始羅國周二千餘里國大都城周十餘
里酋豪力競王族絕嗣往者役屬迦畢試國
近又附庸迦濕弥羅國地稱沃壤稼穡殷盛
泉流多花菓茂氣序和暢風俗輕勇崇敬三
寶伽藍雖多荒蕪巳甚僧徒寡少並學大乘
大城西北七十餘里有毉羅鉢呾邏龍王池
周百餘步其水澄清雜色蓮花同榮異彩此
龍者即昔迦葉波佛時壞毉羅鉢呾邏樹苾

劵也故今彼土請雨祈晴必與沙門共至池
所彈指慰問隨願必果
龍池東南行三十餘里入兩山間有窣堵波
無憂王之所建也高百餘尺是釋迦如來懸
記當來慈氏世尊出興之時自然有四大寶
藏即斯勝地當其一所聞諸先志曰或時地
震諸山皆動周藏百步無所傾揺諸有愚夫
妄加發掘地爲震動人皆蹎仆傍有伽藍圮
損巳甚久絶僧徒城北十二三里有窣堵波
無憂王建也或至齋日時放光明神花天樂
頗有見聞聞諸先志曰近有婦人身嬰惡癩
竊至窣堵波責躬禮懺見其庭宇有諸糞穢

掬除灑掃塗香散花更採青蓮重布其地惡
疾除愈形貌增妍身出名香青蓮同馥斯勝
地也是如來在昔修菩薩行爲大國王号戰
達羅鉢剌婆（唐言月光）志求菩提斷頭惠施若此
之捨凡歷千生
捨頭窣堵波側有僧伽藍庭宇荒涼僧徒減
少昔經部拘摩羅邏多（唐言童受）論師於此製述
諸論城外東南南山之陰有窣堵波高百餘
尺是無憂王太子拘浪拏爲繼母所誣抉目
之處無憂王所建也盲人祈請多有復明此
太子正后生也儀貌妍雅慈仁夙著正后終
没繼室憍婬縱其昏愚私逼太子太子瀝泣

引責退身謝罪繼母見違弥增忿怒候王開
隙從容言曰夫呾叉始羅國之要領非親子
弟其可寄乎今者太子仁孝著聞親賢之故
物議斯在王惑聞說雅悅姦謀即命太子而
誡之曰吾承餘緒垂統繼業唯恐失墜忝負
先王呾叉始羅國之襟帶吾今命尒作鎮彼
國國事殷重人情詭雜無妄去就有虧基緒
凡有召命驗吾齒印印在吾口其有謬乎於
是太子銜命來鎮歲月雖淹繼室弥怒詐發
制書紫泥封記候王眠睡竊齒爲印馳使而
往賜以責書輔臣跪讀相顧失圖太子問曰
何所悲乎曰大王有命書責太子抉去兩目

逐棄山谷任其夫妻隨時生死雖有此命尚未可依今宜重請面縛待罪太子曰父而賜死其敢辭乎齒印為封誠無謬矣命旃荼羅抉去其眼眼既失明乞丐自濟流離展轉至父都城其妻告曰此是王城嗟乎飢寒良苦昔為王子今作乞人願得聞知重伸先責

於是謀計入王內廏於夜後分泣對清風長嘯悲吟箜篌鼓和王在高樓聞其雅唱辭甚怨悲怪而問曰箜篌歌聲似是吾子今以何故而來此乎即問內廏誰為歌嘯遂將盲人而來對旨王見太子銜悲問曰誰害汝身遭此禍舋愛子喪明猶不覺知凡百黎元如何

究察天乎天乎何德之衰太子悲泣謝而對
曰誠以不孝負責於天某年日月忽奉慈旨
無由致辭不敢逃責其王心知繼室爲不軌
也無所究察便加刑辟時菩提樹伽藍有瞿
沙（唐言妙音）大阿羅漢者四辯無礙三明具足王
將盲子陳告其事唯願慈悲令得復明時彼
羅漢受王請已即於是日宣令國人吾於後
日欲說妙理人持一器來此聽法以承泣淚
也於是遠近相趨士女雲集是時阿羅漢說
十二因緣凡厥聞法莫不悲哽以所持器承
其瀝泣說法既已揔收衆淚置之金盤而自
誓曰凡吾所說諸佛至理理若不真說有紕

繆斯則已矣如其不介願以衆淚洗彼盲眼
眼得復明明視如昔發是語訖持淚洗眼眼
遂復明王乃責彼輔臣詰諸僚佐或黜或放
或遷或死諸豪世俗移居雪山東北沙磧之
中從此東南越諸山谷行七百餘里至僧訶
補羅國北印度境

僧訶補羅國周三千五六百里西臨信度河
國大都城周十四五里依山據嶺堅峻險固農
務少功地利多獲氣序寒人性猛俗尚驍勇
又多譎詐國無君長主位役屬迦濕弥羅國
城南不遠有窣堵波無憂王之所建也莊飾
有虧靈異相繼傍有伽藍空無僧侶

城東南四五十里至石窣堵波無憂王建也
高二百餘尺池沼十數映帶左右彫石爲岸
殊形異類激水清流汩㴱漂注龍魚水族窟
穴潛流四色蓮花弥漫清潭百果具繁同榮
異色林沼交映誠可遊玩傍有伽藍久絕僧侶
窣堵波側不遠有白衣外道本師悟所求理

初說法處今有封記傍建天祠其徒苦行晝
夜精勤不遑寧息本師所說之法多竊佛經
之義隨類設法擬則軌儀大者謂苾芻小者
稱沙弥威儀律行頗同僧法唯留少髮加之
露形或有所服白色爲異據斯流別稍用區
分其天師像竊類如來衣服爲差相好無異

從此復還呾叉始羅國北界渡信度河東南
行二百餘里度大石門昔摩訶薩埵王子於
此投身飼餓烏䖘音徒其南百四五十步有石
窣堵波摩訶薩埵愍餓獸之無力也行至此
地乾竹自刺以血啗之於是乎獸乃啗焉其
中地土洎諸草木微帶絳色猶血染也人履
其地若負芒刺無云疑信莫不悲愴捨身北
有石窣堵波高二百餘尺無憂王之所建也
彫刻奇製時燭神光小窣堵波及諸石龕動
以百數周此塋域其有疾病旋繞多愈石窣
堵波東有伽藍僧徒百餘人並學大乘教從
此東行五十餘里至孤山中有伽藍僧徒二

百餘人並學大乘法教花果繁茂泉池澄鏡
傍有窣堵波高二百餘尺是如來在昔於此
化惡藥叉令不食肉從此東南山行五百餘
里至烏剌尸國北印度境
烏剌尸國周二千餘里山阜連接田疇隘狹
國大都城周七八里無大君長役屬迦濕弥
羅國宜稼穡少花果氣序溫和微有霜雪俗
無禮義人性剛猛多行詭詐不信佛法大城
西南四五里有窣堵波高二百餘尺無憂王
所建也傍有伽藍僧徒寡少並皆習學大乘
法教從此東南登山履險度鐵橋行千餘里
至迦濕弥羅國舊曰罽賓訛也北印度境

迦濕弥羅國周七千餘里四境負山山極峭
峻雖有門徑而復隘狹自古隣敵無能攻伐
國大都城西臨大河南北十二三里東西四
五里宜稼穡多花果出龍種馬及鬱金香火
珠藥草氣序寒勁多雪少風服毛褐衣白氎
土俗輕僄人性怯懦國爲龍護遂雄隣境容
貌妍美情性詭詐好学多聞邪正兼信伽藍
百餘所僧徒五千餘人有四窣堵波並無憂
王建也各有如來舍利升餘
國志曰國地本龍池也昔佛世尊自烏仗那
國降悪神已欲還中国乘空當此国上告阿
難曰我涅槃之後有末田底迦阿羅漢當於

此地建国安人弘揚佛法如来寂滅之後第
五十年阿難弟子末田底迦羅漢者得六神
通具八解脫聞佛懸記心自慶悅便来至此
於大山嶺宴坐林中現大神變龍見深信請
資所欲阿羅漢曰願於池内惠以容膝龍王
於是縮水奉施羅漢神通廣身龍王縱力縮
水池空水盡龍翻請地阿羅漢於此西北為
留一池周百餘里自餘枝屬別居小池龍王
曰池地總施願恒受供末田底迦曰我今不
久無餘涅槃雖欲受請其可得乎龍王重請
五百羅漢常受我供乃至法盡法盡之後還
取此国以為居地末田底迦從其所請時阿

羅漢既得其池運大神通力立五百伽藍於諸異國買鬻賤人以充役使以供僧衆末田底迦入寂滅後彼諸賤人自立君長隣境諸国鄙其賤種莫與交親謂之訖利多(唐言買得)今時泉水已多流溢

摩揭陀國無憂王以如來涅槃之後第一百年命世君臨威被殊俗深信三寶愛育四生時有五百羅漢僧五百凡夫僧王所敬仰供養無差有凡夫僧摩訶提婆(唐言大天)闊達多智幽求名實覃思作論理違聖教凡有聞知群從異議無憂王不識凡聖因情所好黨援所親召集僧徒赴殑伽河欲沉深流總從誅戮

時諸羅漢既逼命難咸運神通陵虚履空來
至此國山捿谷隱時無憂王聞而悔懼躬來
謝過請還本國彼諸羅漢確不從命無憂王
爲羅漢建五百僧伽藍揔以此國持施衆僧
健馱邏國迦膩色迦王以如來涅槃之後第
四百年應期撫運王風遠被殊俗内附機務
餘暇每習佛經日請一僧入宫説法而諸異
議部執不同王用深疑無以去惑時脇尊者
曰如來去世歲月逾邈弟子部執師資異論
各據聞見共爲矛盾時王聞已甚用感傷悲
嘆良久謂尊者曰猥以餘福聿遵前緒去聖
雖遠猶爲有幸敢忘庸鄙紹隆法教隨其部

執具釋三藏脇尊者曰大王宿殖善本多資
福祐留情佛法是所願也王乃宣令遠近召
集聖哲於是四方輻湊万里星馳英賢畢萃
睿聖咸集七日之中四事供養既欲法議恐
其諠雜王乃具懷白諸僧曰證聖果者住具
結縛者還如此尚衆又重宣令無學人住有
學人還猶復繁多又更下令具三明備六通
者住自餘各還然尚繁多又更下令其有內
窮三藏外達五明者住自餘各還於是得四
百九十九人王欲於本國苦其暑濕又欲就
王舍城大迦葉波結集石室脇尊者等議曰
不可彼多外道異論糾紛酬對不暇何功作

論衆會之心屬意此國此國四周山固藥义
守衛土地膏腴物產豐盛賢聖之所集往靈
仙之所遊止衆議斯在僉曰允諧其王是時
與諸羅漢自彼而至建立伽藍結集三藏欲
作毗婆沙論是時尊者世友戶外納衣諸阿
羅漢謂世友曰結使未除諍議乖謬尒宜遠
迹勿居此也世友曰諸賢於法無疑代佛施
化方集大義欲製正論我雖不敏粗達微言
三藏玄文五明至理頗亦沉研得其趣矣諸
羅漢曰言不可以若是汝宜屏居疾證無學
已而會此時未晚也世友曰我顧無學其猶
洟唾志求佛果不趨小徑擲此縷丸未墜于

地必當證得無學聖果時諸羅漢重訶之曰增上慢人斯之謂也無學果者諸佛所讚宜可速證以決衆疑於是世友即擲縷丸空中諸天接縷丸而請曰方證佛果次補慈氏三界特尊四生攸頼如何於此欲證小果時諸羅漢見是事已謝咎推德請爲上座凡有疑議咸取決焉是五百賢聖先造十万頌鄔波第鑠論(舊曰優波提舍論訛也)釋素呾纜藏(舊曰修多羅藏訛也)次造十万頌毗奈耶毗婆沙論釋毗奈耶藏(舊曰毗那耶藏訛也)後造十万頌阿毗達磨毗婆沙論釋阿毗達磨藏(或曰阿毗曇藏略也)凡三十万頌六百六十万言備釋三藏懸諸千古莫不窮其枝

葉究其淺深大義重明微言再顯廣宣流布後進賴焉迦膩色迦王遂以赤銅爲鍱鏤寫論文石函緘封建窣堵波藏於其中命藥叉神周衞其國不令異學持此論出欲求習學就中受業於是功既成畢還軍本都出此國西門之外東西面而跪復以此國總施僧徒

迦膩色迦王既死之後訖利多種復自稱王斥逐僧徒毀壞佛法

覩貨邏國呬摩呾羅王唐言雪山下其先釋種也以如來涅槃之後第六百年光有疆土嗣膺王業樹心佛地流情法海聞訖利多毀滅佛法招集國中敢勇之士得三千人詐爲商旅

多賫寳貨挾隱軍器來入此國此國之君特
加賔禮商旅之中又更選募得五百人猛烈
多謀各抽利刃俱持重寳躬賫所奉持以獻
上時雪山下王去其帽即其座訖利多王驚
懾無措遂斬其首令群下曰我是覩貨邏國
雪山下王也怒此賤種公行虐政故於今者
誅其有罪凡百衆庶非尒之辜然與國輔宰
臣遷於異域既平此國召集僧徒式建伽藍
安堵如故復於此國西門之外東面而跪持
施衆僧其訖利多種屢以僧徒覆宗滅祀世
積其怨疾惡佛法歲月既遠復自稱王故今
此國不甚崇信外道天祠特留意焉

新城東南十餘里故城北大山陽有僧伽藍
僧徒三百餘人其窣堵波中有佛牙長可寸
半其色黃白或至齋日時放光明昔訖利多
種之滅佛法也僧徒解散各隨利居有一沙
門遊諸印度觀禮聖迹伸其至誠後聞本國
平定即事歸途遇諸群象橫行草澤奔馳震
吼沙門見已升樹以避是時群象相趨奔赴
競吸池水浸漬樹根手共排掘樹遂顛仆既
得沙門負載而行至大林中有病象瘡痛而
臥引此僧手至所苦處乃枯竹所刺也沙門
於是拔竹傅藥裂其裳裹其足別有大象持
金函授與病象象既得已轉授沙門沙門開函

乃佛牙也諸象圍繞僧出無由明日齋時各
持異果以爲中饌食已載僧去林數百里外
方乃下之各跪拜而去沙門至國西界渡一
駛河濟乎中流船將覆没同舟之人乎相謂
曰今此船覆禍是沙門沙門必有如來舍利
諸龍利之船主檢驗果得佛牙時沙門舉佛
牙俯謂龍曰吾今寄汝不久來取遂不渡河
迴船而去顧河嘆曰吾無禁術龍畜所欺重
往印度學禁龍法三歲之後復還本國至河
之濱方設壇場其龍於是捧佛牙函以授沙
門沙門持歸於此伽藍而修供養
伽藍南十四五里有小伽藍中有觀自在菩

薩立像其有斷食誓死爲期願見菩薩者即
從像中出妙色身
小伽藍東南三十餘里至大山有故伽藍形
製宏壯蕪漫良甚今唯一隅起小重閣僧徒
三十餘人並學大乘法教昔僧伽䟦陁羅唐言
賢衆論師於此製順正理論伽藍左右諸窣堵
波大阿羅漢舍利並在野獸山猨採花供養
歲時無替如承指命然此山中多諸靈迹或
石壁横分峯留馬迹凡厥此類其狀譎詭皆
是羅漢沙弥群從遊戲手指麾畫乘馬往來
遺迹若斯難以詳述
佛牙伽藍東十餘里北山崖間有小伽藍是

昔索建地羅大論師於此作衆事分毗婆沙論小伽藍中有石窣堵波高五十餘尺是阿羅漢遺身舍利也先有羅漢形量偉大凡所飲食與象同等時人譏曰徒知飽食安識是非羅漢將入寂滅也告諸人曰吾今不久當取無餘欲説自身所證妙法衆人聞之更相譏笑咸來集會共觀得失時阿羅漢告諸人曰吾今爲汝説本因緣此身之前報受象身在東印度居王内廄是時此國有一沙門遠遊印度尋訪聖教諸經典論時王持我施與沙門載負佛經而至於此是後不久尋即命終乘其載經福力所致遂得爲人復鍾餘慶

早服滌衣勤求出離不遑寧居得六神通斷
三界欲然其所食餘習尚然每自節身三分
食一雖有此說人猶未信即升虛空入火光
定身出煙焰而入寂滅餘骸墜下起窣堵波
王城西北行二百餘里至商林伽藍布刺拏
（唐言圓滿）論師於此作釋毗婆沙論
城西行百四五十里大河北接山南至大衆
部伽藍僧徒百餘人昔佛地羅（唐言覺取）論師於
此作大衆部集真論從此西南踰山涉險行
七百餘里至半笯（奴故反）蹉國（北印度境）
半笯蹉國周二千餘里山川多疇壠狹穀稼
時播花果繁茂多甘蔗無蒲萄菴沒羅果烏

談跋羅茂遮等果家植成林珎其味也氣序
温暑風俗勇烈裳服所製多衣氎布人性質
直淳信三寶伽藍五所並多荒圯無大君長
役屬迦濕弥羅國城北伽藍少有僧徒伽藍
北有石窣堵波寔多靈異從此東南行四百
餘里至曷邏闍補羅國北印度境

曷邏闍補羅國周四千餘里國大都城周十
餘里極險固多山阜川原隘狹地利不豐土
宜氣序同半笯蹉國風俗猛烈人性驍勇國
無君長役屬迦濕弥羅國伽藍十所僧徒寡
少天祠一所外道甚多自濫波國至於此土
形貌麁弊情性獷暴語言庸鄙禮義輕薄非

印度之正境乃邊裔之曲俗從此東南下山
渡水行七百餘里至礫迦國北印度境

大唐西域記卷第三

轉

笯蹉上奴故反下七何反怯懦上苦怗反下奴卧反譎詭上音決下過委
反詐也多衣下去聲瞢揭釐上音夢中居謁反下力之反稸許六
反|積也饋遺上求位反下去聲||餉贈也糧儲二字音良除摩揄
下音如襃殺上博毛反道殣下渠鎮反死也僵屍上音薑死不壞也
紫喙上子委反下音卓蹎仆上音顛下蒲北反||伏倒也蹩毗祭反死
也飼音寺餧|也盧枳下居只反馴狎上音甸|順也下胡甲反|近
也袂音寐衣袖也麾劒上許為反嗢呾上烏段反下丁割反犀音西
頓躃下毗益反||跳躍而倒也緪索上古登反大索也棧道上助

諫反以板木架險為道也躡蹬上尼輒反下正作登晃煜上胡廣反下余六反
丨丨明也汩㴔上于密反下于立反同前水流急皃酋亮上自由反掬音匊
捧也挟目上正作扶紆浃反揞也閙隙下丘逆反控丨也淹一鹽反丨
久也乞丏下他代反借也内廐下音救養彖馬之舍鼓和下去聲禍
舋下許近反罪也紕繆上疋夷反下眉幼反噉之上音淡食丨也洎其器
反及也芒刺上音亡下音次悲愴下楚壯反隘狹上於賣反窄也下侯

夾反寒勁下居政反輕僄下疋妙反退也礭口角反堅丨也矛楯上莫
浮反下時尹反兵器名今之是非曰丨丨也輻湊上音福下七奏反亦作轃丨丨
併聚也如車輻同湊於轂也紇紛上俱有反丨丨亂也膏腴下音俞丨丨肥也
涕唾上音替鄔一古反鑠詩若反鍱音葉銅薄也斥逐上音
尺棄不用也呬摩上香器反安堵下音覩丨丨遷不移也解散上去
聲浸漬下在四反傅藥上音付塗丨也駛河上使史二音丨丨疾流也

偉大上羽鬼反異也 磔[illegible]上竹陌反 驚懾下之葉反 捎麾下許爲反

大唐西域記卷四

大唐西域記卷第四　轉

三藏法師　玄奘奉　詔譯

大揔持寺沙門　辯機　撰

十五國

磔迦國　至那僕底國

闍爛達羅國　屈(居勿反)露多國

設多圖盧國　波理夜呾羅國

秣菟羅國　薩他泥濕伐羅國

窣祿勤那國　秣底補羅國

婆羅吸摩補羅國　瞿毗霜那國

堊醯掣呾羅國　毗羅刪拏國

劫比他國

磔迦國周万餘里東據毗播奢河西臨信度
河國大都城周二十餘里宜粳稻多宿麥出
金銀鍮石銅鐵時候暑熱土多風飆風俗暴
急言辭鄙褻衣服鮮白所謂憍奢耶衣朝霞
衣等少信佛法多事天神伽藍十所天祠數
百此國已往多有福舍以贍貧匱或施藥或
施食口腹之資行旅無累
大城西南十四五里至奢羯羅故城垣堵雖
壞基址尚固周二十餘里其中更築小城周
六七里居人富饒即此國之故都也數百年
前有王号摩醯邏矩羅唐言大族都治此城王諸
印度有才智性勇烈隣境諸國莫不臣伏機

務餘閑欲習佛法令於僧中推一俊德時諸
僧徒莫敢應命少欲無爲不求聞達博學高
明有懼威嚴是時王家舊僮染衣已久辭論
清雅言談贍敏衆共推舉而以應命王曰我
敬佛法遠訪名僧衆推此隸與我談論常謂
僧中賢明肩比以令知之夫何敬哉於是宣
令五印度國繼是佛法並皆毀滅僧徒斥逐
無復子遺
摩揭陁國婆羅阿迭多王唐言幻日崇敬佛法愛
育黎元以大族王淫刑虐政自守疆場不供
職貢時大族王治兵將討幻日王知其聲問
告諸臣曰今聞寇至不忍鬬其兵也幸諸僚

庶赦而不罪賜此微軀潛行草澤言畢出宮
依緣山野國中感恩慕從者數万餘人棲竄
海島大族王以兵付弟浮海往伐幻日王守
其阨險輕騎誘戰金鼓一震奇兵四起生擒
大族反接引現大族王自愧失道以衣蒙面
幻日王踞師子牀群官周衛乃命侍臣告大
族曰汝露其面吾欲有辭大族對曰臣主易
位怨敵相視既非交好何用面談再三告示
終不從命於是宣令數其罪曰三寶福田四
生依賴苟任豺狼傾毀勝業福不祐汝見擒
於我罪無可赦宜從刑辟時幻日王母博聞
強識善達占相聞殺大族也疾告幻日王曰

我甞聞大族奇姿多智欲一見之幻日王命
引大族至母宮中幻日母曰嗚呼大族幸勿
恥也世間無常榮辱更事吾猶汝母汝若吾
子宜去蒙衣一言面對大族曰昔爲敵國之
君今爲俘囚之虜隳廢王業亡滅宗祀上愧
先靈下慙黎庶誠恥面目俯仰天地不能自
喪故此蒙衣王母曰興廢隨時存亡有運以
心齊物則得喪俱忘以物齊心則毀譽更起
宜信業報與時推移去蒙對語或存軀命大
族謝曰苟以不才嗣膺王業刑政失道國祚
亡滅雖在縲紲之中尚貪旦夕之命敢承大
造面謝厚恩於是去蒙衣出其面王母曰子

其自愛當終尒壽已而告幻日王曰先典有
訓宥過好生今大族王積惡雖久餘福未盡
若殺此人十二年中菜色相視然有中興之
氣終非大國之王當據北方有小國土幻日
王承慈母之命愍失國之君娉以稚女待以
殊禮揔其遺兵更加衛從來出海島大族王
弟還國自立大族失位藏竄山野北投迦濕
弥羅國迦濕弥羅王深加禮命愍以失國封
以土邑歲月旣淹率其邑人矯殺迦濕弥羅
王而自尊立乘其戰勝之威西討健馱邏國
潛兵伏甲遂殺其王國族大臣誅鋤殄滅毀
窣堵波廢僧伽藍凡一千六百所兵殺之外

餘有九億人皆欲誅戮無遺噍類時諸輔佐
咸進諫曰大王威懾強敵兵不交鋒誅其首
惡黎庶何咎願以微躬代所應死王曰汝信
佛法崇重冥福擬成佛果廣說本生欲傳我
惡於未來世乎汝宜復位勿有再辭於是以
三億上族臨信度河岸殺之三億中族下沉
信度河流殺之三億下族分賜兵士於是持
其亡國之貨振旅而歸曾未改歲尋即殂落
殂落之時雲霧冥晦大地震動暴風奮發時
證果人愍而嘆曰枉殺無辜毀滅佛法墮無
間獄流轉未已
奢羯羅故城中有一伽藍僧徒百餘人並學

小乘法世親菩薩昔於此中製勝義諦論其
側窣堵波高二百餘尺過去四佛於此說法
又有四佛經行遺迹之所
伽藍西北五六里有窣堵波高二百餘尺無
憂王之所建也是過去四佛說法之處
新都城東北十餘里至石窣堵波高二百餘
尺無憂王之所建也是如來往北方行化中
路止處印度記曰窣堵波中有多舍利或有
齋日時放光明從此東行五百餘里至那僕
底國北印度境
至那僕底國周二千餘里國大都城周十四
五里稼穡滋茂果木稀疎編户安業國用豐

贍氣序溫暑風俗怯弱學綜真俗信兼邪正
伽藍十所天祠八所
昔迦膩色迦王之御宇也聲振隣國威被殊
俗河西蕃維畏威送質迦膩色迦王既得質
子賞遇隆厚三時易館四兵警衛此國則質
子冬所居也故曰至那僕底（唐言漢封）質子所居
因爲國号此境已往洎諸印度土無梨桃質
子所植因謂桃曰至那你（唐言漢持來）梨曰至那
羅闍弗呾邏（唐言漢王子）故此國人深敬東土更
相指告語是我先王本國人也
大城東南行五百餘里至荅秣蘇伐那僧伽
藍（唐言闇林）僧徒三百餘人學說一切有部衆儀

肅穆德行清高小乘之學特爲博究賢劫千
佛皆於此地集天人衆説深妙法釋迦如來
涅槃之後第三百年中有迦多衍那（舊曰迦旃延訛也）
論師者於此製發智論焉
闍林伽藍中有窣堵波高二百餘尺無憂王
之所建也其側則有過去四佛坐及經行遺迹
之處小窣堵波諸大石室鱗次相望不詳其
數並是劫初已來諸果聖人於此寂滅差難
備舉齒骨猶在繞山伽藍周二十里佛舍利
窣堵波數百千所連隅接影從此東北行百
四五十里至闍爛達羅國（北印度境）
闍爛達羅國東西千餘里南北八百餘里國

大都城周十二三里宜穀稼多粳稻林樹扶
踈花果茂盛氣序溫暑風俗剛烈容貌鄙陋
家室富饒伽藍五十餘所僧徒二千餘人大
小二乘專門習學天祠三所外道五百餘人
並塗灰之侶也此國先王崇敬外道其後遇
羅漢聞法信悟故中印度王體其淳信五印
度國三寶之事一以揔監混彼此忘愛惡督
察僧徒妙窮淑慝故道德著聞者竭誠敬仰
飛行虧犯者深加責罰聖迹之所並皆旌建
或窣堵波或僧伽藍印度境內無不周徧從
此東北踰峻嶺越洞谷經危途涉嶮路行七
百餘里至屈居勿反露多國北印度境

屈露多國周三千餘里山周四境國大都城
周十四五里土地沃壤穀稼時播花果茂盛
卉木滋榮既隣雪山遂多珍藥出金銀赤銅
及火珠雨石氣序漸寒霜雪微降人貌麁弊
既癭且尰性剛猛尚氣勇伽藍二十餘所僧
徒千餘人多學大乘少習諸部天祠十五異
道雜居依巖據嶺石室相距或羅漢所居或
仙人所止國中有窣堵波無憂王之所建也
在昔如來曾至此國說法度人遺迹斯記從
此北路千八九百里道路危險踰山越谷至
洛護羅國此北二千餘里經途艱阻寒風飛
雪至秣羅娑國（亦謂三波訶國）自屈露多國南行七

百餘里越大山濟大河至設多圖盧國北印度境

設多圖盧國周二千餘里西臨大河國大都城周十七八里穀稼殷盛果實繁茂多金銀出珠珎服用鮮素裳衣綺靡氣序暑熱風俗淳和人性善順上下有序敦信佛法誠心質敬王城內外伽藍十所庭宇荒涼僧徒尠少城東南三四里有窣堵波高二百餘尺無憂王之所建也傍有過去四佛坐及經行遺迹之所復從此西南行八百餘里至波理夜呾羅國中印度境

波理夜呾羅國周三千餘里國大都城周十四五里宜穀稼豐宿麥有異稻種六十日而

收穫焉多牛羊少花果氣序暑熱風俗剛猛
不尚學藝信奉外道王吠奢種也性勇烈多
武略伽藍八所傾毀已甚僧徒寡少習學小
乘天祠十餘所異道千餘人從此東行五百
餘里至秣莬羅國中印度境
秣莬羅國周五千餘里國大都城周二十餘
里土地膏腴稼穡是務菴没羅果家植成林
雖同一名而有兩種小者生青熟黃大者始
終青色出細班氎及黃金氣序暑熱風俗善
順好修冥福崇德尚學伽藍二十餘所僧徒
二千餘人大小二乘兼攻習學天祠五所異
道雜居

有三窣堵波，並無憂王所建也。過去四佛遺迹甚多。釋迦如來諸聖弟子遺身窣堵波，謂舍利子（舊曰舍梨子，又曰舍利弗，訛略也）、没特伽羅子（舊曰目乾連，訛也）、布剌拏梅呾麗衍尼弗呾羅子（唐言滿慈子。舊曰弥多羅尼子，訛略也）、優波釐、阿難陀、羅怙羅（舊曰羅睺羅，又曰羅雲，皆訛略也）、曼殊室利（唐言妙吉祥。舊曰濡首，又曰文殊師利，或言曼殊尸利，譯曰妙德，訛也）諸菩薩窣堵波等。每歲三長及月六齋，僧徒相競，率其同好，賫持供具，多營奇玩，隨其所宗而致像設。阿毗達磨衆供養舍利子，習定之徒供養没特伽羅子，誦持經者供養滿慈子，學毗柰耶衆供養優波釐，諸苾芻尼供養阿難，未受具戒者供養羅怙羅，其學

大乘者供養諸菩薩是日也諸窣堵波競修
供養珠旛布烈寶蓋駢羅香煙若雲花散如
雨蔽虧日月震蕩谿谷國王大臣修善爲務
城東行五六里至一山伽藍踈崖爲室因谷爲
門尊者鄔波毱多唐言近護之所建也其中則有
如來指爪窣堵波

伽藍北巖間有石室高二十餘尺廣三十餘
尺四寸細籌填積其內尊者近護說法化導
夫妻俱證羅漢果者乃下一籌異室別族雖
證不記石室東南二十四五里至大涸池傍
有窣堵波在昔如來行經此處時有獮猴持
蜜奉佛佛令水和普徧大衆獮猴喜躍墮坑

而死乘茲福力得生人中
池北不遠大林中有過去四佛經行遺迹其
側有舍利子沒特伽羅子等千二百五十大
阿羅漢習定之處並建窣堵波以記遺迹如
來在世屢遊此國說法之所並有封樹從此
東北行五百餘里至薩他泥濕伐羅國中印度境

薩他泥濕伐羅國周七千餘里國大都城周
二十餘里土地沃壤稼穡滋盛氣序溫暑風
俗澆薄家室富饒競爲奢侈深閑幻術高尚
異能多逐利少務農諸方奇貨多聚其國伽
藍三所僧徒七百餘人並皆習學小乘法教
天祠百餘所異道甚多

大城四周二百里内彼土之人謂爲福地聞
諸先志曰昔五印度國二王分治境壤相侵
干戈不息兩主合謀欲决兵戰以定雌雄以
寧泯俗黎庶胥然莫從君命王以爲衆庶者
難與慮始也神可動物權可立功時有梵志
素知高才密賫束帛命入後庭造作法書藏
諸巖穴歲月既久樹皆合拱王於朝坐告諸
臣曰吾以不德忝居大位天帝垂照夢賜靈
書今在某山藏於某嶺於是下令營求得書
山林之下群官稱慶衆庶悦豫宣示遠近咸
使聞知其大略曰夫生死無涯流轉無極含
靈淪溺莫由自濟我以奇謀令離諸苦今此

王城周二百里古先帝世福利之地歲月極
遠銘記煙滅生靈不悟遂沉苦海溺而不救
夫何謂歟汝諸含識臨敵兵死得生人中多
殺無辜受天福樂順孫孝子扶侍親老經遊
此地獲福無窮功少福多如何失利一喪人
身三途冥漠是故含生各務修業於是人皆
兵戰視死如歸王遂下令招募勇烈兩國合
戰積屍如莽迄于今時遺骸遍野時既古昔
人骸偉大國俗相傳謂之福地
城西北四五里有窣堵波高二百餘尺無憂
王之所建也甎皆黃赤色甚光淨中有如來
舍利一升光明時照神迹多端

城南行百餘里至俱昏（去聲）荼僧伽藍重閣連甍層臺間峙僧徒清肅威儀閑雅從此東北行四百餘里至窣祿勤那國（中印度境）

窣祿勤那國周六千餘里東臨殑伽河北背大山閻牟那河中境而流國大都城周二十餘里東臨閻牟那河荒蕪雖甚基址尚固土地所產風氣所宜同薩他泥濕伐羅國人性淳質宗信外道貴藝學尚福慧伽藍五所僧徒千餘人多學小乘少習餘部商榷微言清論玄奥異方俊彥尋論稽疑天祠百所異道甚多

大城東南閻牟那河西大伽藍東門外有窣

堵波無憂王之所建也如來在昔曾於此處
說法度人其側又一窣堵波中有如來髮爪
也舍利子沒特伽羅諸阿羅漢髮爪窣堵波
周其左右數十餘所如來寂滅之後此國爲
諸外道所詿誤焉信受邪法捐廢正見今有
五伽藍者乃異國論師與諸外道及婆羅門
論議勝處因此建焉閻牟那河東行八百餘
里至殑伽河河源廣三四里東南流入海處
廣十餘里水色滄浪波濤浩汗靈怪雖多不
爲物害其味甘美細沙隨流彼俗書記謂之
福水罪咎雖積沐浴便除輕命自沉生天受
福死而投骸不墮惡趣揚波激流亡魂獲濟

時執師子國提婆菩薩深達實相得諸法性
愍諸愚夫來此導誘當是時也士女咸會少
長畢萃於河之濱揚波激流提婆菩薩和光
汲引俯首反激狀異衆人有外道曰吾子何
其異乎提婆菩薩曰吾父母親宗在執師子
國恐苦飢渴冀斯遠濟諸外道曰吾子謬矣
曾不再思妄行此事家國綿邈山川遼敻激
揚此水給濟彼飢其猶却行以求前及非所
聞也提婆菩薩曰幽途罪累尚蒙此水山川
雖阻如何不濟時諸外道知難謝屈捨邪見
受正法改過自新願奉教誨渡河東岸至秣
底補羅國中印度境

秣底補羅國周六千餘里國大都城周二十餘里宜穀麥多花果氣序和暢風俗淳質崇尚學藝深閑呪術信邪正者其徒相半王戍陀羅種也不信佛法敬事天神伽藍十餘所僧徒八百餘人多學小乘教說一切有部天祠五十餘所異道雜居

大城南四五里至小伽藍僧徒五十餘人昔瞿拏鉢頼婆唐言德光論師於此作辯真等論凡百餘部論師少而英傑長而弘敏博物强識碩學多聞本習大乘未窮玄奥因覽毗婆沙論退業而學小乘作數十部論破大乘綱紀成小乘執著又製俗書數十餘部非斥先進

所作典論覃思佛經十數不決研精雖久疑
情未除時有提婆犀那（唐言天軍）羅漢往來覩史
多天德光願見慈氏決疑請益天軍以神通
力接上天宮既見慈氏長揖不禮天軍謂曰
慈氏菩薩次紹佛位何乃自高敢不致敬方
欲受業如何不屈德光對曰尊者此言誠爲
指誨然我具戒苾芻出家弟子慈氏菩薩受
天福樂非出家之侶而欲作禮恐非所宜菩
薩知其我慢心固非聞法器往來三返不得
決疑更請天軍重欲覲禮天軍惡其我慢蔑
而不對德光既不遂心便起恚恨即趣山林
修發通定我慢未除不時證果

德光伽藍北三四里有大伽藍僧徒二百餘人並學小乘法教是衆賢論師壽終之處論師迦濕弥羅國人也聰敏博達幼傳雅譽特深研究説一切有部毗婆沙論時有世親菩薩一心玄道求解言外破毗婆沙師所執作阿毗達磨俱舍論辭義善巧理致清高衆賢循覽遂有心焉於是沉研鑽極十有二歲作俱舍雹論二万五千頌凡八十万言矣所謂言深致遠窮幽洞微告門人曰以我逸才持我正論遂斥世親挫其鋒鋭無令老叟獨擅先名於是學徒四三俊彦持所作論推訪世親世親是時在磔迦國奢羯羅城遠傳聲問

衆賢當至世親聞已即治行裝門人懷疑前
進諫曰大師德高先哲名擅當時遠迩學徒
莫不推謝今聞衆賢一何惶遽必有所下我
曹厚顔世親曰吾今遠遊非避此子顧此國
中無復鑒達衆賢後進也詭辯若流我衰耄
矣莫能持論欲以一言頽其異執引至中印
度對諸髦彦察乎真僞詳乎得失尋即命侣
負笈遠遊衆賢論師當後一日至此伽藍忽
覺氣衰於是裁書謝世親曰如來寂滅弟子
部執傳其宗學各擅專門黨同道疾異部愚
以寡昧猥承傳習覽所製阿毗達磨俱舍論
破毗婆沙師大義輒不量力沉究弥年作爲

此論扶正宗學智小謀大死其將至菩薩宣
暢微言抑揚至理不毀所執得存遺文斯爲
幸矣死何悔哉於是歷選門人有辭辯者而
告之曰吾誠後學輕陵先達命也如何當從
斯没汝持是書及所製論謝彼菩薩代我悔
過授辭適畢奄尒云亡門人奉書至世親所
而致辭曰我師衆賢已捨壽命遺言致書責
躬謝咎不墜其名非所敢望世親菩薩覽書
閱論沉吟久之謂門人曰衆賢論師聰敏後
進理雖不足辭乃有餘我今欲破衆賢之論
若指諸掌顧以垂終之託重其知難之辭苟
緣大義存其宿志況乎此論發明我宗遂爲

改題爲順正理論門人諫曰衆賢未没大師
遠迹既得其論又爲改題凡厥學徒何顔受
愧世親菩薩欲除衆疑而説頌曰如師子王
避豕遠逝二力勝負智者應知衆賢死巳焚
屍收骨於伽藍西北二百餘步菴没羅林中
起窣堵波今猶現在

菴没羅林側有窣堵波毗末羅蜜多羅唐言無垢友
論師之遺身論師迦濕弥羅國人也於説一
切有部而出家焉博綜衆經研究異論遊五
印度國學三藏玄文名立業成將歸本國途
次衆賢論師窣堵波也拊而嘆曰惟論師雅
量清高抑揚大義方欲挫異部立本宗業也

如何降年不永我無垢友猥承末學異時慕義曠代懷德世親雖没宗學尚傳我盡所知當制諸論令贍部洲諸學人等絶大乘稱滅世親名斯爲不朽用盡宿心説是語已心發狂亂五舌重出熱血流涌知命必終裁書悔曰夫大乘教者佛法之中究竟説也名味泯絶理致幽玄輕以愚昧駁斥先進業報皎然滅身宜矣敢告學人厥鑒斯在各慎尒志無得懷疑大地爲震命遂終焉當其死處地陷爲坑同侶焚屍收骸旌建時有羅漢見而嘆曰惜哉苦哉今此論師任情執見毁惡大乘墮無間獄

國西北境殑伽河東岸有摩裕羅城周二十餘里居人般盛清流交帶出鍮石水精寶器去城不遠臨殑伽河有大天祠甚多靈異其中有池編石爲岸引殑伽水爲浦五印度人謂之殑伽河門生福滅罪之所常有遠方數百千人集此澡濯樂善諸王建立福舍備珎著儲醫藥惠施鰥寡周給孤獨從此北行三百餘里至婆羅吸摩補羅國北印度境

婆羅吸摩補羅國周四千餘里山周四境國大都城周二十餘里居人般盛家室富饒土地沃壤稼穡時播出鍮石水精氣序微寒風俗剛猛少學藝多逐利人性獷烈邪正雜信

伽藍五所僧徒寡少天祠十餘所異道雜居

此國境北大雪山中有蘇伐剌拏瞿呾羅國唐言金氏出上黃金故以名焉東西長南北狹即東女國也世以女爲王因以女爲國夫亦爲王不知政事丈夫唯征伐田種而已土宜宿麥多畜羊馬氣候寒烈人性躁暴東接土蕃國北接于闐國西接三波訶國從末底補羅國東南行四百餘里至瞿毗霜那國中印度境

瞿毗霜那國周二千餘里國大都城周十四五里崇峻險固居人殷盛花林池沼往往相間氣序土宜同末底補羅國風俗淳質勤學好福多信外道求現在樂伽藍二所僧衆百

餘人並皆習學小乘法敎天祠三十餘所異
道雜居大城側故伽藍中有窣堵波無憂王
之所建也高二百餘尺如來在昔於此一月
說諸法要傍有過去四佛坐及經行遺迹之
處其側則有如來髮爪二窣堵波各高一丈
餘自此東南行四百餘里至垩醯掣呾邏國

垩醯掣呾邏國（中印度境）

垩醯掣呾邏國周三千餘里國大都城周十
七八里依據險固宜穀麥多林泉氣序和暢
風俗淳質翫道篤學多才博識伽藍十餘所
僧徒千餘人習學小乘正量部法天祠九所
異道三百餘人事自在天塗灰之侶也城外

龍池側有窣堵波無憂王之所建也是如來
在昔爲龍王七日於此說法其側有四小窣
堵波是過去四佛坐及經行遺迹之所自此
南行二百六七十里渡殑伽河西南至毗羅
刪拏國（中印度境）

毗羅刪拏國周二千餘里國大都城周十餘
里氣序土宜同至醯掣呾邏國風俗猛暴人
知學藝崇信外道少敬佛法伽藍二所僧徒
三百人並皆習學大乘法教天祠五所異道
雜居大城中故伽藍內有窣堵波基雖傾圮
尚百餘尺無憂王之所建也如來在昔於此
七日說蘊界處經之所其側則有過去四佛

坐及經行遺迹斯在從此東南行二百餘里

至劫比他國（舊謂僧迦舍國中印度境）

劫比他國周二千餘里國大都城周二十餘里氣序土宜同毗羅删拏國風俗淳和人多學藝伽藍四所僧徒千餘人並學小乘正量部法天祠十所異道雜居同共遵事大自在天

城東二十餘里有大伽藍經製輪奐工窮剞劂聖形尊像務極莊嚴僧徒數百人學正量部法數万淨人宅居其側

伽藍大垣內有三寶階南北列東面下是如來自三十三天降還也昔如來起自勝林上升天宮居善法堂為母說法過三月已將欲

下降天帝釋乃縱神力建立寶階中階黃金
左水精右白銀如來起善法堂從諸天衆履
中階而下大梵王執白拂履銀階而右侍天
帝釋持寶蓋蹈水精階而左侍天衆凌虛散
花讃德數百年前猶有階級逮至今時陷沒
已盡諸國君王悲慨不遇壘以甎石飾以珎
寶於其故基擬昔寶階其高七十餘尺上起
精舍精舍中有石佛像而左右之階有釋梵
之像形擬厥初猶爲下勢傍有石柱高七十
餘尺無憂王所建也色紺光潤質堅密理上
作師子蹲踞向階彫鏤奇形周其方面隨人
罪福影現柱中

寶階側不遠有窣堵波是過去四佛坐及經
行遺迹之所其側窣堵波如來在昔於此澡
浴其側精舍是如來入定之處
精舍側有大石基長五十步高七尺是如來
經行之處足所履迹皆有蓮花之文基左右
各有小窣堵波帝釋梵王之所建也
釋梵窣堵波前是蓮花色苾芻尼欲先見佛
化作轉輪王處如來自在天宮還贍部洲也
時蘇部底（唐言善現舊曰須扶提或曰須菩提譯曰善吉也皆訛也）宴坐
石室竊自思曰今佛還降人天導從如我今
者何所宜行嘗聞佛說知諸法空體諸法性
是則以慧眼觀法身也時蓮花色苾芻尼欲

初見佛化爲轉輪王七寶導從四兵警衛至
世尊所復苾芻尼如來告曰汝非初見夫善
現者觀諸法空是見法身聖迹垣内靈異相
繼其大窣堵波東南有一池龍恒護聖迹既
有冥衞難以輕犯歲久自壞人莫能毀從此
西北行減二百里至羯若鞠闍國（唐言曲女城國中印度境也）

大唐西域記卷第四

轉

秣菟（下兎字亦云末吐羅國名也或云摩頭又云摩度此云孔雀） 塈醯（上於各反下嗚兮反） 掣（昌列反） 風飆（下必苗反） 鄙褻（下音薛正作媟慢也） 垣

堵上音園丨牆也下音覩綫音畫字壇場二字音疊亦界也竄七亂
反逃丨也狰狼二字丨丨音柴郎野狗也俜綱上方鏁反因也隳廢上兄
弥反丨丨類墜也宥過上音右掖丨也娉足併反丨娶也矯居小反殄
滅上徒典反噍類上才笑反殂落上在吾反死也綜子宋反揔也衍
那上音演混胡本反丨雜也癭一領反項下氣病也幢特勇反腫病也脚
岠音巨駢羅上步田反涸池上音鶴枯丨也坻俗上音萌田民也亟

去記反又音棘遽也湮滅上音因沉也莞莫耕反星棟也商摧下音角
註誤上音卦丨亦誤也遼夐下兄詠反丨丨遠也蔑音滅挫則卧反
鋒銳上音峯下羊歲反同前惶遽下音拒顙徒回反負筊下其
業反書箱也豖音始猪也駮斥上音剥下音尺著儲二字音修除于
闐音田國名輪奐下音喚剖劂上居綺反下居衞反又音厥斷割也又彫
刻曲切也悲慨下苦愛反嘆也壘倫水反丨結也泯絶上米忍反滅也

（唐）釋玄奘 譯 （唐）釋辯機 撰

宋思溪藏本大唐西域記

第三册

國家圖書館出版社

第三册目録

卷十　十七國……一

伊爛拏鉢伐多國　瞻波國　羯朱嗢祇羅國　奔那伐彈那國　迦摩縷波國　三摩呾吒國　耽摩栗底國　羯羅拏蘇伐剌那國　烏荼國　恭御陁國　羯餕伽國　憍薩羅國　案達羅國　馱那羯磔迦國　珠利耶國　達羅毗茶國　秣羅矩吒國

卷十一　二十三國……四九

僧伽羅國　恭建那補羅國　摩訶剌侘國　跋禄羯呫婆國　摩臘婆國　阿吒釐國　契吒國　伐臘毗國　阿難陁補羅國　蘇剌侘國　瞿折羅國　鄔闍衍那國　擲枳陁國　摩醯濕伐羅補羅國　信度國　茂羅三部盧國　鉢伐多國　阿點婆翅羅國　狼揭羅國　波剌斯國　臂多勢羅國　阿軬茶國　伐剌拏國

卷十二　二十二國……九九

漕矩吒國　弗栗恃薩儻那國　安呾羅縛國　闊悉多國　活國　瞢健國

阿利尼國　曷邏胡國　訖栗瑟摩國　鉢利曷國　呬摩呾羅國　鉢鐸創那國

淫薄健國　屈浪拏國　達摩悉鐵帝國　尸棄尼國　商彌國　朅盤陁國

烏鎩國　佉沙國　斫句迦國　瞿薩旦那國

大唐西域記 第十

二

大唐西域記卷第十

三藏法師玄奘奉　詔譯　大總持寺沙門辯機撰

十七國

伊爛拏鉢伐多國　瞻波國

羯朱嗢祇羅國　奔那伐彈那國

迦摩縷波國　三摩呾吒國

耽摩栗底國　羯羅拏蘇伐剌那國

烏荼國　恭御陁國

羯餕（力甑反）伽國　憍薩羅國

案達羅國　馱那羯磔迦國

珠利耶國　達羅毗茶國

秣羅矩吒國

伊爛拏鉢伐多國周三千餘里國大都城北
路殑伽河周二十餘里稼穡滋植花果具繁
氣序和暢風俗淳質伽藍十餘所僧徒四千
餘人多學小乘正量部法天祠二十餘所異
道雜居近有隣王廢其國君以大都城持施
衆僧於此城中建二伽藍各減千僧並學小
乘教說一切有部

大城側臨殑伽河有伊爛拏山含吐煙霞蔽
虧日月古今仙聖繼踵棲神今有天祠尚遵
遺則在昔如來亦嘗居此爲諸天人廣說妙
法大城南有窣堵波如來於此三月說法其
傍則有過去三佛坐及經行遺迹之所

三佛經行西不遠有窣堵波是室縷多頻設底拘胝（唐言聞二百億 舊譯曰億耳謬也）苾芻生處昔此城有長者豪貴巨富晚有繼嗣時有報者輒賜金錢二百億因名其子聞二百億洎乎成立未曽履地故其足跖毛長尺餘光潤細軟色若黃金珍愛此兒備諸玩好自其居家以至雪山亭傳連隅僮僕交路凡須妙藥遞相告語轉而以授曾不踰時其豪富如此世尊知其善根將發也命沒特伽羅子而往化焉既至門下莫由自通長者家祠日天每晨朝時東向以拜是時尊者以神通力從日輪中降立於前長者子疑日天也因施香飯而歸其飯

香氣遍王舍城時頻毗娑羅王駭其異顉命使歷問乃竹林精舍役特伽羅子自長者家持來因知長者子有此奇異乃使召焉長者承命思何安步泛舟鼓棹有風波之危乘車馭象懼蹎蹶之患於是自其居家至王舍城鑿渠通漕流滿芥子御舟安止長絙以引至王舍城先禮世尊世尊告曰頻毗娑羅王命使召汝無過欲見足下毛耳王欲觀者宜結加坐伸脚向王國法當死長者子受佛誨而往引入廷謁王欲視毛乃加趺坐王善其有禮特深珍愛亦既得歸還至佛所如來是時說法誨喻聞而感悟遂即出家於是精勤修

習思求果證經行不捨足遂流血世尊告曰汝善男子在家之時知鼓琴耶曰知若然者以此爲喻絃急則聲不合韻絃緩則調不和雅非急非緩其聲乃和夫修行者亦然急則身疲心怠緩則情舒志逸承佛指教奉以周旋如是不久便獲果證

國西界殑伽河南至小孤山重巘嶜崟昔佛於此三月安居降薄句羅藥叉山東南巖下大石上有佛坐跡入石寸餘長五尺二寸廣二尺一寸其上則建窣堵波焉次南石上則有佛置捃稚迦（即澡瓶也舊曰軍持訛略也）跡深寸餘作八出花文佛坐跡東南不遠有薄句羅藥义

脚跡長尺五六寸廣七八寸深减二寸藥义跡後有石佛坐像高六七尺次西不遠有佛經行之處其山頂上有藥义故室次北有佛足跡長尺有八寸廣於六寸深可半寸其跡上有窣堵波如來昔日降伏藥义令不殺人食肉敬受佛戒後得生天此西有温泉六七所其水極熱國南界大山林中多諸野象其形偉大從此順殑伽河南岸東行三百餘里

至瞻波國中印度境

瞻波國周四千餘里國大都城北背殑伽河周四十餘里土地墊濕稼穡滋盛氣序温暑風俗淳質伽藍數十所多有傾毀僧徒二百

餘人習小乘教天祠二十餘所異道雜居

都城壘甎其高數丈基趾崇峻卻敵高險在

昔劫初人物伊始野居穴處未知宮室後有

天女降迹人中遊殑伽河濯流自媚感靈有

娠生四子焉分贍部洲各擅區宇建都築邑

封壇畫界此則一子之國都贍部洲諸城之

始也

城東百四五十里殑伽河南水環孤嶼崖巘

崇峻上有天祠神多靈感鑿崖為室引流成

沼花林奇樹巨石危峯仁智所居觀者忘返

國南境山林中野象猛獸群遊千數自此東

行四百餘里至羯朱嗢祇羅國彼俗或謂羯蠅揭羅國中

印度境
羯朱嗢祇羅國周二千餘里土地泉濕
稼穡豐盛氣序溫風俗順敦尚高才崇貴學
藝伽藍六七所僧徒三百餘人天祠十所異
道雜居自數百年王族絕嗣役屬隣國所以
城郭丘墟多居村邑故戒日王遊東印度於
此築宮理諸國務至則葺茅爲宇去則縱火
焚燒國南境多野象北境去殑伽河不遠有
大高臺壘甎石而以建焉基趾廣峙刻彫奇
製周其方面鏤衆聖像佛及天形區別而作
自此東渡殑伽河行六百餘里至奔那伐彈
那國 中印度境
奔那伐彈那國周四千餘里國大都城周三

十餘里居人殷盛池館花林往往相間土地
畢濕稼穡滋茂般㮈娑果既多且貴其果大
如冬瓜熟則黄赤剖之中有數十小果大如
鶬卵又更破之其汁黄赤其味甘美或在樹
枝如衆果之結實或在樹根若伏苓之在土
氣序調暢風俗好學伽藍二十餘所僧徒三
千餘人大小二乘兼功綜習天祠百所異道
雜居露形尼乹寔繁其黨
城西二十餘里有跋始婆僧伽藍庭宇顯敞
臺閣崇高僧徒七百餘人並學大乘教法東
印度境碩學名僧多在於此其側不遠有窣
堵波無憂王之所建也昔者如來三月在此

爲諸天人說法之處或至齋日時燭光明其
側則有四佛坐及經行遺跡之所去此不遠
復有精舍中作觀自在菩薩像神鑒無隱靈
應有徵遠近之人絶粒祈請自此東行九百
餘里渡大河至迦摩縷波國（東印度境）
迦摩縷波國周万餘里國大都城周三十餘
里土地泉濕稼穡時播般橠娑果那羅雞羅
果其樹雖多弥復珎貴河流湖陂交帶城邑
氣序和暢風俗淳質人形卑小容貌黧黒語
言少異中印度性甚獷暴志存強學宗事天
神不信佛法故自佛興以迄于今尚未建立
伽藍招集僧侶其有淨信之徒但竊念而已

天祠數百異道數万
今王本那羅延天之祚胤婆羅門之種也字
婆塞羯羅伐摩（唐言日冑）号拘摩羅（唐言童子）自據壇
土弈葉君臨遠於今王歷千世矣君上好學
衆庶從化遠方高才慕義客遊雖不淳信佛
法然敬高學沙門初聞有至那國沙門在摩
揭陁那爛陁僧伽藍自遠方來學佛深法殷
勤往復者再三未從來命時尸羅䟦陁羅論
師曰欲報佛恩當弘正法子其行矣勿憚遠
涉拘摩羅王世宗外道今請沙門斯善事也
因茲改轍福利弘遠子昔起大心發弘誓願
孤遊異域遺身求法普濟含靈豈徒鄉國宜

忘得喪勿拘榮辱宣揚聖教開導群迷先物
後身忘名弘法於是辟不獲免遂與使偕行
而會見焉拘摩羅王曰雖則不才常慕高學
聞名雅尚敢事延請曰寡能褊智猥蒙流聽
拘摩羅王曰善哉慕法好學顧身若浮踰越
重險遠遊異域斯則王化所由國風尚學今

印度諸國多有歌頌摩訶至那國
秦王破陣樂者聞之久矣豈大德之鄉國耶
曰然此歌者美我君之德也拘摩羅王曰不
意大德是此國人常慕風化東望已久山川
道阻無由自致曰我大君聖德遠洽仁化遐
被殊俗異域拜闕稱臣者衆矣拘摩羅王曰

覆載若斯心冀朝貢今戒日王在羯朱嗢祇
羅國將設大施崇樹福慧五印度沙門婆羅
門有學業者莫不召集今遣使來請願與同
行於是遂往焉此國東山阜連接無大國都
境接西南夷故其人類蠻獠矣詳問土俗可
兩月行入蜀西南之境然山川險阻嶂氣氛
沴毒蛇毒草爲害滋甚國之東南野象群
故此國中象軍特盛從此南行千二三百里
至三摩呾吒國（東印度境）三摩呾吒國周三千餘
里濱近大海地遂卑濕國大都城周二十餘
里稼穡滋植花果繁茂氣序和風俗順人性
剛烈形卑色黑好學勤勵邪正兼信伽藍三

十餘所僧徒二千餘人並皆遵習上座部學
天祠百所異道雜居露形尼乹其徒特盛去
城不遠有窣堵波無憂王之所建也昔者如
來爲諸天人於此七日說深妙法傍有四佛
坐及經行遺迹之所去此不遠伽藍中有青
王佛像其高八尺相好圓備靈應時效從此
東北大海濱山谷中有室利差呾羅國次東
南大海隅有迦摩浪迦國次東有墮羅鉢底
國次東有伊賞那補羅國次東有摩訶瞻波
國即此云林邑是也次西南有閻摩那洲國
凡此六國山川道阻不入其境然風俗壤界
聲聞可知自三摩呾吒國西行九百餘里至

躭摩栗底國 東印度境

躭摩栗底國周千四五百里國大都城周十餘里濱近海陲土地卑濕稼穡時播花果滋盛氣序溫暑風俗躁烈人性剛勇邪正兼信伽藍十餘所僧衆千餘人天祠五十餘所異道雜居國濱海隅水陸交會奇珎異寶多聚此國故其國人大抵殷富城側窣堵波無憂王所建也其傍則有過去四佛坐及經行遺迹之所自此西北行七百餘里至羯羅拏蘇伐剌那國 東印度境

羯羅拏蘇伐剌那國周四千四五百里國大都城周二十餘里居人殷盛家室富饒土地

卑濕稼穡時播衆花滋茂珍異繁植氣序調暢風俗淳和好尚學藝邪正兼信伽藍十餘所僧徒二千餘人習學小乘正量部法天祠五十餘所異道寔多別有三伽藍不食乳酪遵提婆達多遺訓也

大城側有絡多末知僧伽藍唐言赤埿庭宇顯敞臺閣崇峻國中高才達學聰敏有聞者咸集其中警誡相成琢磨道德初此國未信佛法時南印度有一外道腹錮銅鍱首戴明炬杖策高步來入此城振擊論鼓求欲論議或者問曰首腹何異曰吾學藝多能恐腹拆裂悲諸愚闇所以持照時經旬日人無問者詢訪

髦彥莫有其人王曰合境之内豈無明哲客難不酬爲國深恥宜更營求訪諸幽隱或曰大林中有異人其自稱曰沙門强學是務今屛居幽寂久矣于兹非夫體法合德何能若此者乎王聞之已躬往請焉沙門對曰我南印度人也客遊止此學業庸淺恐黜所聞敢承來旨不復固辭論議無負請建伽藍招集僧徒光讚佛法王曰敬聞不敢忘德沙門受請往赴論場外道於是誦其宗致三万餘言其義遠其文約包含名相網羅視聽沙門一聞究覽辭義無謬以數百言辯而釋之因問宗致外道辭窮理屈杜口不酬既折其名負

聦而退王深敬德建此伽藍自時厥後方聖
法教
伽藍側不遠有窣堵波無憂王所建也在昔
如來於此七日說法開導其側精舍過去四
佛坐及經行遺迹之所有數窣堵波並是如
來說經法之處無憂王之所建也從此西南
行七百餘里至烏荼國東印度境
烏荼國周七千餘里國大都城周二十餘里
土地膏腴穀稼茂盛凡諸果實頗大諸國異
草名花難以稱述氣序溫暑風俗獷烈人貌
魁梧容色黧黮言辭風調異中印度好學不
倦多信佛法伽藍百餘所僧徒万餘人並皆

習學大乘法教天祠五十所異道雜居諸窣堵波凡十餘所並是如來說法之處無憂王之所建也

國西南境大山中有補澀波祇釐僧伽藍其石窣堵波極多靈異或至齋日時燭光明故諸淨信遠近咸會持妙花蓋競修供養承露槃下覆鉢勢上以花蓋笴置之便住若礠石之吸針也此西北山伽藍中有窣堵波所異同前此二窣堵波者神鬼所建靈奇若斯

國東南境臨大海濱有折利呾羅城(唐言發行)周二十餘里入海商人遠方旅客往來中止之路也其城堅峻多諸奇寶城外鱗次有五伽

藍臺閣崇高尊像工麗南去僧伽羅國二万餘里靜夜遥望見彼國佛牙窣堵波上寶珠光明離離然如明炬之懸燭也自此西南大林中行千二百餘里至恭御陁國

恭御陁國周千餘里國大都城周二十餘里東印度境濵近海隅山阜𡸣嶙土地墊濕稼穡時播氣序温暑風俗勇烈其形偉其貌黑粗有禮義不甚欺詐至於文字同中印度語言風調頗有異焉崇敬外道不信佛法天祠百餘所異道万餘人國境之内數十小城接山嶺據海交城既堅峻兵又敢勇威雄隣境遂無强敵國臨海濵多有奇寶螺貝珠璣斯爲貨用出

大青象趣乘致遠從此西南入大荒野深林
巨木干霄蔽日行千四五百里至羯餕力反鄭
伽國南印度境
羯餕伽國周五千餘里國大都城周二十餘
里稼穡時播花果具繁林藪聯綿動數百里
出青野象隣國所奇氣序暑熱風俗躁暴性
多狷獷志存信義言語輕捷音調質正辭旨
風則頗與中印度異焉少信正法多遵外道
伽藍十餘所僧徒五百餘人習學大乘上座
部法天祠百餘所異道甚衆多是尼乾之徒也
羯餕伽國在昔之時氓俗殷盛肩摩轂擊舉
袂成帷有五通仙棲巖養素人或凌觸退失

神通以惡咒術殘害國人少長無遺賢愚俱
喪人煙斷絶多歷年所頗漸遷居猶未充實
故今此國人户尚少
城南不遠有窣堵波高百餘尺無憂王之所
建也傍有過去四佛坐及經行遺迹之所國
境北乘大山嶺上有石窣堵波高百餘尺是
劫初時人壽無量歲有獨覺於此入寂滅焉
自此西北山林中行千八百餘里至憍薩羅
國中印度境
憍薩羅國周六千餘里山嶺周境林藪連接
國大都城周四十餘里土壤膏腴地利滋盛
邑里相望人户殷實其形偉其色黑風俗剛

猛人性勇烈邪正兼信學藝高明王刹帝利
世崇敬佛法仁慈深遠伽藍百餘所僧徒減
万人並皆習學大乘法教天祠七十餘所異
道雜居城南不遠有故伽藍傍有窣堵波無
憂王之所建也昔者如來曾於此處現大神
通摧伏外道後龍猛菩薩止此伽藍時此國
王号娑多婆訶（唐言引正）珎敬龍猛周衛門廬時
提婆菩薩自執師子國來求論議謂門者曰
幸爲通謁時門者遂爲入白龍猛雅知其名
盛滿鉢水命弟子曰汝持是水示彼提婆提
婆見水默而投針弟子持鉢懷疑而返
龍猛曰彼何辭乎對曰默無所説但投針於

水而已龍猛曰智矣哉若人也知幾其神察
微亞聖盛德若此宜速命入對曰何謂也無
言妙辯斯之是歟曰夫水也者隨器方圓逐
物清濁弥漫無間澄湛莫測滿而示之比我
學之智周也彼乃投針遂窮其極此非常人
宜速召進而龍猛風範懍然肅物言談者皆
伏抑首提婆素挹風徽久希請益方欲受業
先騁機神雅懼威嚴昇堂僻坐談玄永日辭
義清高龍猛曰後學冠世妙辯光前我惟衰
耄遇斯俊彥誠乃寫瓶有寄傳燈不絕法教
弘揚伊人是賴幸能前席雅談玄奧提婆聞
命心獨自負將開義府先遊辯圃提振辭端

仰視質義忽覩威顏忘言杜口避坐引責遂
請受業龍猛曰復坐今將授子至眞妙理法
王誠敎提婆五體投地一心歸命曰而今而
後敢聞命矣龍猛菩薩善閑藥術餐餌養生
壽年數百志貎不衰引正王旣得妙藥壽亦
數百王有稚子謂其母曰如我何時得嗣王
位母曰以今觀之未有期也父王年壽已數
百歲子孫老終者蓋亦多矣斯皆龍猛福力
所加藥術所致菩薩寂滅王必徂落夫龍猛
菩薩智慧弘遠慈悲深厚周給群有身命若
遺汝宜往彼試從乞頭若遂此志當果所願
王子恭承母命來至伽藍門者驚懼故得入

焉時龍猛菩薩方讚誦經行忽見王子惶然
謂曰今夕何夕降趾僧坊若危若懼疾驅來
至對曰我承慈母餘論語及行捨之士以爲
含生寶命經誥格言未有輕捨報身施諸求
欲我慈母曰不然十方善逝三世如來在昔
發心逮乎證果勤求佛道修習戒忍或投身
飼獸或割肌救鴿月光王施婆羅門頭慈力
王飲餓藥叉血諸若此類尤難備舉求之先
覺何代無人今龍猛菩薩篤斯高志我有所
求人頭爲用招募累歲未之有捨欲行暴劫
殺則罪累尤多虐害無辜穢德彰顯惟菩薩
修習聖道遠期佛果慈霑有識惠及無邊輕

生若浮賤身如朽不違本願垂允所求龍猛曰俞誠哉是言也我求佛聖果我學佛能捨是身如響是身如泡流轉四生往來六趣宿契弘誓不違物欲然王子有一不可者其將若何我身既終汝父亦喪顧斯爲意誰能濟之龍猛徘徊顧視求所絶命以乾茅葉自刎其頸若利劍斷割身首異處王子見已驚奔而去門者上白具陳始末王聞哀感果亦命終國西南三百餘里至跋邏末羅耆釐山唐言黑峯岌然特起峯巖危險既無崖谷宛如全石引正王爲龍猛菩薩鑿此山中建立伽藍去山十數里鑿開孔道當其山下仰鑿疏石其

中則長廊步檐崇臺重閣閣有五層層有四
院並建精舍各鑄金像量等佛身妙窮工思
自餘莊嚴唯飾金寶從山高峯臨注飛泉周
流重閣交帶廊廡踈寮外穴明燭中宇初引
正王建此伽藍也人力疲竭府庫空虛功猶
未半心甚憂慼龍猛謂曰大王何故若有憂
負王曰輒運大心敢樹勝福期之永固待至
慈氏功績未成財用已竭每懷此恨坐而待
旦龍猛曰勿憂崇福勝善其利不窮有興弘
願無憂不濟今日還宮當極歡樂後晨出遊
歷覽山野已而至此平議營建王既受誨奉
以周旋龍猛菩薩以神妙藥滴諸大石並變

爲金王遊見金心口相賀迴駕至龍猛所曰
今日畋遊神鬼所惑山林之中時見金聚龍
猛曰非鬼惑也至誠所感故有此金宜時取
用濟成勝業遂以營建功畢有餘於是五層
之中各鑄四大金像餘尚盈積充諸帑藏招
集千僧居中禮誦龍猛菩薩以釋迦佛所宣
教法及諸菩薩所演述論鳩集部別藏在其
中故上第一層唯置佛像及諸經論下第五
層居止淨人資產什物中間三層僧徒所舍
聞諸先志曰引王營建已畢計工人所食鹽
價用九拘胝（拘胝者唐言億）金錢其後僧徒忿諍就
王平議時諸淨人更相謂曰僧徒諍起言議

相乖凶人伺隙毀壞伽藍於是重關反拒以擯僧徒自尒已來無復僧衆遠矚山巖莫知門徑時引善醫方者入中療疾蒙面入出不識其路從此大林中南行九百餘里至案達羅國（南印度境）

案達羅國周三千餘里國大都城周二十餘里号瓶耆羅土地良沃稼穡豐盛氣序溫暑風俗猛暴語言辭調異中印度至於文字軌則大同伽藍二十餘所僧徒三千餘人天祠三十餘所異道寔多

瓶耆羅城側不遠有大伽藍重閣層臺製窮剞劂佛像聖容麗極工思伽藍前有石窣堵

波高數百尺並阿折羅（唐言所行）所建也所行羅漢伽藍西南不遠有窣堵波無憂王之所建也如來在昔於此說法現大神通度無量衆

所行羅漢伽藍西南行二十餘里至孤山山嶺有石窣堵波陳那（唐言童授）菩薩於此作因明論陳那菩薩者佛去世後承風染衣智願廣大慧力深固慜世無依思弘聖教以爲因明之論言深理廣學者虛功難以成業乃匿迹幽巖棲神寂定觀述作之利害審文義之繁約是時崖谷震響煙雲變采山神捧菩薩高數百尺唱如是言昔佛世尊善權導物以慈

悲心說因明論綜括妙理深究微言如來寂
滅大義泯絕今者陳那菩薩福智悠遠深達
聖旨因明之論重弘茲日菩薩乃放大光明
照燭幽昧時此國王深生尊敬見此光明相
疑入金剛定因請菩薩證無生果陳那曰吾
入定觀察欲釋深經心期正覺非願無生果
也王曰無生之果衆聖攸仰斷三界欲洞三
明智斯盛事也願疾證之陳那是時心悅王
請方欲證受無學聖果時妙吉祥菩薩知而
惜焉欲相警誡乃彈指悟之而告曰惜哉如
何捨廣大心爲狹劣志從獨善之懷棄兼濟
之願欲爲善利當廣傳說慈氏菩薩所製瑜

伽師地論導誘後學爲利甚大陳那菩薩敬
受指誨奉以周旋於是覃思沉研廣因明論
猶恐學者懼其文微辭約也乃舉其大義綜
其微言作因明論以導後進自茲已後宣暢
瑜伽盛業門人有知當世從此林野中南行
千餘里至馱那羯磔迦國（亦謂大安達邏國南印度境）

馱那羯磔迦國周六千餘里國大都城周四
十餘里土地膏腴稼穡殷盛荒野多邑居廿
氣序溫暑人貌黧黑性猛烈好學藝伽藍鱗
次荒蕪已甚存者二十餘所僧徒千餘人並
多習學大衆部法天祠百餘所異道寔多
城東據山有弗婆勢羅（唐言東山）僧伽藍城西據

山有阿伐羅勢羅（唐言西山）僧伽藍此國先王為
佛建焉奠川通徑疏崖峙閣長廊步簷枕巖
接岫靈神警衛聖賢遊息自佛寂滅千年之
內每歲有千凡夫僧同入安居罷安居日皆
證羅漢以神通力淩虛而去千年之後凡聖
同居自百餘年無復僧侶而山神易形或作
犲狼或為猨狖驚恐行人以故空荒闃無僧
衆城南不遠有大山巖婆毗吠伽（唐言清辯）論師
住阿素洛宮待見慈氏菩薩成佛之處論師
雅量弘遠至德深邃外示僧佉之服內弘龍
猛之學聞摩揭陀國護法菩薩宣揚法教學
徒數千有懷談議杖錫而往至波吒釐城知

護法菩薩在菩提樹論師乃命門人曰汝行
詣菩提樹護法菩薩所如我辭曰菩薩宣揚
遺教導誘迷徒仰德虛心爲日已久然以宿
願未果遂非礼謁菩提樹者誓不空見見當
有證稱天人師護法菩薩謂其使曰人世如
幻身命若浮竭日勤誠來遑談議人信往復
竟不會見論師既還本土靜而思曰非慈氏
成佛誰決疑於觀自在菩薩像前誦隨心陀
羅尼絕粒飲水時歷三歲觀自在菩薩乃現
妙色身謂論師曰何所志乎對曰願留此身
待見慈氏觀自在菩薩曰人命危脆世間浮
幻宜修勝善願生覩史多天於斯礼覲尚

遠得見説師曰志不可奪心不可栽菩薩曰
若然者宜往馱那羯磔迦國城南山巖執金
剛神所至誠誦持執金剛陁羅尼者當遂此
願論師於是往而誦焉三歲之後神乃謂曰
伊何所願若此勤勵論師曰願留此身待見
慈氏觀自在菩薩指遣來請成我願者其在
神乎神乃授秘方而謂之曰此巖石内有阿
素洛宫如法行請石壁當開開即入中可以
待見論師曰幽居無覩詎知佛興執金剛曰
慈氏出世我當相報論師受命專精誦持復
歷三歲初無異想呪芥子以擊石巖壁豁而
洞開是時百千万衆觀覩忘返論師跨其戶

而告衆曰吾久祈請待見慈氏聖靈警祐大願斯遂宜可入此同見佛興聞者怖駭莫敢窺戶謂是毒蛇之窟恐喪身命再三告語唯有六人從入論師顧謝時衆從容而入入之既已石壁還合衆皆惡嗟恨前言之過也自此西南行千餘里至珠利耶國（南印度境）

珠利耶國周二千四五百里國大都城周十餘里土野空曠藪澤荒蕪居戶寡少群盜公行氣序溫暑風俗姦宄人性獷烈崇信外道伽藍頹毀粗有僧徒天祠數十所多露形外道也

城東南不遠有窣堵波無憂王之所建也如

來在昔嘗於此處現大神通說深妙法摧伏
外道度諸天人
城西不遠有故伽藍提婆菩薩與羅漢論議
之處初提婆菩薩聞此伽藍有嗢呾羅（唐言上
阿羅漢得六神通具八解脫遂來遠尋觀其
風範既至伽藍投羅漢宿羅漢少欲知足唯
置一牀提婆既至無以爲席乃聚落葉指令
就坐羅漢入定夜分方出提婆於是陳疑請
決羅漢隨難爲釋提婆尋聲重質第七轉已
杜口不酬竊運神通力往覩史多天請問慈
氏慈氏爲釋因而告曰彼提婆者曠劫修行
賢劫之中當紹佛位非介所知宜深禮敬如

彈指頃還復本座乃復抑揚妙義剖析微言提婆謂曰此慈氏菩薩聖智之釋也豈仁者所能詳究哉羅漢曰然誠如來旨於是避席禮謝深加敬嘆從此南入林野中行千五六百里至達羅毗荼國南印度境

達羅毗荼國周六千餘里國大都城號建志補羅周三十餘里土地沃壤稼穡豐盛多花果出寶物氣序温暑風俗勇烈深篤信義高尚博識而語言文字少異中印度伽藍百餘所僧徒万餘人並皆遵學上座部法天祠八十餘所多露形外道也如來在世數遊此國說法度人故無憂王於諸聖迹皆建窣堵波

建志補羅城者即達磨波羅（唐言護法）菩薩本生之城菩薩此國大臣之長子也幼懷雅量長而弘遠年方弱冠王姬下降禮筵之夕憂心慘悽對佛像前殷勤祈請至誠所感神負遠遁去此數百里至山伽藍坐佛堂中有僧開戶見此少年疑其盜也更詰問之菩薩具懷指告因請出家衆咸驚異遂允其志王乃宣命推求遐迩乃知菩薩神負遠塵王之知也增深敬異自染衣已篤學精勤令問風範語在前記

城南不遠有大伽藍國中聰叡同類萃止有窣堵波高百餘尺無憂王所建也如來在昔

於此說法摧伏外道廣度人天其側則有過去四佛坐及經行遺迹之所自此南行三千餘里至秣羅矩吒國（亦謂枳秣羅國南印度境）

秣羅矩吒國周五千餘里國大都城周四十餘里土田舄鹵地利不滋海渚諸珍多聚此國氣序炎熱人多黧黑志性剛烈邪正兼崇不尚遊藝唯善逐利伽藍故基寔多餘趾存者既少僧徒亦寡天祠數百外道甚衆多露形之徒也城東不遠有故伽藍庭宇荒蕪基趾尚在無憂王弟大帝之所建也其東有窣堵波崇基已陷覆鉢猶存無憂王之所建立在昔如來於此說法現大神通度無量衆用

彰聖迹故此摽建歲久弥神所願或遂
國南濵海有秣剌耶山崇崖峻嶺洞谷深澗
其中則有白檀香樹旃檀你婆樹樹類白檀
不可以別唯於盛夏登高遠矚其有大蛇縈
者於是知之猶其木性涼冷故蛇盤也既望
見已射箭爲記冬蟄之後方乃採伐羯布羅
香樹松身異葉花果斯別初採既濕尚未有
香木乾之後修理而析其中有香狀若雲母
色如氷雪此所謂龍腦香也
秣剌耶山東有布呾洛迦山山徑危險巖谷
攲傾山頂有池其水澄鏡派出大河周流繞
山二十帀入南海池側有石天宮觀自在菩

薩往來遊舍其有願見菩薩者不顧身命厲
水登山忘其艱險能達之者蓋亦寡矣而山
下居人祈心請見或作自在天形或爲塗灰
外道慰喻其人果遂其願從此山東北海畔
有城是往南海僧伽羅國路聞諸土俗曰從
此入海東南可三千餘里至僧伽羅國唐言執師

子。非印度之境

大唐西域記卷第十　　疑

嗢烏沒反　呾吒上丁割反下竹嫁反　剌那上郎達反　羯餕上居謁反下力證反　馱唐賀反　礫竹厄反　秣音末　矩俱羽反　稼穡嫁色二音
蔽必祭反掩也　繼踵下之勇反丨續後也　洎乎上其器反及也　足

跖下音隻足底也 玩好上愚貫反 馭音御駕丨 蹎蹶顛厥二音失足倒也

漕自到反水運也 縆古橙反大索也 緩玄件反慢丨也 巘魚偃反 嶜岑

上昨吟反下助蔘反丨丨山小而高也 据稚上居運反下直利反別云君遲此云

淨瓶 偉大上羽鬼反異也美也 墊濕上音店下也 却敵下徒的反丨丨

城上土臺也 濯流上音濁洗濯於流水 媚眉二反 有嫄下音申 壇

界上音薑 嶼巘上音序下語偃反丨丨水中小山也 沼之小反池丨也 萱

茅上七入反修葺草舍白丨丨 鏤音陋彫丨 池館下音貫丨舍也

般擦下乃可反 綜習下宋反捴也 顯敞下昌兩反明也

湖陂下音碑 黧黑上郎低反黃黑色也 獷暴上俱猛反惡也 衞

上才故反福丨也下羊鎮反丨嗣也 憚徒旦反也難也 懼 轍

直列反車跡也 偕行上音皆俱也 褊卑展反丨窄也 猥烏每反鄙

丨也 洽侯夾反沾丨也 山阜下音切小山也 蠻獠上莫班反下竹巧反夷化

之民也氛沴焚例二音妖氣也壤汝兩反土也躁烈上則到反大
抵下音底琢磨上音卓錮音故鎔塞也銅鍊下音菜銅薄也拆
裂上丑隔反詢訪上息旬反詰也髦彥上音毛英丨也魚箭反美丨也下
庸淺上音容凡也黜丑律反退也杜口上徒戶反塞也膏腴高俞
二音肥也魁梧上苦回反下音吾丨丨大也黧黲上郎伍反下他感反丨丨
黃紫色也補澀下澁字蓋笴下古罕反傘柄也磁石上音慈

云吸錢石嶾嶙上於近反下良忍反粗才古反丨略也林藪下音叟枯澤也聯綿
連綿二音猜獷上倶犬反狂丨也下倶猛反丨惡也輕捷下才葉反疾也氓
俗上音萌田民也舉袂下弥祭反衣袖也門廬下力居反舍也澄湛
下宅減反懍然上呂錦反抑意力反制丨也挹音邑酌也風徽下音暉美
也騁丑領反馳丨也僻坐上疋亦反偏丨衰耄上所追反下莫報反年五
十曰衰八十曰耄也囿音右園丨餐餌上食字下而志反樂丨也稚子上才

利幼反丨殂落上死在也胡作反徂丨誤降趾下丨音下止足丨也經諳
下告音搭言上陌加反創音也寺亦餧作丨飼肌音丨飢肉虐害上魚
却丨反也酷田俞下朱羊反自剡下自武断粉頭反也岌然上及魚反
全全字步檐下字與同簷音盐鑄音鎔注丨廊廡下字音也武堂功
續下曆子反帑蔵上丨音貯儻金下毛去之聲舍丨也伺隟上反相察寺條
也也下又丘增逆態反饊空也隙矚音視爛也良沃下丨烏肥鷰土反也丨
泯絕上忍米反奠川上鍛音狌狼柴𠂆郎音猿狖下反于似披條
蒼也黑闇傾丨覓寂反也危脆下不取堅歲也反豁而上活呼剖
拱下擊先反王姬下王居女之也反慘悽上下也七咸西反反遁徒困
反丨逃也聰叡下明羊也歲聖反也枳秣上下居音只末反舄鹵昔曾
二上音也鹹冬蠡下蠡直蔵立也反敲傾上不去正奇也反泒延賣
反沭分也

大唐西域記卷十一

大唐西域記卷第十一　疑

三藏法師玄奘奉　詔譯　大捴持寺沙門辯機撰

二十三國

僧伽羅國（雖非印度之國路次附出）　恭建那補羅國

摩訶剌侘國　跋祿羯呫（昌葉反）婆國

摩臘婆國　阿吒釐國

契吒國　伐臘毗國

阿難陁補羅國　蘇剌侘國

瞿折羅國　鄔闍衍那國

擲枳陁國　摩醯濕伐羅補羅國

信度國　茂羅三部盧國

鉢伐多國　阿點婆翅羅國

狼揭羅國

波剌斯國雖非印度之國路次附出舊曰波斯

臂多勢羅國　阿軬荼國

伐剌拏國

僧伽羅國周七千餘里國大都城周四十餘里土地沃壤氣序溫暑稼穡時播花果具繁人戶殷盛家產富饒其形卑黑其性獷烈好學尚德崇善勤福此國本寶渚也多有珍寶棲止鬼神其後南印度有一國王女娉鄰國吉日送歸路逢師子侍衞之徒棄女逃難女在轝中心甘喪命時師子王負女而去入深山處幽谷捕鹿採果以時資給既積歲月遂

孕男女形貌同人性種畜也男漸長大力格
猛獸年方弱冠人智斯發請其母曰我何謂
乎父則野獸母乃是人既非族類如何配偶
母乃述昔事以告其子子曰人畜殊途宜速
逃逝母曰我先已逃不能自濟其子於後逐
師子父登山踰嶺察其遊止可以逃難伺父
去已遂擔負母妹下趍人里母曰宜各慎密
勿說事源人或知聞輕鄙我等於是至父本
國國非家族宗祀已滅投寄邑人人謂之曰
尒曹何國人也曰我本此國流離異域子母
相攜來歸故里人皆哀愍更共資給其師子
王還無所見追戀男女憤恚既發便出山谷

往來村邑咆哮震吼暴害人物殘毒生類邑人輒出遂取而殺擊鼓吹貝負弩持矛群從成旅然後免害其王懼仁化之不洽也乃縱獵者期於擒獲王躬率四兵衆以万計掩薄林藪弥跨山谷師子震吼人畜僻易既不擒獲尋復招募其有擒執師子除國患者當酬重賞式族茂績其子聞王之令乃謂母曰飢寒已甚宜可應募或有所得以相撫育母曰言不可若是彼雖畜也猶謂父焉豈以艱辛而興逆害子曰人畜異類禮義安在既以違阻此心何冀乃袖小刃出應招募是時千衆万騎雲屯霧合師子踞在林中人莫敢近子

即其前父遂馴伏於是乎親愛忘怒乃囊刃

於腹中尚懷慈愛猶無忿毒乃至刳腹含苦

而死王曰斯何人哉若此之異也誘之以福

利震之以威禍然後具陳始末備述情事王

曰逆哉父而尚害況非親乎畜種難馴凶情

易動除民之害其功大矣斷父之命其心逆

矣重賞以酬其功遠放以誅其逆則國典不

虧王言不貳於是裝二大船多儲糧糗母留

在國周給賞功子女各從一舟隨波飄蕩其

男船泛海至此寶渚見豐珍玉便於中止其

後商人採寶復至渚中乃殺其商主留其子

女如是繁息子孫衆多遂立君臣以位上下

建都築邑據有壃域以其先祖擒執師子因舉元功而爲國号其女船者泛至波刺斯西神鬼所魅産育群女故今西大女國是也故師子國人形貌卑黑方頤大類情性獷烈安忍鴆毒斯亦猛獸遺種故其人多勇健斯一說也

佛法所記則曰昔此寶洲大鐵城中五百羅剎女之所居也城樓之上竪二高幢表吉凶之相有吉事吉幢動有凶事凶幢動恒伺商人至寶洲者便變爲美女持香花奏音樂出迎慰問誘入鐵城樂讌歡會已而置鐵牢中漸取食之時贍部洲有大商主僧伽者其子

字僧伽羅父既年老代知家務與五百商人
入海採寶風波飄蕩遇至寶洲時羅刹女望
吉幢動便賷香花鼓奏音樂相携迎候誘入
鐵城商主於是對羅刹女王歡娛樂會自餘
商侣各相配合弥歷歲時皆生一子諸羅刹
女情踈故人欲幽之鐵牢更伺商侣時僧伽
羅夜感惡夢知非吉祥竊求歸路遇至鐵牢
乃聞悲號之聲遂昇高樹問曰誰相拘縶而
此怨傷曰尒不知耶城中諸女並是羅刹昔
誘我曹入城娛樂君既將至幽牢我曹漸充
所食今已太半君等不久亦遭此禍僧伽羅
曰當圖何計可免危難對曰我聞海濱有一

天馬至誠祈請必相濟渡僧伽羅聞已竊告
商侶共望海濱專精求救是時天馬來告人
曰尒輩各執我毛鬣不迴顧者我濟汝曹越
海免難至贍部洲吉達鄉國諸商人奉指告
專一無貳執其鬐鬣天馬乃騰驤雲路越濟
海岸諸羅剎女忽覺夫逃遞相告語異其所
去各攜稚子凌虛往來知諸商人將出海濱
遂相召命飛行遠訪嘗未踰時遇諸商侶悲
喜俱至涕淚交流各掩泣而言曰我惟感遇
幸會良人室家有慶恩愛已久而今遠棄妻
子孤遺悠悠此心誰其能忍幸願留顧相與
還城商人之心未肯迴慮諸羅剎女策説無

功遂縱妖媚備行矯惑商侶愛戀情難堪忍
心疑去留身皆退墮羅刹諸女更相拜賀與
彼商人攜持而去僧伽羅者智慧深固心無
滯累得越大海免斯危難時羅刹女王空還
鐵城諸女謂曰汝無智略爲夫所棄既寡藝
能宜勿居此時羅刹女王持所生子飛至僧
伽羅前縱極媚惑誘請令還僧伽羅口誦神
呪手揮利劒叱而告曰汝是羅刹我乃是人
人鬼異路非其匹合苦皆相逼當斷汝命羅
刹女知誘惑之不遂也凌虚而去至僧伽羅
家謂其父僧伽曰我是某國王女僧伽羅娶
我爲妻生一子矣賫持寳貨來還鄉國泛海

遭風舟檝漂没唯我子母及僧伽羅僅而獲
濟山川道阻凍餒艱辛一言忤意遂見棄遺
詈言不遜罵爲羅刹歸則家國遼遠止則孤
遺羈旅進退無依敢陳情事僧伽曰誠如所
言宜時即入室居未久僧伽羅至父謂之曰
何重財寶而輕妻子僧伽羅曰此羅刹女也
則以先事具白父母而親宗戚屬咸事驅逐
時羅刹女遂以訴王王欲罪僧伽羅僧伽羅
曰羅刹之女情多妖惑王以爲不誠也而情
悦其淑美謂僧伽羅曰必棄此女今留後宫
僧伽羅曰恐爲災禍斯旣羅刹食唯血肉王
不聽僧伽羅之言遂納爲妻其後夜分飛還

寶渚召餘五百羅剎鬼女共至王宫以毒呪
術殘害宫中凡諸人畜食肉飲血持其餘屍
還歸寶渚旦日群臣朝集王門閉而不開候
聽久之不聞人語於是排其户闢其門相從
趍進遂至宫庭閴其無人唯有骸骨群官僚
佐相顧失圖悲號慟哭莫測禍源僧伽羅具
告始末臣庶信然禍自招矣於是國輔老臣
群官宿將歷問明德推據崇高咸仰僧伽羅
之福智也乃相議曰夫君人者豈苟且哉先
資福智次體明哲非福智無以享寶位非明
哲何以理機務僧伽羅者斯其人矣夢察禍
機感應天馬忠以諫主智足謀身曆運在兹

惟新成詠衆庶樂推尊立之爲王僧伽羅辭
不獲免允執其中恭揖群官遂即王位於是
沿革前弊表式賢良乃下令曰吾先商侶在
羅刹國死生莫測善惡不分今將救難宜整
兵甲拯危恤患國之福也收珍藏寶國之利
也於是治兵浮海而往時鐵城上凶幢遂動
諸羅刹女覩而惶怖便縱妖媚出迎誘誑王
素知其詐令諸兵士口誦神呪身奮武威諸
羅刹女蹎墜退敗或逃隱海島或沉溺洪流
於是毀鐵城破鐵牢救得商人多獲珍寶招
募黎庶遷居寶洲建都築邑遂有國焉因以
王名而爲國號僧伽羅者則釋迦如來本生

之事也
僧伽羅國先時唯宗淫祀佛去世後第一百
年無憂王弟摩醯因陁羅捨離欲愛志求聖
果得六神通具八解脱足步虚空來遊此國
弘宣正法流布遺教自兹已降風俗淳信伽
藍百所僧徒二万餘人遵行大乘上座部法
佛教至後二百餘年各擅專門分成二部一
曰摩訶毗訶羅住部斥大乘習小教二曰阿
跋耶祇釐住部學兼二乘弘演三藏僧徒乃
戒行貞潔定慧凝明儀範可師濟濟如也
王宫側有佛牙精舍高數百尺瑩以殊珍飾
之奇寶精舍上建表柱置鉢曇摩羅伽大寶

寶光赫弈聯暉照曜晝夜遠望爛若明星王以佛牙日三灌洗香水香末或濯或焚務極珍奇式修供養

佛牙精舍側有小精舍亦以衆寶而爲瑩飾中有金佛像此國先王等身而鑄肉髻則貴寶飾焉其後有盜伺欲竊取而重門周檻衛守清切盜乃鑿通孔道入精舍而穴之遂欲取寶像漸高遠其盜旣不果求退而嘆曰如來在昔修菩薩行起廣大心發弘誓願上自身命下至國城悲愍四生周給一切今者如何遺像恡寶靜言於此不明昔行像乃俯首而授寶焉是盜得已尋持貨賣人或見者咸

謂之曰此寶乃先王金佛像頂髻寶也介從
何獲來此鬻賣遂擒以白王王問所從得盜
曰佛自與我我非盜也王以爲不誠命使觀
驗像猶俯首王覩聖靈信心淳固不罪其人
重贖其寶莊嚴像髻重置頂焉像因俯首以
至於今

王宮側建大廚日營万八千僧食食時既至
僧徒持鉢受饌既得食已各還其居自佛教
流被建斯供養子孫承統繼業至今十數年
來國中政亂未有定主乃廢斯業

國濱海隅地產珎寶王親祠祭神呈奇貨都
人士子往來求採稱其福報所獲不同隨得

珠璣賦稅有科

國東南隅有駿（勒亙）御迦山巖谷幽峻神鬼遊

舍在昔如來於此說駿迦經（舊曰楞迦經訛也）

國南浮海數千里至那羅稽羅洲洲人卑小

長餘三尺人身鳥喙既無穀稼唯食椰子那

羅稽羅洲西浮海數千里孤島東崖有石佛

像高百餘尺東面坐以月愛珠為肉髻月將

迴照水即懸流滂霈崖嶺臨注谿壑時有商

侶遭風飄浪隨波泛濫遂至孤島海鹹不可

以飲渴乏者久之是時月十五日也像頂流

水衆皆獲濟以為至誠所感靈聖拯之於即

留停遂經數日每月隱高巖其水不流時商

主曰未必爲濟我曹而流水出嘗聞月愛珠
月光照即水流注耳將非佛像頂上有此寳
耶遂登崖而視之乃以月愛珠爲像肉髻當
見其人說其始末國西浮海數千里至大寳
洲無人居止唯神棲宅靜夜遥望光燭山川
商人往之者多矣咸無所得自達羅毗茶國
北入林野中歷孤城過小邑凶人結黨作害
羈旅行二千餘里至恭建那補羅國（南印度境）
恭建那補羅國周五千餘里國大都城周三
十餘里土地膏腴稼穡滋盛氣序溫暑俗風
躁烈形貌黧黒情性獷暴好學業尚德藝伽
藍百餘所僧徒万餘人大小二乘兼功綜習

天祠數百異道雜居
王宮城側有大伽藍僧徒三百餘人寔唯俊
彥也伽藍大精舍高百餘尺中有一切義成
太子寶冠高減二尺飾以寶珎盛以寶函每
至齋日出置高座香花供養時放光明
城側大伽藍中有精舍高五十餘尺中有刻
檀慈氏菩薩像高十餘尺或至齋日神光照
燭是聞二百億羅漢之所造也
城北不遠有多羅樹林周三十餘里其葉長
廣其色光潤諸國書寫莫不採用林中有窣
堵波是過去四佛坐及經行遺迹之所其側
則有聞二百億羅漢遺身舍利窣堵波也

城東不遠有窣堵波基巳傾陷餘高三丈聞
諸先志曰此中有如來舍利或至齋日時燭
靈光在昔如來於此說法現神通力度諸群生
城西南不遠有窣堵波高百餘尺無憂王之
所建也是聞二百億羅漢於此現大神通化
度衆生傍有伽藍唯餘基址是彼羅漢之所
建也從此西北入大林野猛獸暴害群盜凶
殘行二千四五百里至摩訶剌侘國（南印度境）
摩訶剌侘國周六千餘里國大都城西臨大
河周三十餘里土地沃壤稼穡殷盛氣序溫
暑風俗淳質其形偉大其性傲逸有恩必報
有怨必復人或凌辱殉命以讎窘急投分忘

身以濟將復怨也必先告之各被堅甲然後
爭鋒臨陣逐北不殺已降兵將失利無所刑
罰賜之女服感激自死國養勇士有數百人
每將決戰飲酒酣醉一人推鋒万夫挫鋭遇
人肆害國刑不加每出遊行擊鼓前導復飼
暴象凡數百頭將欲陣戰亦先飲酒群馳蹈
踐前無堅敵其王恃此人象輕陵隣國王剎
帝利種也名補羅稽舍謀猷弘遠仁慈廣被
臣下事之盡其忠矣今戒日大王東征西伐
遠賓迩肅唯此國人獨不臣伏屢率五印度
甲兵及募召諸國烈將躬往討伐猶未克勝
其兵也如此其俗也如彼人知好學邪正兼

崇伽藍百餘所僧徒五千餘人大小二乘兼功綜習天祠百數異道甚多
大城內外五窣堵波並過去四佛坐及經行遺迹之所無憂王建也自餘石甎諸窣堵波其數甚多難用備舉
城南不遠有故伽藍中有觀自在菩薩石像靈鑒潛被願求多果
國東境有大山疊嶺連嶂重巒絶巘爰有伽藍基于幽谷高堂邃宇疏崖枕峯重閣層臺背巖面壑阿折羅（唐言所行）阿羅漢所建羅漢西印度人也其母既終觀生何趣見於此國受女人身羅漢遂來至此將欲導化隨機攝受

入里乞食至母生家女子持食來施乳便流汁親屬覩見以為不祥羅漢說本因緣女子便證聖果羅漢感生育之恩懷業緣之致將酬厚德建此伽藍大精舍高百餘尺中有石佛像高七十餘尺上有石蓋七重虛懸無綴間相去各三尺餘聞諸先志曰斯乃羅漢願力之所持也或曰神通之力或曰藥術之功考厥實錄未詳其致精舍四周雕鏤石壁作如來在昔修菩薩行諸因地事證聖果之禎祥入寂滅之靈應巨細無遺備盡鐫鏤伽藍門外南北左右各一石象聞之土俗曰此象時大聲吼地為震動昔陳那菩薩多止

此伽藍自此西行千餘里渡耐秣陁河至跋
禄羯呫（昌葉反）婆國（南印度境）
跋禄羯呫婆國周二千四五百里國大都城
周二十餘里土地鹹鹵草木稀踈煑海爲鹽
利海爲業氣序暑熱迴風飈起土俗澆薄人
性詭詐不知學藝邪正兼信伽藍十餘所僧
徒三百餘人習學大乘上座部法天祠十餘
所異道雜居從此西北行二千餘里至摩臘
婆國（即南羅之國南印度境）
摩臘婆國周六千餘里國大都城周三十餘
里據莫訶河東南土地膏腴稼穡殷盛草木
榮茂花果繁實特宜宿麥多食餅麨人性善

順大拯聰敏言辤雅亮學藝優深五印度境
兩國重學西南摩臘婆國東北摩揭陁國貴
德尚仁明敏強學而此國也邪正雜信伽藍
數百所僧徒二万餘人習學小乗正量部法
天祠數百異道寔衆多是塗灰之侶也國志
曰六十年前王号尸羅阿迭多唐言戒日機慧高
明才學贍敏愛育四生敬崇三寶始自誕靈
洎乎没齒貌無瞋色手不害生象馬飲水漉
而後飤恐傷水性也其仁慈如此在位五十
餘年野獸狎人舉國黎庶咸不殺害居宫之
側建立精舍窮諸工巧備盡莊嚴中作七佛
世尊之像每歲恒設無遮大會招集四方僧

徒修施四事供養或以三衣道具或以七寶
珎奇弈世相承美業無替
大城西北二十餘里至婆羅門邑傍有陷坑
秋夏淫滯弥淹旬日雖納衆流而無積水其
傍又建小窣堵波聞諸先志曰昔者大慢婆
羅門生身陷入地獄之處昔此邑中有婆羅
門生知博物學冠時彥内外典籍究極幽微
曆數玄文若視諸掌風範清高令問遐被王
甚珎敬國人宗重門人千數味道欽風每而
言曰吾爲世出述聖導凡先賢後哲無與我
比彼大自在天婆藪天那羅延天佛世尊者
人皆風靡祖述其道莫不圖形競修祗敬我

今德踰於彼名擅於時不有所異其何以顯
遂用赤旃檀刻作大自在天婆藪天那羅延
天佛世尊等像爲座四足凡有所至負以自
隨其慢傲也如此時西印度有苾芻跋陀羅
樓支唐言賢愛妙極因明深窮異論道風淳粹戒
香郁烈少欲知足無求於物聞而歎曰惜哉
時無人矣今彼愚夫敢行凶德於是荷錫遠
遊來至此國以其宿心具白於王王見弊服
心未之敬然高其志強爲之禮遂設論座告
婆羅門婆羅門聞而笑曰彼何人斯敢懷此
志命其徒屬來就論場數百千衆前後侍聽
賢愛服弊故衣敷草而坐彼婆羅門踞所持

座非斥正法敷述邪宗苾芻清辯君流循環
往復婆羅門久而謝屈王乃謂曰久濫虛名
罔上惑衆先典有記論負當戮欲燒鑪鐵令
其坐上婆羅門窘迫乃歸命求救賢愛愍之
乃請王曰大王仁化遠洽頌聲載途當布慈
育勿行殘酷恕其不逮唯所去就王令乘驢
遍告城邑婆羅門恥其戮辱發憤歐血苾芻
聞已往慰之曰尒學苞內外聲聞遐迩榮辱
之事進退當明夫名者何實乎婆羅門憤恚
深詈苾芻謗毀大乘輕蔑先聖言聲未靜地
便坼裂生身墜陷遺迹斯在自此西南入海
交西北行二千四五百里至阿吒釐國南印度境

阿吒釐國周六千餘里國大都城周二十餘里居人殷盛珎寶盈積稼穡雖備興販爲業土地沙鹵花果稀少出胡椒樹樹葉若蜀椒也出薫陸香樹樹葉若棠梨也氣序熱多風埃人性澆薄貴財賤德文字語言儀形法則大同摩臘婆國多不信福縱有信者宗事天神祠館十餘所異道雜居從摩臘婆國西北行三百里至契吒國南印度境

契吒國周三千餘里國大都城周二十餘里人戶殷盛家室富饒無大君長役屬摩臘婆國風土物產遂同其俗伽藍十餘所僧徒千餘人大小二乘兼功習學天祠數十外道衆

多從此北行千餘里至伐臘毗國（即北羅羅國南印度境）

伐臘毗國周六千餘里國大都城周三十餘里土地所產氣序所宜風俗人性同摩臘婆國居人殷盛家室富饒積財百億者乃有百餘室矣遠方奇貨多聚其國伽藍百餘所僧徒六千餘人多學小乘正量部法天祠數百異道寔多如來在世屢遊此國故無憂王於佛所止皆樹旌表建窣堵波過去三佛坐及經行說法之處遺迹相間今王剎帝利種也即昔摩臘婆國尸羅阿迭多王之姪今羯若鞠闍國尸羅阿迭多王之子壻號杜魯婆跋吒（唐言常叡）情性躁急智謀淺近然而淳信三寶

歲設大會七日以殊珎上味供養僧衆三衣醫藥之價七寶奇貴之珎旣以揔施倍價酬贖貴德尚賢尊道重學遠方高僧特加禮敬去城不遠有大伽藍阿折羅阿羅漢之所建立德慧堅慧菩薩之所遊止於中制論並盛流布自此西北行七百餘里至阿難陁補羅國西印度境

阿難陁補羅國周二千餘里國大都城周二十餘里人户殷盛家室富饒無大君長役屬摩臘婆國土宜氣序文字法則遂亦同焉伽藍十餘所僧徒減千人習學小乘正量部法天祠數十異道雜居從伐臘毗國西行五百

餘里至蘇剌侘國西印度境

蘇剌侘國周四千餘里國大都城周三十餘里西據莫醢河居人殷盛家產富饒役屬伐臘毗國地土鹹鹵花果稀少寒暑雖均風飄不靜土俗澆薄人性輕躁不好學藝邪正兼信伽藍五十餘所僧徒三千餘人多學大乘上座部法天祠百餘所異道雜居國當西海之路人皆資海之利興販爲業貿遷有無去城不遠有郁鄯多山山頂有伽藍房宇廊廡多疏崖嶺林樹欝茂泉流交境聖賢之所遊止靈仙之所集往從伐臘毗國北行千八百餘里至瞿折羅國西印度境

瞿折羅國周五千餘里國大都城号毗羅摩
羅周三十餘里土宜風俗同蘇剌侘國居人
般盛家産富饒多事外道少信佛法伽藍一
所僧百餘人習學小乗法教說一切有部天
祠數十異道雜居王刹帝利種也年在弱冠
智勇高遠深信佛法高尚異能從此東南行

二千八百餘里至鄔闍衍那國南印度境
鄔闍衍那國周六千餘里國大都城周三十
餘里土宜風俗同蘇剌侘國居人殷盛家室
富饒伽藍數十所多以圮壞存者三五僧徒
三百餘人大小二乗兼功習學天祠數十異
道雜居王婆羅門種也博覽邪書不信正法

去城不遠有窣堵波無憂王作地獄之處從此東北行千餘里至擲枳陁國南印度境

擲枳陁國周四千餘里國大都城周十五六里土稱沃壤稼穡滋植宜菽麥多花果氣序調暢人性善順多信外道少敬佛法伽藍數十少有僧徒天祠十餘所外道千餘人王婆羅門種也篤信三寶尊重有德諸方博達之士多集此國從此北行九百餘里至摩醯濕伐羅補羅國中印度境

摩醯濕伐羅補羅國周三千餘里國大都城周三十餘里土宜風俗同鄔闍衍那國宗敬外道不信佛法天祠數十多是塗灰之侶王

婆羅門種也不甚敬信佛法從此還至瞿折
羅國復北行荒野險磧經千九百餘里渡信
度大河至信度國西印度境
信度國周七千餘里國大都城号毗苫婆補
羅周三十餘里宜穀稼豐粟麥出金銀鍮石
宜牛羊驝駞騾畜之屬驝駝卑小唯有一峯
多出赤鹽色如赤石白鹽黑鹽及白石鹽等
異域遠方以之爲藥人性剛烈而質直數鬪
諍々多誹讟學不好博深信佛法伽藍數百所
僧徒万餘人並學小乘正量部法大抵懈怠
性行弊穢其有精勤賢善之徒獨處閑寂遠
迹山林夙夜匪懈多證聖果天祠三十餘所

異道雜居王戍陁羅種也性淳質敬佛法如
來在昔頗遊此國故無憂王於聖迹處建窣
堵波數十所烏波毱多大阿羅漢屢遊此國
演法開導所止之處皆旌遺迹或建僧伽藍
或樹窣堵波往往間起可略而言
信度河側千餘里陂澤間有數百千戶於此
宅居其性剛烈唯殺是務牧牛自活無所係
命若男若女無貴無賤剃鬚髮服袈裟像類
苾芻而行俗事專執小見非斥大乘聞諸先志
曰昔此地民庶安忍但事凶殘時有羅漢愍其
顛墜爲化彼故乘虛而來現大神通示希有
事令衆信受漸導言教諸人敬悅願奉指誨

羅漢知衆心順爲授三歸息其凶暴悉斷殺生剃髮染衣恭行法教年代浸遠世易時移守善既虧餘風不殄雖服法衣曾無戒善子孫弈世習以成俗從此東行九百餘里渡信度河東岸至茷羅三部盧國（西印度境）

茷羅三部盧國周四千餘里國大都城周三十餘里居人殷盛家室富饒役屬磔迦國土田良沃氣序調順風俗質直好學尚德多事天神少信佛法伽藍十餘所多已圮壞少有僧徒學無專習天祠八所異道雜居有日天祠莊嚴甚麗其日天像鑄以黃金飾以奇寶靈鑒幽通神功潛被女樂遞奏明炬繼日香

花供養初無廢絶五印度國諸王豪族莫不於此捨施珎寶建立福舍以飲食醫藥給濟貧病諸國之人來此求願常有千數天祠四周池沼花林甚可遊賞從此東北行七百餘里至鉢伐多國北印度境

鉢伐多國周五千餘里國大都城周二十餘里居人殷盛役屬磔迦國多旱稻宜菽麥氣序調適風俗質直人性躁急言含鄙辭學藝深博邪正雜信伽藍十餘所僧徒千餘人大小二乘兼功習學四窣堵波無憂王之所建也天祠二十異道雜居城側有大伽藍僧徒百餘人並學大乘教即是昔慎那弗呾羅唐言

最勝子論師於此製瑜伽師地釋論亦是賢愛論師德光論師本出家處此大伽藍爲天火所燒摧殘荒圮從信度國西南行千五六百里至阿點婆翅羅國（西印度境）

阿點婆翅羅國周五千餘里國大都城号朅𧿹濕伐羅周三十餘里僻在西境臨信度河隣大海濱屋宇莊嚴多有珎寶近無君長統屬信度國地下濕土斥鹵穢草荒茂疇壠少墾穀稼雖備菽麥特豐氣序微寒風飈勁烈宜牛羊橐馳騾畜之類人性暴急不好習學語言微異中印度其俗淳質敬崇三寶伽藍八十餘所僧徒五千餘人多學小乘正量部

法天祠十所多是塗灰外道之所居止城中有大自在天祠祠宇彫飾天像靈鑒塗灰外道遊舍其中在昔如來頻遊此國説法度人導凡利俗故無憂王於聖迹處建六窣堵波焉從此西行減二千里至狼揭羅國（西印度境）

狼揭羅國東西南北各數千里國大都城周三十餘里號窣菟黎濕伐羅土地沃潤稼穡滋盛氣序風俗同阿點婆翅羅國居人殷盛多諸珎寶臨大海濵入西女國之路也無大君長據川自立不相承命役屬波剌斯國文字大同印度語言少異邪正兼信伽藍百餘所僧徒六千餘人大小二乘兼功習學天祠

數百所塗灰外道其徒極衆城中有大自在
天祠莊嚴壯麗塗灰外道之所宗事自此西
北至波剌斯國雖非印度之國路次附見舊曰波斯略也
波剌斯國周數万里國大都城号蘇剌薩儻
那周四十餘里川土既多氣序亦異大抵温
也引水爲田人戶富饒出金銀鍮石頗胝水
精奇珎異寶工織大錦細褐㲮毹之類多善
馬橐駞貨用大銀錢人性躁暴俗無禮義文
字語言異於諸國無學藝多工伎凡諸造作
隣境所重婚姻雜亂死多棄屍其形偉大齊
髮露頭衣皮褐服錦㲲戶課賦稅人四銀錢
天祠甚多提那跋外道之徒爲所宗也伽藍

二三僧徒數百並學小乘教說一切有部法
釋迦佛鉢在此王宮國東境有鶴秣城內城
不廣外郭周六十餘里居人衆家産富西北
接拂懔國境壤風俗同波剌斯形貌語言稍
有乖異多珎寶亦富饒也拂懔國西南海島
有西女國皆是女人略無男子多諸珎寶貨
附拂懔國故拂懔王歲遣丈夫配焉其俗産
男皆不舉也自阿點婆翅羅國北行七百餘
里至臂多勢羅國西印度境
臂多勢羅國周三千餘里國大都城周二十
餘里居人殷盛無大君長役屬信度國土地
沙鹵寒風淒勁多菽麥少花果而風俗獷暴

語異中印度不好藝學然知淳信伽藍五十
餘所僧徒三千餘人並學小乘正量部法天
祠二十餘所並塗灰外道也城北十五六里
大林中有窣堵波高數百尺無憂王所建也
中有舍利時放光明是如來昔作仙人為國
王所害之處此東不遠有故伽藍是昔大迦
多延那大阿羅漢之所建立其傍則有過去
四佛坐及經行遺迹之處建窣堵波以為旌
表從此東北行三百餘里至阿奄荼國西印度境
阿奄荼國周二千四五百里國大都城周二
十餘里無大君長役屬信度國土宜稼穡菽
麥特豐花果少草木踈氣序風寒人性獷烈

言辭朴質不尚學業然於三寶守心淳信伽藍二十餘所僧徒二千餘人多學小乘正量部法天祠五所並塗灰外道也城東北不遠大竹林中伽藍餘趾是如來昔於此處聽諸苾芻著亟縛屣（唐言靴）傍有窣堵波無憂王所建也基雖傾陷尚高百餘尺其傍精舍有青

石立佛像每至齋日或放神光次南八百餘步林中有窣堵波無憂王之所建也如來昔日止此夜寒乃以三衣重覆至明旦開諸苾芻著複納衣此林之中有佛經行之處又有諸窣堵波鱗次相望並過去四佛坐處也其窣堵波中有如來髮爪每至齋日多放光明

從此東北行九百餘里至伐剌拏國西印度境
伐剌拏國周四千餘里國大都城周二十餘里居人殷盛役屬迦畢試國地多山林稼穡時播氣序微寒風俗獷烈性忍暴志鄙弊語言少同中印度邪正兼崇不好學藝伽藍數十荒圮已多僧徒三百餘人並學大乘法教天祠五所多塗灰外道也城南不遠有故伽藍如來在昔於此說法示教利喜開悟含生其側有過去四佛坐及經行遺迹之處聞諸土俗曰從此國西接稽薑那國居大山川間別立主無大君長多羊馬有善馬者其形殊大諸國希種隣境所寶復此西北踰大山涉

廣川歷小城邑行二千餘里出印度境至漕
矩吒國亦謂漕利國

大唐西域記卷第十一　疑

剌佗上郎達反下田稼反呫昌葉反臘郎荅反摩醯下呼兮反䞭施智反畚音飯轝余預二音車也孕余證反胎丨也格加陌反鬪也擊也

咆哮上步交反下呼交反丨丨獸聲也亀刃上側志反刈也刳腹上音枯破割也儲音除備也糧糗上音良丨食也下丘九反乾飯也魅眉二反鬼丨也方頤下余之反頤下也大瀨下蘇朗反丨額也鴆毒上直禁反丨鳥名能食蛇有大毒也樂醼上音落下音鷰歡娛下音愚拘縶上音俱下知立反丨丨繫也毛驣下良輒反馬駿丨也騰驤下息羊反馬躍也攜攜二同㩦字矯惑上居小反誑也吒昌吉反何丨也匹合上延字

舟艥 下音接 船棹也 僅 渠鎮反 纔也 凍餒 下乃每反 凍飢餧也 寒忤 音悞 觸也

詈言 力智反 罵丨也 遼遠 上音寮 羇旅 上居宜反 孤客也 訴 音素 告也

淑美 上音熟 善也 排 步皆反 推丨也 闢 毗益反 開丨也 闃 傾覓反 寂也

号慟 毫洞二音 大哭也 享 許兩反 受也 當拯危 上蒸字上声 丨拔也

恤患 上思律反 愍也 蹎墜 上音顛 沉溺 下奴的反 凝明 上魚陵反

巖整 之皃 濟濟 子礼反 嚴肅也 瑩 紆定反 光飾也 悋 良刃反 丨惜也 鬻賣

上余菊反 丨亦賣也 駿迦 上勒鄧反 嵇羅 上音雞 鳥喙 下兄穢反 鳥口

也 椰子 上羊遮反 南番果子名 大如升 其殼可爲飲器也 滂霈 上普忙反

下普蓋反 丨多澤也 傲逸 上吾告反 慢也 殉命 上詞閏反 以命從物也

餹 音酬 宪丨 窘急 上具殞反 急迫也 殞羽敏反 酒酣 下户甘反 半醉也

蹈踐 上音盗 下音賤 謀猷 上莫浮反 下音由 美也 道也 諮丨也 屢 力句反 頻

丨也 綴 知衛反 雕鏤 下音陋 鐫鏤 上子全反 丨鑿 附秣 二素末音

飈起上必苗反風也　澆薄上古堯反　餅麨下尺小反乾飯也　雅亮下力向反朗也　誕靈上音但降生也　漉音鹿濾丨　飤音寺餧也　狎阴甲反丨近也　遙滯上余今反久雨也　彌淹下邑益反濕也久也　娑藪下音叟

夙靡下每彼反順也　循環旬還二音　戮音六殺丨　殘酷下苦篤反毒也

棠梨上音堂　風埃下音哀丨塵也　郁鄯上於六反下時扇反　圯壞上皮美反毀也　菽麥上音叔豆也　磧七亦反砂丨也　驝駝上音託一作橐　下音隨亦名駱駞　騾畜上郎和反驢馬和合生駒也　誹讟下音讀謗丨也

戍陀上詩注反　毱多上渠六反　殄徒典反絕也　礫竹反　陌朅齎　上丘列反下竹背反或作在計反非此呼　墾音懇耕丨　窣莵上蘇沒反下音免

頗胝上普何反下珎屋反正云玻瓈宝名也　氍毹上音衢下羊朱反毛褥也

拂懍下呂錦反　亟縛屣上紀力反下所綺反丨丨丨此云鞾　複音福重也

姝尺朱反美也　譂矩上丁到反下俱羽反　淒七兮反

大唐西域記 第十二

大唐西域記卷第十二

三藏法師玄奘奉　詔譯　大總持寺沙門辯機撰

二十二國

漕矩吒國　弗栗恃薩儻那國

安呾羅縛國　闊悉多國

活國　瞢健國

阿利尼國　曷邏胡國

訖栗瑟摩國　鉢利曷國

呬摩呾羅國　鉢鐸創那國

淫薄健國　屈居勿反浪拏國

達摩悉鐵帝國　尸棄尼國

商弥國　朅盤陁國

烏鎩國　　　　　　佉沙國

斫句迦國　　　　瞿薩旦那國

澧矩吒國周七千餘里國大都城号鶴悉那
周三十餘里或都鶴薩羅城周三十餘里並
堅峻險固也山川嶆嶙疇壟墺塏穀稼時播
宿麥滋豐草木扶踈花果茂盛宜欝金香出
興瞿草草生羅摩印度川鶴薩羅城中涌泉
流派國人利之以溉田也氣序寒烈霜雪繁
多人性輕躁情多詭詐好學藝多伎術聰而
不明日誦數万言文字言詞異於諸國多飾
虛談少成事實雖祀百神敬崇三寶伽藍數
百所僧徒万餘人並皆學大乘法教今王淳

信累葉承統稱興勝福敏而好學無憂王所
建窣堵波十餘所天祠數十異道雜居計多
外道其徒極盛宗事稱鋤句反下同那天其天神
昔自迦畢試國阿路猱山徙居此國南界稱
那呬羅山中作威作福爲暴爲惡信求者遂
顯輕蔑者招殃故遠近宗仰上下祗懼鄰國
異俗君臣僚庶每歲嘉辰不期而會或貢金
銀奇寶或以羊馬馴畜競興貢奉俱申誠素
所以金銀布地羊馬滿谷無敢覬覦唯修施
奉宗事外道克心苦行天神授其呪術外道
遵行多効治療疾病頗蒙痊愈從此北行五
百餘里至弗栗恃薩儻那國

弗栗恃薩儻那國東西二千餘里南北千餘
里國大都城号護苾那周二十餘里土宜風
俗同漕矩吒國語言有異氣序寒勁人性獷
烈王突厥種也深信三寶尚學遵德從此國
東北踰山涉川越迦畢試國邊城小邑凡數
十所至大雪山婆羅犀那大嶺嶺極崇峻危
隥欹傾蹊徑槃迂巖岫迴互或入深谷或上
高崖盛夏合凍鑿冰而度行經三日方至嶺
上寒風淒烈積雪弥谷行旅經涉莫能佇足
飛隼翱翔不能越度足趾步履然後飜飛下
望諸山若觀培塿贍部洲中斯嶺特高其巔
無樹唯多石峯攢立叢倚森然若林又三日

行方得下嶺至安呾羅縛國
安呾羅縛國覩貨邏國故地也周三千餘里
國大都城周十四五里無大君長役屬突厥
山阜連屬川田隘狹氣序寒烈風雪凄勁豐
稼穡宜花果人性獷暴俗無綱紀不知罪福
不尚習學唯修神祠少信佛法伽藍三所僧
徒數十然皆遵習大衆部法有一窣堵波無
憂王建也從此西北入谷踰嶺度諸小城行
四百餘里至闊悉多國
闊悉多國覩貨邏國故地也周三千餘里國
大都城周十餘里無大君長役屬突厥山多
川狹風而且寒穀稼豐花果盛人性獷暴俗

無法度伽藍三所僧徒尠少從此西北踰山越谷度諸城邑行三百餘里至活國活國覩貨邏國故地也周三千餘里國大都城周二十餘里無別君長役屬突厥土地平坦穀稼時播草木榮茂花果具繁氣序和暢風俗淳質人性躁烈衣服氈褐多信三寶少事諸神伽藍十餘所僧徒數百人大小二乘兼功綜習其王突厥也管鐵門已南諸小國遷徙鳥居不常其邑從此東入葱嶺葱嶺者據贍部洲中南接大雪山北至熱海千泉西至活國東至烏鎩國東西南北各數千里崖嶺數百重幽谷險峻恒積冰雪寒風勁烈多出葱故

謂葱嶺又以山崖葱翠遂以名焉東行百餘里至瞢健國

瞢健國覩貨邏國故地也周四百餘里國大都城周十五六里土宜風俗大同活國無大君長役屬突厥北至阿利尼國

阿利尼國覩貨邏國故地也帶縛芻河兩岸周三百餘里國大都城周十四五里土宜風俗大同活國東至曷邏胡國

曷邏胡國覩貨邏國故地也北臨縛芻河周二百餘里國大都城周十四五里土宜風俗大同活國從瞢健國東踰峻嶺越洞谷歷數川城行三百餘里至訖栗瑟摩國

訖栗瑟摩國覩貨邏國故地也東西千餘里
南北三百餘里國大都城周十五六里土宜
風俗大同瞢健國但其人性暴惡有異東北
至鉢利曷國鉢利曷國覩貨邏國故地也東
西百餘里南北三百餘里國大都城周二十
餘里土宜風俗大同訖栗瑟摩國從訖栗瑟
摩國東踰山越川行三百餘里至呬摩呾羅國
呬摩呾羅國覩貨邏國故地也周三千餘里
山川邐迤土地沃壤宜穀稼多宿麥百卉滋
茂衆果具繁氣序寒烈人性暴急不識罪福
形貌鄙陋舉措威儀衣氈皮褐頗同突厥其
婦人首冠木角高三尺餘前有兩岐表夫父

母上岐表父下岐表毋隨先喪亡除去一岐
舅姑俱殁角冠全棄其先強國王釋種也葱
嶺之西多見臣伏境隣突厥遂染其俗又爲
侵掠自守其境故此國人流離異域數十堅
城各別立主穹廬毳帳遷徙往來西接訖栗
瑟摩國東行二百餘里至鉢鐸創那國
鉢鐸創那國覩貨邏國故地也周二千餘里
國大都城據山崖上周六七里山川邐迤沙
石弥漫土宜菽麥多蒲萄胡桃梨柰等果氣
序寒烈人性剛猛俗無禮法不知學藝其貌
鄙陋多衣氈褐伽藍三四所僧徒寡少王性
淳質深信三寶從此東南山谷中行二百餘

里至淫薄健國
淫薄健國覩貨邏國故地也周千餘里國大
都城周十餘里山嶺連屬川田隘狹土地所
產氣序所宜人性之差同鉢鐸創那但言語
少異王性苛暴不明善惡從此東南踰嶺越
谷峽路危險行三百餘里至屈（居勿反）浪拏國
屈浪拏國覩貨邏國故地也周二千餘里土
地山川氣序時候同淫薄健國俗無法則人
性鄙暴多不營福少信佛法其貌醜弊多服
氈褐有山巖中多出金精琢析其石然後得
之伽藍既少僧徒亦寡其王淳質敬崇三寶
從此東北登山入谷途路艱險行五百餘里

至達摩悉鐵帝國亦名鎮侃又謂護蜜

達摩悉鐵帝國在兩山間覩貨邏國故地也東西千五六百餘里南北廣四五里狹則不踰一里臨縛芻河盤紆曲折堆阜高下沙石流漫寒風淒烈唯植麥豆少樹林乏花果多出善馬馬形雖小而耐馳涉俗無禮義人性獷暴形貌鄙陋衣服氈褐眼多碧綠異於諸國伽藍十餘所僧徒寡少

尸棄尼國昏馱多城國之都也中有伽藍此國先王之所建立疏崖奠谷式建堂宇此國之先未被佛教但事邪神數百年前肇弘法化初此國王愛子嬰疾徒究醫術有加無瘳王乃躬往

天祠禮請求救時彼祠主爲神下語必當痊
彼良無他處王聞喜慰迴駕而歸路逢沙門
容止可觀駭其形服問所從至此沙門者已
證聖果欲弘佛法故此儀形而報王曰我如
來弟子所謂苾芻也王既憂心即先問曰我
子嬰疾生死未分沙門曰王先靈可起愛子
難濟王曰天神詳其不死沙門言其當終詭
俗之人言何可信遲至宮中愛子已死匿不
發喪更問神主猶曰不死疹疾當瘳王便發
怒縛神主而數曰汝曹羣居長惡妄行威福
我子已死尚云當瘳此而謬惑孰不可忍宜
戮神主殄滅靈廟於是殺神主除神像投縛

匆河迴駕而還又遇沙門見而敬悦稽首謝
曰曩無明導佇足邪途澆弊雖久讼革在兹
願能垂顧降臨居室沙門受請隨至中宫葬
子既已謂沙門曰人世糺紛生死流轉我子
嬰疾問其去留神而妄言當必痊差先承指
告果無虚説斯則其法可奉唯垂哀愍導此
迷徒遂請沙門揆度伽藍依其規矩而便建
立自尒之後佛教方隆故伽藍中精舍爲羅
漢建也
伽藍大精舍中有石佛像像上懸金銅圓蓋
衆寶莊嚴人有旋繞蓋亦隨轉人止蓋止莫
測靈鑒聞諸耆舊曰或云聖人願力所持或

謂機關秘術所致觀其堂宇石壁堅峻考厥
衆議莫知實録踰此國大山北至尸棄尼國
尸棄尼國周二千餘里國大都城周五六里
山川連屬沙石遍野多菽麥少穀稼林樹稀
踈花果寡少氣序寒烈風俗獷勇忍於殺戮
務於盜竊不知禮義不識善惡迷未來禍福
懼現世災殃形貌鄙陋皮褐爲服文字同覩
貨邏國語言有異越達摩悉鐵帝國大山之
南至商弥國
商弥國周二千五六百里山川相間堆阜高
下穀稼備植菽麥弥豐多蒲萄出雌黄鑿崖
析石然後得之山神暴惡屢爲災害祀祭後

入平吉往來若不祈禱風雹奮發氣序寒風
俗急人性淳質俗無禮義智謀寡狹伎能淺薄
文字同覩貨邏國語言別異多衣氎褐其王
釋種也崇重佛法國人從化莫不淳信伽藍
二所僧徒寡少
國境東北踰山越谷經危履險行七百餘里
至波謎羅川東西千餘里南北百餘里狹隘
之處不踰十里據兩雪山間故寒風淒勁春
夏飛雪晝夜飄風地鹹鹵多礫石播植不滋
草木稀少遂致空荒絕無人止
波謎羅川中有大龍池東西三百餘里南北
五十餘里據大葱嶺内當贍部洲中其地最

高也水乃澄清皎鏡莫測其深色帶青黒味
甚甘美潜居則鮫螭魚龍黿鼉龜鼈浮遊乃
鴛鴦鴻鴈駕鵝鸘鴇諸鳥大卵遺㲉荒野或
草澤間或沙渚上池西派一大流西至達摩
悉鐵帝國東界與縛芻河合而西流故此巳
右水皆西流池東派一大流東北至佉沙國
西界與徙多河合而東流故此巳左水皆東
流波謎羅川南越山有鉢露羅國多金銀金
色如火自此川中東南路無人里登山履險
唯多冰雪行五百餘里至朅盤陁國
朅盤陁國周二千餘里國大都城基大石嶺
背徙多河周二十餘里山嶺連屬川原隘狹

穀稼儉少菽麥豐多林樹稀花果少原隰丘墟城邑空曠俗無禮義人寡學藝性既獷暴力亦驍勇容貌醜弊衣服氈褐文字語言大同佉沙國然知淳信敬崇佛法伽藍十餘所僧徒五百餘人習學小乘教說一切有部

今王淳質敬重三寶儀容閑雅篤志好學建國已來多歷年所其自稱云是至那提婆瞿呾羅（唐言漢日天種）此國之先葱嶺中荒川也昔波利斯國王娶婦漢土迎歸至此時屬兵乱東西路絕遂以王女置於孤峯峯極危峻梯崖而上下設周衛警晝巡夜時經三月寇賊方靜欲趣歸路女已有娠使臣惶懼謂徒屬曰

王命迎婦屬斯寇乱野次荒川朝不謀夕吾
王德感妖氣已靜今將歸國王婦有娠顧此
爲憂不知死地宜推首惡或以後誅訊問詛
譁莫究其實時彼侍兒謂使臣曰勿相尤也
乃神會耳每日正中有一丈夫從日輪中乘
馬會比使沮曰若然者何以雪罪歸必見誅
留亦來討進退若是何所宜行僉曰斯事不
細誰就深誅待罪境外且推且夕於是即石
峯上築宮起館周三百餘步環宮築城立女
爲主建宮垂憲至期産男容貌姸麗毋攝政
事子稱尊号飛行虛空控馭風雲威德遐被
聲敎遠洽隣域異國莫不稱臣其王壽終葬

在此城東南百餘里大山巖石室中其屍乾
腊今猶不壞狀羸瘠人儼然如睡時易衣服
恒置香花子孫奕世以迄于今以其先祖之
世母則漢土之人父乃日天之種故其自稱
漢日天種然其王族貌同中國首飾方冠身
衣胡服後嗣陵夷見迫強國無憂王命世即
其宮中建窣堵波其王於後遷居宮東北隅
以其故宮爲尊者童受論師建僧伽藍臺閣
高廣佛像威嚴尊者呾叉始羅國人也幼而
頴悟早離俗塵遊心典籍棲神玄旨日誦三
万二千言兼書三万二千字故能學冠時彥
名高當世立正法摧邪見高論清舉無難不

酬五印度國咸見推高其所製論凡數十部並盛宣行莫不翫習即經部本師也當此之時東有馬鳴南有提婆西有龍猛北有童受号爲四日照世故此國王聞尊者盛德興兵動衆伐呾叉始羅國脅而得之建此伽藍式昭瞻仰

城東南行三百餘里至大石崖有二石室各一羅漢於中入滅盡定端然而坐難以動搖形若羸人膚骸不朽已經七百餘歲其鬚髮恒長故衆僧年別爲剃髮易衣

大崖東北踰嶺履險行二百餘里至奔（逋論反）攘舍羅（唐言福舍）葱嶺東岡四山之中地方百餘

頃正中墊下冬夏積雪風寒飄勁疇壠潟鹵稼穡不滋既無林樹唯有細草時雖暑熱而多風雪人徒纔入雲霧已興商侶往來苦斯艱險聞諸耆舊曰昔有賈客其徒万餘槖駝數千賫貨逐利遭風遇雪人畜俱喪時朅盤陁國有大羅漢遙觀見之愍其危厄欲運神通拯斯淪溺適來至此商人已喪於是收諸珎寶集其所有構立館舍儲積資財買地隣國鬻戶邊城以賑往來故今行人商侶咸蒙周給從此東下葱嶺東岡登危嶺越洞谷谿徑險阻風雪相繼行八百餘里出葱嶺至烏鎩國

烏鎩國周千餘里國大都城周十餘里南臨
徙多河地土沃壤稼穡殷盛林樹欝茂花果
具繁多出雜玉則有白玉瑿玉青玉氣序和
風雨順節俗寡禮義人性剛獷多詭詐少廉恥
文字語言少同佉沙國容貌醜弊衣服皮褐
然能崇信敬奉佛法伽藍十餘所僧徒減千
人習學小乘教說一切有部自數百年王族
絶嗣無別君長役屬朅盤陁國城西二百餘
里至大山山氣龍嵸觸石興雲崖隒崢嶸將
崩未墜其巔窣堵波欝然奇制也聞諸土俗
曰數百年前山崖崩圮中有苾芻瞑目而坐
軀量偉大形容枯槁鬚髮下垂被肩蒙面有

畋獵者見已白王王躬觀禮都人士子不召
而至焚香散花競修供養王曰斯何人哉若
此偉也有苾芻對曰此鬚髮垂長而被服袈
裟乃入滅心定阿羅漢也夫入滅心定者先
有期限或言聞揵稚聲或去待日光照有茲
警察便從定起若無警察寂然不動定力持
身遂無壞滅段食之體出定便謝宜以酥油
灌注令得滋潤然後鼓擊警悟定心王曰爾
乎乃擊揵稚其聲纔振而此羅漢豁然高視
久之乃曰尒輩何人形容卑劣被服袈裟對
曰我苾芻也曰然我師迦葉波如來今何所
在對曰入大涅槃其來已久聞而閉目悵若

有懷尋重問曰釋迦如來出興世耶對曰誕
靈導世已從寂滅聞復俯首久之乃起昇虛
空現神變化火焚身遺骸墜地王收其骨起
窣堵波從此北行山磧曠野五百餘里至佉
沙國（舊謂疏勒者乃稱其城號也正音宜云室利訖栗多底疏勒之言猶為訛也）
佉沙國周五千餘里多沙磧少壤土稼穡殷
盛花果繁茂出細氈褐工織細氎氀毹氣候
和暢風雨順序人性獷暴俗多詭詐禮義輕
薄學藝庸淺其俗生子押頭匾遞容貌麁鄙
文身綠睛而其文字取則印度雖有刪訛頗
存體勢語言辭調異於諸國淳信佛法勤營
福利伽藍數百所僧徒万餘人習學小乘教

說一切有部不究其理多諷其文故誦通三藏及毗婆沙者多矣從此東南行五百餘里濟徙多河踰大沙嶺至斫句迦國舊曰沮渠

斫句迦國周千餘里國大都城周十餘里堅峻險固編户殷盛山阜連屬礫石弥漫臨帶兩河頗以耕植蒲萄梨柰其果寔繁時風寒人躁暴俗唯詭詐公行劫盗文字同瞿薩旦那國言語有異禮義輕薄學藝淺近淳信三寶好樂福利伽藍數十毀壞已多僧徒百餘人習學大乘教國南境有大山崖嶺嵯峨峯巒重疊草木凌寒春秋一貫谿澗浚瀨飛流四注崖龕石室碁布巖林印度果人多運神

通經舉遠遊棲止於此諸阿羅漢寂滅者衆以故多有窣堵波也今猶現有三阿羅漢居巖穴中入滅心定形若羸人鬚髮恒長故諸沙門時往爲剃而此國中大乘經典部數尤多佛法至處莫斯爲盛也十万頌爲部者凡有十數自茲已降其流寔廣從此而東踰嶺越谷行八百餘里至瞿薩旦那國唐言地乳即其俗之邪言也俗語謂之渙那國匈奴謂之于遁諸胡謂之谿旦印度謂之屈丹舊曰于闐訛

瞿薩旦那國周四千餘里沙磧太半壤土隘狹宜穀稼多衆果出氍毹細氈工紡績絁紬又產白玉黳玉氣序和暢飄風飛埃俗知禮義人性溫恭好學典藝博達伎能衆庶富樂

編戶安業國尚樂音人好歌儛少服毛褐氈
裘多衣絁紬白氎儀形有禮風則有紀文字
憲章聿遵印度微改體勢粗有沿革語異諸
國崇尚佛法伽藍百有餘所僧徒五千餘人
並多習學大乘法教王甚驍武敬重佛法自
云毗沙門天之祚胤也昔者此國虛曠無人
毗沙門天於此棲止無憂王太子在呾叉始
羅國被抉目已無憂王怒譴輔佐遷其豪族
出雪山北居荒谷間遷人逐物至此西界推
舉酋豪尊立為王當是時也東土帝子蒙譴
流徙居此東界群下勸進又自稱王歲月已
積風教不通各因田獵遇會荒澤更問宗緒

因而爭長忿形辭語便欲交兵或有諫曰今
何遽乎因獵決戰未盡兵鋒宜歸治兵期而
後集於是迴駕而返各歸其國校習戎馬督
勵士卒至期兵會旗鼓相望旦日合戰西主
不利因而逐北遂斬其首東主乘勝撫集亡
國遷都中地方建城郭憂其無土恐難成功
宣告遠近誰識地理時有塗灰外道負大瓠
盛滿水自而進曰我知地理遂以其水屈曲
遺流周而復始因即疾驅忽而不見依彼水
迹峙其基堵遂得興功即斯國治今王所都
於此也城非崇峻攻擊難克自古已來未能
有勝其王遷都作邑建國安人功績已成蓋

耋云暮未有胤嗣恐絶宗緒乃往毗沙門天神所祈禱請嗣神像額上剖出嬰孩捧以迴駕國人稱慶既不飲乳恐其不壽尋詣神祠重請育養神前之地忽然隆起其狀如乳神童飲吮遂至成立智勇光前風教遐被遂營神祠宗先祖也自茲已降弈世相承傳國君臨不失其緒故今神廟多諸珎寶拜祠享祭無替於時地乳所育因爲國号

王城南十餘里有大伽藍此國先王爲毗盧折那唐言遍照阿羅漢建也昔者此國佛法未被而阿羅漢自迦濕弥羅國至此林中宴坐習定時有見者駭其容服具以其狀上白於王

王遂躬往觀其容止曰尒何人乎獨在幽林
羅漢曰我如來弟子閑居習定王宜樹福田
讚佛教建伽藍召僧衆王曰如來者有何德
有何神而汝鳥棲勤苦奉教曰如來慈愍四
生誘導三界或顯或隱示生示滅遵其法者
出離生死迷其教者羈纏愛網王曰誠如所
說事高言議既云大聖為我現形既得瞻仰
當為建立罄心歸信弘揚教法羅漢曰王建
伽藍功成感應王苟從其請建僧伽藍遠近
咸集法會稱慶而未有揵椎扣擊召集王謂
羅漢曰伽藍已成佛在何所羅漢曰王當至
誠聖鑒不遠王遂禮請忽見空中佛像下降

授王犍椎因即誠信弘揚佛教

王城西南二十餘里有瞿室餧伽山（唐言牛角）山峯兩起巖隒四絕於崖谷間建一伽藍其中佛像時燭光明昔如來曾至此處爲諸天人略説法要懸記此地當建國土敬崇遺法遵習大乘

牛角山巖有大石室中有阿羅漢入滅心定待慈氏佛數百年間供養無替近者崖崩掩塞門徑國王興兵欲除崩石即黑蜂群飛毒螫人衆以故至今石門不開

王城西南十餘里有地迦婆縛那伽藍中有夾紵立佛像本從屈支國而來至止昔此國

中有旦被譴寓居屈支恒禮此像後蒙還國
傾心遥敬夜分之後像忽自至其人捨宅建
此伽藍
王城西行三百餘里至勃伽夷城中有佛坐
像高七尺餘相好允備威肅嶷然首戴寶冠
光明時照聞諸土俗曰本在迦濕弥羅國請
移至此昔有羅漢其沙弥弟子臨命終時求
酢米餅羅漢以天眼觀見瞿薩旦那國有此
味焉運神通力至此求獲沙弥噉巳願生其
國果遂宿心得爲王子既嗣位巳威攝遐迩
遂踰雪山伐迦濕弥羅國迦濕弥羅國王整
集戎馬欲禦邊寇時阿羅漢諫王勿鬭兵也

我能退之尋爲瞿薩旦那王説諸法要王初未信尚欲興兵羅漢遂取此王先身沙弥時衣而以示之王既見衣得宿命智與迦濕弥羅王謝咎交歡釋兵而返奉迎沙弥時所供養佛像隨軍禮請像至此地不可轉移環建伽藍式招僧侣捨寳冠置像頂今所冠者即先王所施也

王城西百五六十里大沙磧正路中有堆阜並鼠壤墳九聞之土俗曰此沙磧中鼠大如蝟其毛則金銀異色爲其群之首長每出穴遊止則群鼠爲從昔者匈奴率數十万衆寇掠邊城至鼠墳側屯軍時瞿薩旦那王率數

万兵恐力不敵素知磧中鼠奇而未神也洎
乎寇至無所求救君臣震恐莫知圖計苟復
設祭焚香請鼠冀其有靈少加軍力其夜瞿
薩旦那王夢見大鼠曰敬欲相助願早治兵
旦日合戰必當克勝瞿薩旦那王知有靈祐
遂整戎馬甲令將士未明而行長驅掩襲匈
奴之聞也莫不懼焉方欲駕乘被鎧而諸馬
鞍人服弓弦甲縺凡厥帶系鼠皆齧斷兵寇
既臨面縛受戮於是殺其將虜其兵匈奴震
懾以爲神靈所祐也瞿薩旦那王感鼠厚恩
建祠設祭奕世遵敬特深珍異故上自君王
下至黎庶咸修禮祭以求福祐行次其穴下

乘而趨拜以致敬祭以祈福或衣服弓矢或
香花肴膳亦既輸誠多蒙福利若無享祭則
逢災變
王城西五六里有娑摩若僧伽藍中有窣堵
波高百餘尺甚多靈瑞時燭神光昔有羅漢
自遠方來止此林中以神通力放大光明時
王夜在重閣遥見林中光明照曜於是歷問
僉曰有一沙門自遠而至宴坐林中示現神
通王遂命駕躬往觀察既覩明賢心乃祗敬
欽風不已請至中宫沙門曰物有所宜志有
所在幽林藪澤情之所賞高堂邃宇非我攸
聞王益敬仰深加宗重爲建伽藍起窣堵波

沙門受請遂止其中頃之王感獲舍利數百
粒甚慶悦竊自念曰舍利來應何其晩歟早
得置之窣堵波下豈非勝迹尋詣伽藍具白
沙門羅漢曰王無憂也今爲置之宜以金銀
銅鐵大石函等以次周盛王命匠人不日功
畢載諸寶輿送至伽藍是時也王宫導從庶
僚凡百觀送舍利者動以萬計羅漢乃以右
手舉窣堵波置諸掌中謂王曰可以藏下也
遂坎地安函其功斯畢於是下窣堵波無所
傾損觀覩之徒歎未曾有信佛之心弥篤敬
法之志斯堅王謂群官曰我嘗聞佛力難思
神通難究或分身百億或應迹人天舉世界

於掌内衆生無動靜之想演法性於常音衆生有隨類之悟斯則神力不共智慧絶言其靈已隱其教猶傳餐和飲澤味道欽風尚獲斯靈深頼其福勉哉凡百宜深崇敬佛法幽深於是明矣

王城東南五六里有鹿射僧伽藍此國先王妃所立也昔者此國未知桑蠶聞東國有也命使以求時東國君秘而不賜嚴勑關防無令桑蠶種出也瞿薩旦那王乃卑辭下禮求婚東國國君有懷遠之志遂允其請瞿薩旦那王命使迎婦而誡曰尒致辭東國君女我國素無絲綿桑蠶之種可以持來自爲裳服

女聞其言密求其種以桑蠶之子置帽絮中既至關防主者遍索唯王女帽不敢以檢遂入瞿薩旦那國止鹿射伽藍故地方備儀禮奉迎入宮以桑蠶種留於此地陽春告始乃植其桑蠶月既臨復事採養初至也尚以雜葉飼之自時厥後桑樹連蔭王妃乃刻石爲制不令傷殺蠶蛾飛盡乃得治繭敢有犯違明神不祐遂爲先蠶建此伽藍數株枯桑云是本種之樹也故今此國有蠶不殺竊有取絲者來年輒不宜蠶

城東南百餘里有大河西北流國人利之以用溉田其後斷流王深怪異於是命駕問羅

漢僧曰大河之水國人取給今忽斷流其咎
安在爲政有不平德有不洽乎不然垂譴何
重也羅漢曰大王治國政化清和河水斷流
龍所爲耳宜速祠求當復昔利王因迴駕祠
祭河龍忽有一女凌波而至曰我夫早喪主
命無從所以河水絶流農人失利王於國内
選一貴臣配我爲夫水流如昔王曰敬聞任
所欲耳龍遂目悦國之大臣王旣迴駕謂群
下曰大臣者國之重鎮農務者人之命食國
失鎮則危人絶食則死危死之事何所宜行
大臣越席跪而對曰久已虛薄謬當重任常
思報國未遇其時今而預選敢塞深責苟利

万姓何恡一臣臣者國之佐人者國之本願
大王不再思也幸爲修福建僧伽藍王允所
求功成不日其臣又請早入龍宫於是舉國
僚庶鼓樂飲餞其臣乃衣素服乘白馬與王
辭訣敬謝國人驅馬入河履水不溺濟乎中
流麾鞭畫水水爲中開自兹没矣頃之白馬
浮出負一栴檀大鼓封一函書其書大略曰
大王不遺細微謬參神選願多營福蓋國滋
臣以此大鼓懸城東南若有寇至鼓先聲震
河水遂流至今利用歲月浸遠龍鼓久無舊
懸之處今仍有鼓池側伽藍荒圮無僧
王城東三百餘里大荒澤中數十頃地絶無

蘖草其土赤黑聞諸耆舊曰敗軍之地也昔者東國軍師百万西伐此時瞿薩旦那王亦整齊戎馬數十万衆東禦强敵至於此地兩軍相遇因即合戰西兵失利乘勝殘殺虜其王殺其將誅戮士卒無復孑遺流血染地其迹斯在

戰地東行三十餘里至媲摩城有彫檀立佛像高二丈餘甚多靈應時燭光明凡有疾病隨其痛處金薄帖像即時痊復虚心請願多亦遂求聞之土俗曰此像昔佛在世憍賞弥國鄔陁衍那王所作也佛去世後自彼凌空至此國北曷勞落迦城中初此城人安樂富

饒深著邪見而不珍敬傳其自來神而不貴
後有羅漢禮拜此像國人驚駭異其容服馳
以白王王乃下令宜以沙土坌此異人時阿
羅漢身蒙沙土餬口絕糧時有一人心甚不
忍昔常恭敬尊禮此像及見羅漢密以饌之
羅漢將去謂其人曰從後七日當雨沙土填
滿此城略無遺類尒宜知之早圖出計猶其
坌我獲斯殃耳語已便去忽然不見其人入
城具告親故或有聞者莫不嗤笑至第二日
大風忽發吹去穢壤雨雜寶滿衢路人更詈
所告者此人心知必然竊開孔道出城外而
穴之第七日夜宵分之後雨沙土滿城中其

人從孔道出東趣此國止媲摩城其人纔至
其像亦來即此供養不敢遷移聞諸先記曰
釋迦法盡像入龍宮今曷勞落迦城爲大堆
阜諸國君王異方豪右多欲發掘取其寶物
適至其側猛風暴發煙雲四合道路迷失媲
摩川東入沙磧行二百餘里至尼壤城周三
四里在大澤中澤地熱濕難以履涉蘆草荒
茂無復途徑唯趣城路僅得通行故往來者
莫不由此城焉而瞿薩旦那以爲東境之關
防也從此東行入大流沙沙則流漫聚散隨
風人行無迹遂多迷路四遠茫茫莫知所指
是以往來者聚遺骸以記之乏水草多熱風

風起則人畜惛迷因以成病時聞歌嘯或聞號哭視聽之間怳然不知所至由此屢有喪亡蓋鬼魅之所致也行四百餘里至覩貨邏故國國久空曠城皆荒蕪從此東行六百餘里至折摩馱那故國即涅末地也城郭巋然人煙斷絶復此東北行千餘里至納縛波故國即樓蘭地也推表山川考採境壤詳國俗之剛柔繫水土之風氣動靜無常取捨不同事難窮驗非可抑説隨所遊至略書梗槩舉其聞見記諸慕化斯固日入已來咸沐惠澤風行所及皆仰至德混同天下一之宇内豈徒單車出使通驛万里者哉

記贊曰大矣哉法王之應世也靈化潜運神
道虛通盡形識於沙界絶起謝於塵劫形識
雖盡應生而不生起謝雖絶示寂滅而無滅
豈實迦維降神娑羅潜化而已固知應物效
靈感緣垂迹嗣種剎利紹胤釋迦繼域中之
尊擅方外之道於是捨金輪而臨制法界摛
玉毫而光撫含生道洽十方智周万物雖出
希夷之外將庇視聽之中三轉法輪於大千
一音振辯於群有八万門之區別十二部之
綜要是以聲教之所霑被馳騖福林風軌之
所鼓扇載驅壽域聖賢之業盛矣天人之義
備矣然後忘動寂於堅固之林遺去來於幻

化之境莫繼乎有待匪遂乎無物尊者迦葉
妙選應眞將報佛恩集斯法寶四含揔其源
流三藏括其樞要雖部執茲興而大寶斯在
粤自降生洎乎潛化聖迹千變神瑞万殊不
盡之靈逾顯無爲之教弥新備存經誥詳著
記傳然尚群言紛糺異議舛馳原始要終罕

能正說此指事之實録尚衆論之若斯況正
法幽玄至理沖邈研覈奥旨文多闕焉如是
以前修令德繼軌譯經之學後進英彦踵武
鈌簡之文大義欝而未彰微言闕而無問法
教流漸多歷年所始自炎漢迄于
聖代傳譯盛業流美聯暉玄道未攄眞宗猶

昧匪聖教之行藏固主化之由致我
大唐臨訓天下作孚海外考聖人之遺則正
先王之舊典闡兹像教欝爲大訓道不虛行
弘在明德遂使三乘奥義欝於千載之下上
力遺靈閟於万里之外神道無方聖教有寄
待緣斯顯其言信矣夫玄奘法師者跡淸流
於雷澤泒洪源於嬀川體上德之禎祥蘊中
和之淳粹履道合德居貞葺行福樹曩因命
偶昌運拔迹俗塵閑居學肆奉先師之雅訓
仰前哲之令德負笈從學遊方請業周流燕
趙之地歷覽魯衛之邦背三河而入秦中步
三蜀而抵吳會達學髦彥遍效請益之勤冠

世英賢屢申求法之志側聞餘論考厥衆謀
競黨專門之義俱嫉異道之學情發討源志
存詳考屬四海之有截會八表之無虞以貞
觀三年仲秋朔旦褰裳遵路杖錫遐征資
皇化而問道乘冥祐而孤遊出鐵門石門之
阨踰凌山雪山之險驟移灰管達于印度宣
國風於殊俗喻大化於異域親承梵學詢謀
哲人宿疑則覽文明發奧旨則博問高才啓
靈府而究理廓神衷而體道聞所未聞得所
未得爲道場之益友誠法門之匠人者也是
知道風昭著德行高明學蘊三冬聲馳万里
印度學人咸仰盛德既曰經笥亦稱法將小

乘學徒号木乂提婆唐言解脫天大乘法衆号摩訶耶那提婆唐言大乘天斯乃高其德而傳徽号敬其人而議嘉名至若三輪奥義三請微言深究源流妙窮枝葉煥然慧悟怡然理順質疑之義詳諸別錄既而精義通玄清風載扇學已博矣德已盛矣於是乎歷覽山川徘徊郊邑出茅城而入鹿苑遊杖林而憩鷄園迴眺迦維之國流目拘尸之城降生故基與川原而膴膴潛靈舊趾對郊阜而湛湛覽神迹而增懷仰玄風而永嘆匪唯麥秀悲殷黍離愍周而已是用詳釋迦之故事舉印度之茂實頗採風壤在記異說歲月遄邁寒暑屢遷

有懷樂土無忘返迹請得如來肉舍利一百五十粒金佛像一軀通光座高尺有六寸擬摩揭陀國前正覺山龍窟影像金佛像一軀通光座高三尺三寸擬婆羅痆斯國鹿野苑初轉法輪像刻檀佛像一軀通光座高尺有五寸擬憍賞弥國出愛王思慕如來刻檀佛像一軀通光座高二尺九寸擬劫比他國如來自天宮降履寶階像銀佛像一軀通光座高四尺擬摩揭陁國鷲峯山說法華等經像金佛像一軀通光座高三尺五寸擬那揭羅曷國伏毒龍所留影像刻檀佛像一軀通光座高尺有三寸擬吠舍釐國巡城行化像大

乘經二百二十四部大乘論一百九十二部
上座部經律論一十四部大衆部經律論一
十五部三弥底部經律論一十五部弥沙塞
部經律論二十二部迦葉臂耶部經律論一
十七部法密部經律論四十二部説一切有
部經律論六十七部因論三十六部聲論一
十三部凡五百二十卜夾揔六百五十七部將
弘至教越踐畏途薄言旋軔載馳歸焉出舍
衞之故國背伽耶之舊郊踰葱嶺之危隥越
沙磧之險路十九年春正月達于京邑謁帝
雒陽肅承
明詔載令宣譯爰召學人共成勝業法雲再

蔭慧日重明黃圖流鷲山之化赤縣演龍宮之教像運之興斯爲盛矣法師妙窮梵學式讃深經覽文如巳轉音猶響敬順聖旨不加文飾方言不通梵語無譯務存陶冶取正典謩推而考之恐乖實矣有搢紳先生動色相趍儼然而進曰夫印度之爲國也靈聖之所降集賢懿之所挺生書稱天書語爲天語文辭婉密音韻循環或一言貫多義或一義綜多言聲有抑揚調裁清濁梵文深致譯寄明人經旨沖玄義資盛德若其裁以筆削調以宮商實所未安誠非讜論傳經深旨務從易曉苟不違本斯則爲善文過則艷質甚則野

讜而不文辯而不質則可無大過矣始可與
言譯也李老曰美言者則不信信言者則不
美韓子曰理正者直其言言飾者昧其理是知
垂訓範物義本玄同庶袪蒙滯將存利喜違
本從文所害滋甚率由舊章法王之至誠也
緇素僉曰渝乎斯言讜矣昔孔子在位聽訟
文辭有與人共者弗獨有也至於修春秋筆
則筆削則削游夏之徒孔門文學嘗不能讚
一辭焉法師之譯經亦猶是也非如童壽逍
遥之集文任生肇融叡之筆消況乎刓方爲圓
之世斲彫從朴之時其可增損聖旨綺藻經
文者歟辯機遠承輕舉之胤少懷高蹈之節

年方志學抽簪華服爲大揔持寺薩婆多部道岳法師弟子雖遇匠石朽木難彫幸入法流脂膏不潤徒飽食而終日誠面牆而卒歲幸藉時來屬斯嘉會負鷰雀之資廁鵷鴻之末爰命庸才撰斯方志學非博古文無麗藻磨鈍勵朽力疲曳蹇恭承志記論次其文尚書給筆札而撰録焉淺智褊能多所闕漏或有盈辞尚無刊落昔司馬子長良史之才也序太史公書仍父子繼業或名而不字或縣而不郡故曰一人之精思繁文重蓋不暇也其況下愚之智而能詳備哉若其風土習俗之差封壃物産之記性智區品炎凉節候則

備寫優薄審存根實至於胡戎姓氏頗稱其
國印度風化清濁辟分略書梗槩備如前序
賓儀嘉禮户口勝兵染衣之士非所詳記然
佛以神通接物靈化垂訓故曰神道洞玄則
理絶人區靈化幽顯則事出天外是以諸佛
降祥之域先聖流美之墟略舉遺靈粗申記
注境路槃紆壃埸迴互行次即書不在編比
故諸印度無分境壤散書國末略指封域書
行者親遊踐也舉至者傳聞記也或直書其
事或曲暢其文優而柔之推而述之務從實
録進誠
皇極二十年秋七月絶筆殺青文成油素塵

黷聖鑒詎稱天規然則冐遠窮遐寔資朝化

懷奇纂異誠賴

皇靈逐日八荒匪專夸父之力鑿空千里徒聞博望之功鷲山徙於中州鹿苑掩於外囿想千載如目擊覽万里若躬遊夐古之所不聞前載之所未記至德讓覆殊俗來王淳風遐扇幽荒無外庶斯地志補闕山經須左史之書事備職方之遍舉

大唐西域記卷第十二

瞢健上音夢 鐸上徒各反 創下初狀反 揭丘列反 鑠所[illegible]反 拜疇 疑 識

壠上直流反下吕勇反謂田疇丘壠也 塽塏上音爽下口改反地高而明也 瀓

古愛反澆丨也詭詐上過委反妄也稲那上助句反下去聲猱山上奴
刀反輕蔑下莫結反馴音旬順也覬覦上居異反下音俞覬幸也覦欲也幸
得而欲曰丨丨寒勁下居政反堅也突厥上徒骨反丨丨北狄也盤迂
下委于反曲也飛隼下音笋鷹鳥之類也翱翔上吾高反下音祥丨丨飛也
培嶁上蒲口反下曹斗反丨丨小阜也巔音顛山頂也攢岦上自官反聚也
森然上音蔘丨丨樹木列翠負隘狹上於賣反塞也下侯夾反窄也尠少
上息淺反氈褐上之然反下胡葛反或作氊毛布也鎩國上所拜反芻河
上楚俱反邐迤上呂尒反下養只反丨丨連續之負也百卉下許
鬼反草丨岐渠移反枝也侵掠下音略奪也穹廬上丘弓反下力居反
丨丨氊帳也毳昌毳反毛丨也蒲萄下音桃琢折上音
卓鎮偘下苦罕反堆阜上丁回反下音婦丨丨小山也肈音召始也瘳
音抽病差也痊復上七全反丨愈也駭胡買反驚也詭俗上過委反

疢丑刃反疾丨也曩乃黨反丨昔也紜紛上俱有反丨丨雜乱也揆度
上求癸反下徒各反規矩上俱弥反下俱羽反雌黃上七斯反雹蒲角反雨
丨波謎下莫閉反礫石上音曆砂丨也鮫螭上音交下丑知反丨丨似
龍無角黿鼉元陁二音竝龜之類龜鼈下弁滅反鴐鵝上音加野鵝也
似鷹而大鷫鴇上音宿西方有鷫鷞鳥似鳳也下音保鷹之類其毛似虎文㲉
口角反卵丨原隰下音習高平曰原下濕曰隰驍勇上古堯反有
娠下音申訊問上音信亦作訛僉曰上七廉反皆也控馭上苦貢反
下音御乾臘下音昔脯丨也羸瘠上力垂反劣也下寺亦反瘦也穎悟
上余領反利也脅𢡟二同虛業反下正用以威遏人也奔攘上去聲下而羊
反墊下上音店下也潟鹵上音昔下音魯鹹土之地也儲積上音
除預備也鬻余六反賣丨也黳玉上一兮反青黑石也巃嵸上郎紅反下子
紅反山高貞上又曾孔永下音惚二音通呼崖嵰上吾皆反下語檢反丨丨山形

如重凱也崢嶸上助耕反下惠萌反山高峻也枯槁下音考㲜毹上音
衢下山朱反同前匾匯上必典反下湯芳反丨丨薄也沮渠上子徐反嵯
峨上昨何反下音俄丨丨衆峯高皃峯巒下郎端反丨山尖也丨浚瀨
上思閏反下音賴丨丨急流也龕苦含反丨室也綦布上音其丨丨觀景如布綦
勢湙那上音奐于遁下徒困反谿旦上呼活反于闐下田殿二
音巳上湙那于遁谿旦皆于闐國之所管也隨諸法師方言呼也紡績上方
冈反下子曆反絁紬上音施下直流反丨丨並麁繒也抉目上紆決反譴
牽賤反責也怒也酋豪上自由反下戶高反督勵篤例二音勸勉也瓠
音護越瓜之屬也齒耋下徒結反老之謂也剖死口反丨破也嬰孩上一
盈反下戶哀反飲吮下詞尹反丨㖸音朔螯音釋又呼各反蟲行毒也夾紵
下音莩丨丨膝漈之所作也嶷然上宜力反酢古作醋字蝟音謂獸名其毛
如剃鎧口改反丨甲甲漣下音結也[illegible]帶系下胡計反鬣

齗上吾結反齾丨懾之葉反驚也弓矢下式旨反箭也亦作矢看瞎

上户交反下時肩反食也王妃下芳微反丨后弃蠶上或作弃下俗作蚕悄

絜下息盧反綿丨繭古典反蚕丨也俗作疊飲餞下音賤酒食相送也試

音決別也麾鞭上許爲反下必綿反畫水上玄陌反蘗草上魚列反伐木

之餘也孑遺上居列反丨一無也嫓摩上延詣反城名坌蒲悶反塵丨

糊口上音胡謂無可食如糊粘其口也嗤笑上尺之反怳然

上丿往反有無之象歸然上口軌反高大皃也梗槊上加猛反

下古愛反丨丨大略摛丑知反舒也庇必二反廕也馳騖下音務奔逸也

粤自上音越起發詞端也舛馳上音喘差丨也沖邈上直弓反下眉角反

丨丨幽遠也研覈下閑鬲反考其實謂之丨丨踵武上之勇反丨丨繼足

之謂也攄丑虚反張也舒也孚芳無反信也閟音秘嬀川上俱爲反

淳粹下虽遂反葺行上七入反修也下去聲負笈下其葉反書篋也石

抵音底至也歸也褰裳上去乾反詢謀上息旬反下莫浮反
丨丨諮事之難易也神衷下音中經笥下相寺反竹器也方曰笥圓曰篋
煥然上余之反悅也憩丘例反止也眺他弔反丨望也膴膴音武士厚
美也黍離上音鼠丨稷也離丨行列之皃也遄邁上市緣反丨速也下莫敗反丨
往也痆斯上尼八反旋軔下音刃丨丨迴車也雒陽上音落陶
治桃野二音爐鑄也典蓦下莫故反搢紳進申二音捹笏於帶一丨丨也
賢懿下一器反美也挺生上亭頂反婉窈上紆阮反美也循環旬還
二音讜論上他朗反直言也祛丘居反散也緇素上側思反丨丨黑白
也今云僧俗之謂也肇音兆余弓趙高反叡羊歲反园方上五官反圓削
也斲彫上音卓綺藻下音早丨丨謂文華美麗也丨抽簪下側蔘反
丨丨解冠也幸藉下才夜反鷦雀上於見反鵷鴻宛紅二音鈍徒困
反不利也曳蹇上羊逝反下居展反丨丨牽跛而行也褊必展反丨狹也刋

苦寒反丨削也　墟丘虛反丘聚也　壃場薑亦二音界分也　塵黷下音讀

纂異上子管反集也　夸父上苦花反　囿音右苑丨　夐古上兄詠反遠也

壽覆盜副二音蓋也

鄰蘇老人跋

案此書明吳琯古今逸史有刊本　四庫據以入錄其第十一卷僧迦羅國下有明永樂三年太監鄭和見國王阿烈苦奈兒事此校者之語吳氏誤連入正文想吳氏所得必傳鈔本故有是誤其實此書明南北藏本皆有之皆不附鄭和事此本為宗理宗嘉熙三年安吉州資福寺刊本在傳字號首題大唐西域記次行題尚書左僕射燕國公製不署張說名宋元高麗藏本皆無之明藏本始補名序後題大唐

西域記卷第一又下行題三藏法師玄奘奉
詔譯又下行題大總持寺沙門辯機撰再
下一行題三十四國再下三十四國之目再下為
總序末有辯機後序蓋玄奘奉詔譯此書
而辯機但排纂潤色之也故晁公武讀書志
謂玄奘撰者以此通志略分玄奘辯機為二
書則大謬矣讀書志又載有玄奘自序以據
其目錄後總序而言非本有而脫之也唯余
於日本三緣山所見高麗藏本前有秘書著
作（佐）郎敬播序則宋元明藏及日本古活字本

皆無之至明莊本之脱誤不下數百言而吴琯本更不足道矣

四庫提要以每卷之末附有釋音疑爲後人所加余所見惟古鈔卷子本無之凡宋元莊本皆有釋音余在日本曾得鈔本隨函録三十卷後音釋可洪撰宋人刻莊經分載入之

此本第一第六兩卷原抉日本元禄九年（當康熙三十五年）山城州天安寺法金剛院重修整此書乃從別本影鈔此二卷補之亦同宋本也（日本所藏宋本不一部）

此二卷末并有山城國綴喜郡薪村又有靈

瑞山酬恩庵沙門宗桂書寫之款識

右跋已刋於日本訪書志今復奉

命錄於卷末以誌原委宣統三年夏

四月上浣孫先梅謹識

（唐）釋玄奘　譯　（唐）釋辯機　撰

宋思溪藏本大唐西域記

第二册

國家圖書館出版社

第二冊目録

卷五　六國 …… 一
羯若鞠闍國　阿踰陁國　阿耶穆佉國
鉢邏耶伽國　憍賞彌國　鞞索迦國
卷六　四國 …… 四一
室羅伐悉底國　劫比羅伐窣堵國　藍摩國　拘尸那揭羅國
卷七　五國 …… 八七
婆羅痆斯國　戰主國　吠舍釐國　弗栗恃國　尼波羅國
卷八　一國 …… 一二七
摩揭陀國上

大唐西域記　才五

一

二

大唐西域記卷第五　　轉

三藏法師　玄奘奉　詔譯

大揔持寺沙門　辯機　撰

六國

羯若鞠闍國　阿踰陁國

阿耶穆佉國　鉢邏耶伽國

憍賞彌國　鞞索山格反迦國

羯若鞠闍國周四千餘里國大都城西臨殑伽河其長二十餘里廣四五里城隍堅峻臺閣相望花林池沼光鮮澄鏡異方奇貨多聚於此居人豐樂家室富饒花果具繁稼穡時播氣序和洽風俗淳質容貌妍雅服飾鮮綺

篤學遊藝談論清遠邪正二道信者相半伽
藍百餘所僧徒万餘人大小二乘兼攻習學
天祠二百餘所異道數千餘人
羯若鞠闍國人長壽時其舊王城号拘蘇磨
補羅唐言花宮王号梵授福智宿資文武允備威
懾贍部聲震隣國具足千子智勇弘毅復有
百女儀貌妍雅時有仙人居殑伽河側棲神
入定經數万歲形如枯木遊禽棲集遺尼拘
律果於仙人肩上暑往寒來垂蔭合拱多歷
年所從定而起欲去其樹恐覆鳥巢時人美
其德号大樹仙人仙人寓目河濱遊觀林薄
見王諸女相從嬉戲欲界愛起染著心生便

詣花宮欲事禮請王聞仙至躬迎慰曰大仙
棲情物外何能輕舉仙人曰我棲林藪弥積
歲時出定遊覽見王諸女深愛心生自遠來
請王聞其辭計無所出謂仙人曰今還所止
請俟嘉辰仙人聞命遂還林藪王乃歷問諸
女無肯應娉王懼仙威憂愁毀悴其幼稚女

候王事隙從容問曰父王千子具足万國慕
化何故憂愁如有所懼王曰大樹仙人幸顧
求婚而汝曹輩莫肯從命仙有威力能作災
祥儻不遂心必起嗔怒毀國滅祀辱及先王
深惟此禍誠有所懼稚女謝曰遺此深憂我
曹罪也願以微軀得延國祚王聞喜悅命駕

送歸既至仙廬謝仙人曰大仙俯方外之情垂世間之顧敢奉稚女以供灑掃仙人見而不悅乃謂王曰輕吾老叜配此不妍王曰歷問諸女無肯從命唯此幼稚願充給使仙人懷怒便惡呪曰九十九女一時背曲形既毀弊畢世無婚王使往驗果已背傴從是之後更名曲女城焉

今王本吠奢種也字曷利沙伐彈那唐言喜增君臨有土二世三王父字波羅羯邏伐彈那唐言作光增兄字曷邏闍伐彈那唐言王增王增以長嗣位以德治政時東印度羯羅拏蘇伐剌那唐言金耳國設賞迦王唐言月每謂臣曰鄰有賢主國

之禍也於是誘請會而害之人既失君國亦荒亂時大臣婆尼（唐言辯了）職望隆重謂僚庶曰國之大計定於今日先王之子亡君之弟仁慈天性孝敬因心親賢允屬欲以襲位於事何如各言尒志衆咸仰德嘗無異謀於是輔臣執事咸勸進曰王子垂聽先王積功累德光有國祚嗣及王增謂終壽考輔佐無良棄身讎手爲國大恥下臣罪也物議時謠允歸明德光臨土宇克復親讎雪國之恥光父之業功孰大焉幸無辭矣王子曰國嗣之重今古爲難君人之位興立宜審我誠寡德父兄遐棄推襲大位其能濟乎物議爲宜敢忘虛

薄今者殑伽河岸有觀自在菩薩像既多靈
鑒願往請辭即至菩薩像前斷食祈請菩薩
感其誠心現形問曰尒何所求若此勤懇王
子曰我惟積禍慈父云亡重茲酷罰仁兄見
害自顧寡德國人推尊令襲大位光父之業
愚昧無知敢希聖旨菩薩告曰汝於先身在
此林中爲練若苾芻而精勤不懈承茲福力
爲此王子金耳國王既毀佛法尒紹王位宜
重興隆慈悲爲志傷愍居懷不久當王五印
度境欲延國祚當從我誨冥加景福隣無強
敵勿昇師子之座勿稱大王之号於是受教
而退即襲王位自稱曰王子号尸羅阿迭多

（唐言戒日）於是命諸臣曰兄讎未報隣國不賓終無右手進食之期凡尒庶僚同心勠力遂總率國兵講習戰士象軍五千馬軍二万步軍五万自西徂東征伐不臣象不解鞍人不釋甲於六年中拒五印度既廣其地更增甲兵象軍六万馬軍十万垂三十年兵戈不起政教和平務修節儉營福樹善忘寢與食令五印度不得噉肉若斷生命有誅無赦於殑伽河側建立數千窣堵波各高百餘尺於五印度城邑鄉聚達巷交衢建立精廬儲飲食止醫藥施諸羈貧周給不殆聖迹之所並建伽藍五歲一設無遮大會傾竭府庫惠施群有

唯留兵器不充檀捨歲一集會諸國沙門於
三七日中以四事供養莊嚴法座廣飾義筵
令相摧論校其優劣褒貶淑慝黜陟幽明若
戒行貞固道德純邃推昇師子之座王親受
法戒雖清淨學無稽古但加敬禮示有尊崇
律儀無紀穢德已彰驅出國境不願聞見鄰

國小王輔佐大臣殖福無怠求善忘勞即攜
手同座謂之善友其異於此面不對辭事有
聞議通使往復而巡方省俗不常其居隨所
至止結廬而舍唯雨三月多雨不行每於行
宮日修珍饌飯諸異學僧衆一千婆羅門五
百每以一日分作三時一時理務治政二時

營福修善孜孜不倦竭日不足矣初受拘摩羅王請白自摩揭陁國往迦摩縷波國時戒日王巡方在羯末嗢祇邏國命拘摩羅王曰宜與那爛陁遠客沙門速來赴會於是遂與拘摩羅王往會見焉戒日王勞苦已曰自何國來將何所欲對曰從

大唐國來請求佛法王曰

大唐國在何方經途所亘去斯遠近對曰當此東北數万餘里印度所謂摩訶至那國是也王曰甞聞摩訶至那國有

秦王天子少而靈鑒長而神武昔先代喪亂率土分崩兵戈競起群生荼毒而

一一

秦王天子早懷遠略興大慈悲拯濟含識平
定海内風教遐被德澤遠洽殊方異域慕化
稱臣氓庶荷其亭育咸歌
秦王破陣樂聞其雅頌于兹久矣盛德之譽
誠有之乎
大唐國者豈此是耶對曰然至那者前王之
國号大唐者我
君之國稱昔未襲位謂之
秦王今已承統稱曰
天子前代運終群生無主兵戈亂起殘害生
靈秦王天縱含弘心發慈愍威風鼓扇群凶
殄滅八方静謐万國朝貢愛育四生敬崇三

寶薄賦斂省刑罰而國用有餘氓俗無宄風
猷大化難以備舉戒日王曰盛矣哉彼土群
生福感聖主時戒日王將還曲女城設法會
也從數十万衆在殑伽河南岸拘摩羅王從
數万之衆居北岸分河中流水陸並進二王
導引四兵嚴衛或泛舟或乘象擊鼓鳴螺拊
絃奏管經九十日至曲女城在殑伽河西大
花林中是時諸國二十餘王先奉告命各與
其國髦俊沙門及婆羅門群官兵士來集大
會王先於河西建大伽藍伽藍東起寶臺高
百餘尺中有金佛像量等王身臺南起寶壇
爲浴佛像之處從此東北十四五里別築行

宮是時仲春月也從初一日以珍味饌諸沙
門婆羅門至二十一日自行宮屬伽藍夾道
爲閣窮諸瑩飾樂人不移雅聲遞奏王於行
宮出一金像虛中隱起高餘三尺載以大象
張以寶幰戒日王爲帝釋之服執寶蓋以左
侍拘摩羅王作梵王之儀執白拂而右侍各
五百象軍被鎧周衛佛像前後各百大象樂
人以乘鼓奏音樂戒日王以真珠雜寶及金
銀諸花隨步四散供養三寶先就寶壇香水
浴像王躬負荷送上西臺以諸珎寶憍奢耶
衣數十百千而爲供養是時唯有沙門二十餘人
預從諸國王爲侍衛饌食已訖集諸異學商

權徵言抑揚至理日將曛暮迴駕行宮如是
日送金像導從如初以至散日其大臺忽然
火起伽藍門樓煙焰方熾王曰罄捨國珎奉
爲先王建此伽藍式昭勝業寡德無祐有斯
災異咎徵若此何用生爲乃焚香禮請而自
誓曰幸以宿善王諸印度願我福力禳滅火
災若無所感從此喪命尋即奮身跳履門閫
若有撲滅火盡煙消諸王覩異重增祗懼已
而顏色不動辭語如故問諸王曰忽此災變
焚燼成功心之所懷意將何謂諸王俯伏悲
泣對曰成功勝迹冀傳來葉一旦灰燼何可
爲懷況諸外道快心相賀王曰以此觀之如

來所説誠也外道異學守執常見唯我大師
無常是誨然我檀捨巳周心願諧遂屬斯變
滅重知如來誠諦之説斯爲大善無可深悲
於是從諸王東上大窣堵波登臨觀覽方下
階陛忽有異人持刃逆王王時窘迫却行進
級俯執此人以付群官是時群官惶遽不知
進救諸王咸請誅戮此人戒日王殊無忿色
止令不殺王親問曰我何負汝爲此暴惡對
曰大王德澤無私中外荷福然我狂愚不謀
大計受諸外道一言之惑輒爲刺客首圖逆
害王曰外道何故興此惡心對曰大王集諸
國傾府庫供養沙門鎔鑄佛像而諸外道自

遠召集不蒙省問心誠愧恥乃令狂愚敢行凶詐於是究問外道徒屬有五百婆羅門並諸高才應命召集嫉諸沙門蒙王禮重乃射火箭焚燒寶臺冀因救火衆人潰亂欲以此時殺害大王既無緣隙遂雇此人趨隘行刺是時諸王大臣請誅外道王乃罰其首惡餘黨不罪遷五百婆羅門出印度之境於是乃還都也

城西北窣堵波無憂王之所建也如來在昔於此七日說諸妙法其側則有過去四佛坐及經行遺迹之所復有如來髮爪小窣堵波

說法窣堵波南臨殑伽河有三伽藍同垣異

門佛像嚴麗僧徒肅穆役使淨人數千餘户
精舍寶函中有佛牙長餘寸半殊光異色朝
變夕改遠近相趨士庶咸集式修瞻仰日百
千衆監守者繁其諠雜權立重稅宣告遠近
欲見佛牙輸大金錢然而瞻禮之徒寔繁其
侶金錢之稅悦以心競每於齋日出置高座
數百千衆燒香散花花雖盈積牙函不没伽
藍前左右各有精舍高百餘尺石基甎室其
中佛像衆寶莊飾或鑄金銀或鎔鍮石二精
舍前各有小伽藍伽藍東南不遠有大精舍
石基甎室高二百餘尺中作如來立像高三
十餘尺鑄以鍮石飾諸妙寶精舍四周石壁

之上彫畫如來修菩薩行所經事迹備盡鐫鏤
石精舍南不遠有大自在天祠祠南不遠有日天
祠並瑩青石俱窮彫刻規模度量同佛精舍各
有千戶充其灑掃鼓樂絃歌不捨晝夜大城東
南六七里殑伽河南有窣堵波高二百餘尺無
憂王之所建也在昔如來於此六月說身無常
苦空不淨其側則有過去四佛坐及經行遺迹
之所又有如來髮爪小窣堵波人有染疾至誠
旋繞必得痊愈蒙其福利大城東南行百餘里
至納縛提婆矩羅城據殑伽河東岸周二十餘
里花林清池互相影照納縛提婆矩羅城西北
殑伽河東有一天祠

重閣層臺奇工異製城東五里有三伽藍同垣異門僧徒五百餘人並學小乘說一切有部伽藍前二百餘步有窣堵波無憂王之所建也基雖傾陷尚高百餘尺是如來昔於此處七日說法中有舍利時放光明其側則有過去四佛坐及經行遺迹之所

伽藍北三四里臨殑伽河岸有窣堵波高二百餘尺無憂王之所建也昔如來在此七日說法時有五百餘鬼來至佛所聞法解悟捨鬼生天說法窣堵波側有過去四佛坐及經行遺迹之所其側復有如來髮爪窣堵波自此東南行六百餘里渡殑伽河南至阿踰陁

國（中印度境）

阿踰陁國周五千餘里國大都城周二十餘里穀稼豐盛花果繁茂氣序和暢風俗善順好營福勤學藝伽藍百有餘所僧徒三千餘人大乘小乘兼攻習學天祠十所異道寡少大城中有故伽藍是伐蘇畔度菩薩（唐言世親舊曰婆藪盤豆譯曰天親訛謬）數十年中於此製作大小乘諸異論其側故基是世親菩薩爲諸國王四方俊彥沙門婆羅門等講義說法堂也

城北四五里臨殑伽河岸大伽藍中有窣堵波高二百餘尺無憂王之所建也是如來爲天人衆於此三月說諸妙法其側窣堵波過

去四佛坐及經行遺迹之所伽藍西四五里
有如來髮爪窣堵波
髮爪窣堵波北伽藍餘跡昔經部室利邏多
（唐言勝受）論師於此製造經部毗婆沙論
城西南五六里大菴没羅林中有故伽藍是
阿僧伽（唐言無著）菩薩請益導凡之處無著菩薩
夜昇天宮於慈氏菩薩所受瑜伽師地論莊
嚴大乘經論中邊分別論等晝爲大衆講宣
妙理菴没羅林西北百餘步有如來髮爪窣
堵波其側故基是世親菩薩從覩史多天下
見無著菩薩處無著菩薩健馱邏國人也佛
去世後一千年中誕靈利見承風悟道從彌

沙塞部出家修學頌之迴信大乘其弟世親菩薩於說一切有部出家受業博聞強識達學研機無著弟子佛陀僧訶（唐言師子覺）者密行莫測高才有聞三賢哲每相謂曰凡修行業願覲慈氏若先捨壽得遂宿心當相報語以知所至其後師子覺先捨壽命三年不報世親菩薩尋亦捨壽時經六月亦無報命時諸異學咸皆譏誚以爲世親菩薩及師子覺流轉惡趣遂無靈鑒其後無著菩薩於夜初分方爲門人教授定法燈光忽翳空中大明有一天仙乘虛下降即進階庭敬禮無著無著曰尒來何暮今名何謂對曰從此捨壽命往

覩史多天慈氏内衆蓮花中生蓮花纔開慈
氏讃曰善來廣慧善來廣慧旋繞纔周即來
報命無著菩薩曰師子覺者今何所在曰我
旋繞時見師子覺在外衆中耽著欲樂無暇
相顧詎能來報無著菩薩曰斯事已矣慈氏
何相演說何法曰慈氏相好言莫能宣演說
妙法義不異此然菩薩妙音清暢和雅聞者
忘倦受者無猒
無著講堂故基西北四十餘里至故伽藍北
臨殑伽河中有甎窣堵波高百餘尺世親菩
薩初發大乗心處世親菩薩自北印度至於
此也時無著菩薩命其門人令往迎候至此

伽藍遇而會見無著弟子止戶牖外夜分之後誦十地經世親聞已感悟追悔甚深妙法昔所未聞誹謗之愆源發於舌舌爲罪本今宜除斷即執銛刀將自斷舌乃見無著住立告曰夫大乘教者至真之理也諸佛所讚衆聖攸宗吾欲誨汝尒今自悟悟其時矣何善如之諸佛聖教斷舌非悔昔以舌毀大乘今以舌讚大乘補過自新猶爲善矣杜口絕言其利安在作是語已忽不復見世親承命遂不斷舌旦詣無著諮受大乘於是研精覃思製大乘論凡百餘部並盛宣行從此東行三百餘里渡殑伽河北至阿耶穆佉國中印度境

阿耶穆佉國周二千四五百里國大都城臨
殑伽河周二十餘里其氣序土宜同阿踰陁
國人淳俗質勤學好福伽藍五所僧徒千餘
人習學小乘正量部法天祠十餘所異道雜
居城東南不遠臨殑伽河岸有窣堵波無憂
王之所建也高二百餘尺是如來昔於此處
三月說法其側則有過去四佛坐及經行遺
迹之所復有如來髮爪青石窣堵波其側伽
藍僧徒二百餘人佛像莊飾威嚴如在臺閣
宏麗奇製是昔佛陁馱娑（唐言覺使）論師於
此製說一切有部大毗婆沙論從此東南行
七百餘里渡殑伽河南閻牟那河北至鉢邏

那伽國（中印度境）

鉢邏那伽國周五千餘里國大都城據兩河交周二十餘里稼穡滋盛果木扶踈氣序和暢風俗善順好學藝信外道伽藍兩所僧徒寡少並皆習學小乘法教天祠數百異道寔多大城西南瞻博迦花林中有窣堵波無憂王之所建也基雖傾陷尚百餘尺在昔如來於此處降伏外道其側則有髮爪窣堵波經行遺迹髮爪窣堵波側有故伽藍是提婆（唐言天愛）菩薩作廣百論挫小乘伏外道處初提婆菩薩自南印度至此伽藍城中有外道婆羅門高論有聞辯才無礙循名責實反質窮辭雅

知提婆博究玄奥欲挫其鋒乃循名問曰汝爲何名提婆曰名天外道曰天是誰提婆曰我外道曰我是誰提婆曰狗外道曰狗是誰提婆曰汝外道曰汝是誰提婆曰天外道曰天是誰提婆曰我外道曰我是誰提婆曰狗外道曰誰是狗提婆曰汝外道曰汝是誰提婆曰天如是循環外道方悟自時厥後深敬風猷

城中有天祠瑩飾輪煥靈異多端依其典籍此處是衆生植福之勝地也能於此祠捐捨一錢功踰他所惠施千金復能輕生祠中斷命受天福樂悠永無窮天祠堂前有一大樹

枝葉扶踈陰影蒙密有食人鬼依而棲宅故
其左右多有遺骸若人至此祠中無不輕捨
身命旣怵邪說又爲神誘自古迄今習謬無
替近有婆羅門族姓子也闊達多智明敏高
才來至祠中謂衆人曰夫曲俗鄙志難以導
誘吾方同事然後攝化亦旣登臨俯謂友曰
吾有死矣昔謂詭妄今驗眞實天仙伎樂依
空接引當從勝境捐此鄙形尋欲投身自取
殞絶親友諫喩其志不移遂布衣服遍周樹
下及其自投得全軀命久而醒曰唯見空中
諸天召命斯乃邪神所引非得天樂也
大城東兩河交廣十餘里土地爽塏細沙弥

漫自古至今諸王豪族凡有捨施莫不至止

周給不計号大施場令戒日王者聿脩前緒

篤述惠施五年積財一旦傾捨於其施場多

聚珍貨初第一日置大佛像衆寶莊嚴即持

上妙奇珍而以奉施次常住僧次現前衆次

高才碩學博物多能次外道學徒隱淪肥遁

次鰥寡孤獨貧窮乞人備極珍玩窮諸上饌

如是節級莫不周施府庫既傾服玩都盡髻

中明珠身諸纓絡次第施與初無所悔既捨

施已稱曰樂哉凡吾所有已入金剛堅固藏

矣從此之後諸國君王各獻珍服嘗不踰旬

府庫充牣大施場東合流口日數百人自溺

而死彼俗以爲願求生天當於此處絕粒自
沉沐浴中流罪垢消滅是以異國遠方相趨
萃止七日斷食然後絕命至於山猨野鹿群
遊水濱或濯流而返或絕食而死當戒日王
之大施也有一獼猴居河之濱獨在樹下屏
迹絕食經數日後自餓而死故諸外道修苦
行者於河中立高柱日將旦也便即昇之一
手一足執柱端躡傍杙一手一足虛懸外伸
臨空不屈延頸張目視日右轉逮乎曛暮方
乃下焉若此者其徒數十冀斯勤苦出離生
死或數十年未嘗懈息從此西南入大林中
惡獸野象群暴行旅非多徒黨難以經涉行

五百餘里至憍賞弥國（舊曰拘睒弥國訛也中印度境）
憍賞弥國周六千餘里國大都城周三十餘
里土稱沃壤地利豐植粳稻多甘蔗茂氣序
暑熱風俗剛猛好學典藝崇樹福善伽藍十
餘所傾頓荒蕪僧徒三百餘人學小乘教天
祠五十餘所外道寔多

城内故宫中有大精舍高六十餘尺有刻檀
佛像上懸石蓋鄔陁衍那王（唐言出愛舊云優填王訛也）
之所作也靈相間起神光時照諸國君王恃
力欲舉雖多人衆莫能轉移遂圖供養俱言
得真語其源迹即此像也初如來成正覺已
上昇天宫爲母説法三月不還其王思慕願

圖形像乃請尊者沒特伽羅子以神通力接
工人上天宮親觀妙相彫刻栴檀如來自天
宮還也刻檀之像起迎世尊世尊慰曰教化
勞耶開導末世寔此爲異精舍東百餘步有
過去四佛坐及經行遺迹之所其側不遠有
如來井及浴室井猶充汲室已頹毀

城內東南隅有故宅餘趾是具史羅（舊云瞿師羅訛也）
長者故宅也中有佛精舍及髮爪窣堵波復
有故基如來浴室也

城東南不遠有故伽藍具史羅長者舊園也
中有窣堵波無憂王之所建立高二百餘尺
如來於此數年說法其側則有過去四佛座

及經行遺迹之所復有如來髮爪窣堵波
伽藍東南重閣上有故甎室世親菩薩嘗任
此中作唯識論破斥小乘難諸外道
伽藍東菴没羅林中有故基是無著菩薩於
此作顯揚聖教論
城西南八九里毒龍石窟昔者如來伏此毒
龍於中留影雖則傳記今無所見其側有窣
堵波無憂王之所建也高二百餘尺傍有如
來經行遺迹及髮爪窣堵波病苦之徒求願
多愈釋迦法盡此國最後故上自君王下及
衆庶入此國境自然感傷莫不欽泣悲嘆而歸
龍窟東北大林中行七百餘里渡殑伽河北

至迦奢布羅城周十餘里居人富樂城傍有
故伽藍唯餘基趾是昔護法菩薩伏外道處
此國先王扶於邪說欲毀佛法崇敬外道外
道衆中召一論師聰敏高才明達幽微者作
爲邪書千頌凡三万二千言非毀佛法扶正
本宗於是召集僧衆令相擢論外道有勝當

毀佛法衆僧無負斷舌以謝是時僧徒懼有
退負集而議曰慧日已沉法橋將毀王黨外
道其可敵乎事勢若斯計將安出衆咸默然
無竪議者護法菩薩年在幼稚辯慧多聞風
範弘遠在大衆中揚言讚曰愚雖不敏請陳
其略誠宜以我疾應王命高論得勝斯靈祐

也徵議隋貢乃稚齒也然則進退有辭法僧無咎僉曰允諧如其籌策尋應王命即昇論席外道乃提頓綱網抑揚辭義誦其所執待彼異論護法菩薩納其言而笑曰吾得勝矣將覆逆而誦耶爲亂辭而誦耶外道憮然而謂曰子無自高也能領語盡此則爲勝順受其文後釋其義護法乃隨其聲調述其文義辭理不謬氣韻無差於是外道聞已欲自斷舌護法曰斷舌非謝改執是悔即爲說法心信意悟王捨邪道遵崇正法

護法伏外道側則有窣堵波無憂王所建也基雖傾陷尚高二百餘尺是如來昔於此處六

月說法傍有經行之迹及髮爪窣堵波自此
北行百七八十里至鞞索迦國中印度境
鞞索迦國周四千餘里國大都城周十六里
穀稼殷盛花果具繁氣序和暢風俗淳質好
學不倦求福不回伽藍二十餘所僧徒三千
餘人並學小乘正量部法天祠五十餘所外
道甚多
城南道左有大伽藍昔提婆設摩阿羅漢於
此造識身論說無我人瞿波阿羅漢作聖教
要實論說有我人因此法執遂深諍論又是
護法菩薩於此七日中摧伏小乘一百論師
伽藍側有窣堵波高二百餘尺無憂王所建

也如來昔日六年於此說法導化說法側有奇樹高六七尺春秋遞代常無增減是如來昔嘗淨齒棄其遺枝因植根柢繁茂至今諸邪見人及外道衆競來殘伐尋生如故其側不遠有過去四佛座及經行遺迹之所復有如來髮爪窣堵波靈基連隅林沼交映從此東北行五百餘里至室羅伐悉底國舊曰舍衛國訛也中印度境

大唐西域記卷第五

羇索上步迷反 弘毅下音義弘大也丨勇也果敢也 嬉戲上許之反丨樂
也 背傴于於主反背尚病 酷罰上音哭丨深罪也 戮力上音六栟
也 徂在姑反往也 羇貧上居宜反繫也 殆音待字 褒貶脯高反下

悲反也撿淳邃下或反私作遂綩反粹攜手上字携孜孜音息茲之不貌
鎧苦亘古遍甲改鄧也也反嚑拯濟上日兄上蒸聲云也反字靜謐安下上反也也木也羊窟究跳俱音
丨也敵丨躍丨門閫門下濆亂苦昷本也反上昏玄散反樸對也滅攖打上於丨謐反上也音反却而窊也全上迫倏上
下也下音下規摹俏急莫上胡均反弥同反前下也譏詵迫反上丨責丨丐丨飢鐫責下鏤也才上子反笑
弤鉐刀反上利息廉也反毋反律反房殯絕反上羽亡敏也爽塏所上
兩地下音高而下苦明改也作音肥憂丨也丨匪往反下隱也徒田端蹻
回聶亦音隔邪傍說杭或下也音憮栈冀然遁上非武上音也根柺枃眹下本深下音也帝反失頹毀徒上

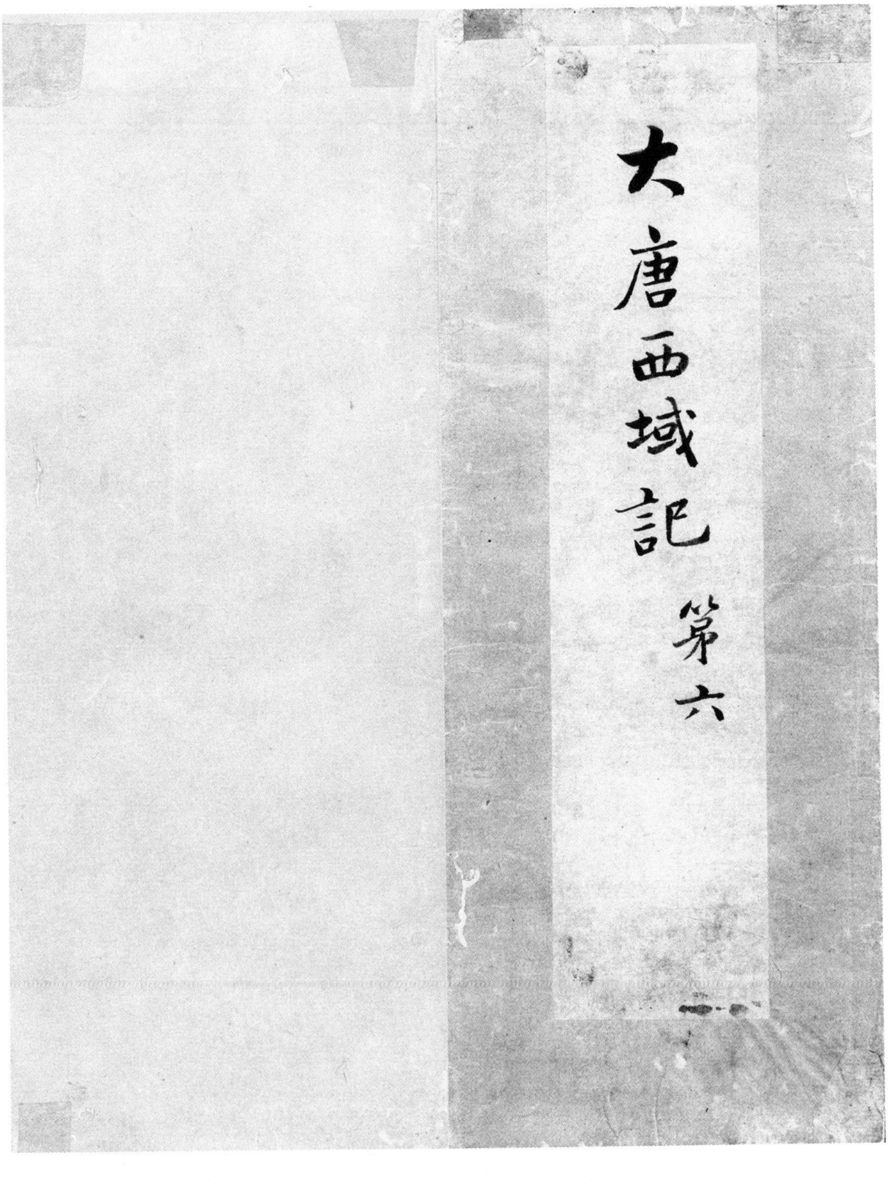
大唐西域記第六

大唐西域記卷第六　　　　　　　　　　轉

三藏法師　玄奘奉　詔譯

大揔持寺沙門　辯機　撰

四國

室羅伐悉底國　劫比羅伐窣堵國

藍摩國　拘尸那揭羅國

室羅伐悉底國周六千餘里都城荒頓壇場無紀宮城故基周二十餘里雖多荒圮尚有居人穀稼豐氣序和風俗淳質篤學好福伽藍數百圮壞良多僧徒寡少学正量部天祠百所外道甚多此則如來在世之時鉢邏犀那恃多王唐言勝軍舊曰波斯匿訛略所治國都也

故宮城内有故基勝軍王殿餘趾也次東不遠有一故基上建小窣堵波昔勝軍王為如來所建大法堂也

法堂側不遠故基上有窣堵波是佛姨母鉢邏闍鉢底（唐言生主舊云波闍波提訛）苾芻尼精舍勝軍王之所建立次東窣堵波是蘇達多（唐言善施舊曰須達訛也）故宅也善施長者宅側有大窣堵波是鴦窶利摩羅（唐言指鬘舊曰央掘摩羅訛也）捨邪之處鴦窶利摩羅者室羅伐悉底之凶人也作害生靈為暴城國殺人取指冠首為鬘將欲害母以充指數世尊悲愍方行導化遥見世尊竊自喜曰我今生天必矣先師有教遺言在茲害

佛殺母當生梵天謂其母曰老今且止先當害彼大沙門尋即仗劍往逆世尊如來於是徐行而退凶人指鬘疾驅不逮世尊謂曰何守鄙志捨善本激惡源時指鬘聞誨悟所行非因即歸命求入法中精勤不怠證羅漢果城南五六里有逝多林（唐言勝林舊曰祇陁訛也）是給孤獨園勝軍王大臣善施為佛建精舍昔為伽藍今已荒廢東門左右各建石柱高七十餘尺左柱鏤輪相於其端右柱刻牛形於其上並無憂王之所建也室宇傾圮唯餘故基獨一甎室巋然獨存中有佛像昔者如來昇三十三天為母說法之後勝軍王聞出愛王刻

檀像佛乃造此像善施長者仁而聰敏積而能散拯乏濟貧哀孤恤老時美其德号給孤獨長聞佛功德深生尊敬願建精舍請佛降臨世尊命舍利子隨瞻揆長唯太子逝多園地爽塏尋詣太子具以情告太子戲言金遍乃賣善施聞之心豁如也即出藏金隨言布地有少未滿太子請留曰佛誠良田宜植善種即於空地建立精舍世尊即之告阿難曰園地善施所買林樹逝多所施二人同心式崇功業自今已去應謂此地為逝多樹給孤獨園

給孤獨園東北有窣堵波是如來洗病苾芻

處音如來之在世也有病苾芻含苦獨處世
尊見而問曰汝何所苦汝何獨居曰我性踈
嬾不耐看病故今嬰疾無人瞻視如來是時
慇而告曰善男子我今看汝以手捫摩病苦
皆愈扶出户外更易敷褥親為盥洗改著新
衣佛語苾芻當自勤勵聞誨感恩心悦身豫
給孤獨園西北有小窣堵波是沒特伽羅子
運神通力舉舍利子衣帶不動之處昔佛在
無熱惱池人天咸集唯舍利子不時從會佛
命沒特伽羅往召來集沒特伽羅承命而往
舍利子方補護法衣沒特伽羅曰世尊今在
無熱惱池命我召尒舍利子曰且止須我補

竟與子偕行没特伽羅曰若不速行欲運神
力舉尒石室室大會所舍利子乃解衣帶置
地曰若舉此帶我身或動時没特伽羅運大
神通舉帶不動地為之震因以神足還詣佛
所見舍利子已在會坐没特伽羅俛而歎曰
乃今以知神通之力不如智慧之力矣 三
轉六 舉帶窣堵波側不遠有井如來在世汲充佛
用其側有窣堵波無憂王之所建也中有如
來舍利經行之迹說法之處並樹旌表建窣
堵波寘祇警衛靈瑞間起或鼓天樂或聞神
香景福之祥難以備叙
伽藍後不遠是外道梵志殺婬女以謗佛處

如來十力無畏一切種智人天宗仰聖賢遵奉時諸外道共相議曰宜行詭詐衆中謗辱乃誘雇婬女詐爲聽法衆所知已密而殺之埋屍樹側稱怨告王王命求訪於逝多園得其屍焉是時外道高聲唱言喬荅摩大沙門常稱戒忍今私此女殺而滅口既婬既殺何戒何忍諸天空中隨聲唱曰外道凶人無此謗耳

伽藍東百餘步有大深坑是提婆達多欲以毒藥害佛生身陷入地獄處提婆達多（唐言天授）斛飯王之子也精勤十二年已誦持八萬法藏後爲利故求學神通親近惡友共相議曰

我相三十減佛未幾大衆圍遶何異如來思惟是已即事破僧舍利子沒特伽羅子奉佛指告承佛威神諸法誨喻僧復和合提婆達多惡心不捨以惡毒藥置指爪中欲因作禮以傷害佛方行此謀自遠而來至於此地遂坼焉生陷地獄其南復有大坑瞿伽梨苾芻毀謗如來生身陷入地獄瞿伽梨陷坑南八百餘步有大深坑是戰遮婆羅門女毀謗如來生身陷入地獄之處佛為人天說諸法要有外道弟子遙見世尊大衆恭敬便自念曰要於今日辱喬答摩敗其善譽當令我師獨擅芳聲乃懷繫木盂至給孤獨園於大衆

中揚聲唱曰此諸法人與我私通腹中之子
乃釋種也邪見者莫不信然貞固者知為訕
謗時天帝釋欲除疑故化為白鼠齧斷盂系
系斷之聲震動大衆凡諸見聞增深喜悅衆
中一人起持木盂示彼女曰是汝兒耶是時
也地自開坼全身墜陷入無間獄具受其殃
凡此三坑洞無涯底秋夏霖雨溝池泛溢而
此深坑嘗無水止伽藍東六七十步有一精
舍高六十餘尺中有佛像東面而坐如來在
昔於此與諸外道論議次東有天祠量等精
舍日旦流光天祠之影不蔽精舍日將落照
精舍之陰遂覆天祠

影覆精舍東三四里有窣堵波是尊者舍利子與外道論議處初善施長者買逝多太子園欲為如來建立精舍時尊者舍利子隨長者而瞻揆外道六師求捅神力舍利子隨事攝化應物降伏其側精舍前建窣堵波如來於此摧諸外道又受毗舍佉母請

轉六

受請窣堵波南是毗盧擇迦王（舊曰毗流離王訛也）興甲兵誅釋種至此見佛歸兵之處毗盧擇迦王嗣位之後追怨前辱興甲兵動大衆部署已畢伸命方行時有苾芻聞已白佛世尊於是坐枯樹下毗盧擇迦王遙見世尊下乘禮敬退而言曰茂樹扶踈何故不坐枯株朽蘖

而乃遊止世尊告曰宗族者枝葉也枝葉揃
危庇蔭何在王曰世尊為宗親耳可以迴駕
於是覩聖感懷還軍返國
還軍之側有窣堵波是釋女被戮處毗盧擇
迦王誅釋克勝簡五百女充實宮闈釋女憤
恚怨言不遜詈其王家人之子也王聞發怒
命令誅戮執法者奉王教刖其手足投諸坑
穽時諸釋女含苦稱佛世尊聖鑒照其苦毒
告命苾芻攝衣而往為諸釋女說微妙法所
謂羈纏五欲流轉三途恩愛別離生死長遠
時諸釋女聞佛指誨遠塵離垢得法眼淨同
時命終俱生天上時天帝釋化作婆羅門收

骸火葬後人記尋
誅釋窣堵波側不遠有大涸池是毗盧擇迦
王陷身入地獄處世尊觀釋女已還給孤獨
園告諸苾芻今毗盧擇迦王却後七日為火
所燒王聞佛記甚懷惶懼至第七日安樂無
邑王周歡慶命諸宮女往至池側娛遊樂飲
轉六
猶懼火起鼓棹清流隨波泛濫熾焰飆發焚
輕舟墜王身入無間獄備受諸苦
伽藍西北三四里至得眼林有如來經行之
迹諸聖習定之所並樹封記建窣堵波昔此
國群盜五百橫行邑里跋扈城國勝軍王捕
獲已抉去其眼棄於深林群盜苦逼求哀稱

佛是時如來在逝多精舍聞悲聲起慈心清
風和暢吹靈山藥滿其眼已尋得復明而見
世尊在其前住發菩提心歡喜頂禮投杖而
去因植根焉
大城西北六十餘里有故城是賢劫中人壽
二萬歲時迦葉波佛本生城也城南有窣堵
波成正覚已初見父處城北有窣堵波有迦
葉波佛全身舍利並無憂王所建也從此東
南行五百餘里至劫比羅伐窣堵國舊曰迦毗羅衛
國訛也中印度境
劫比羅伐窣堵國周四千餘里空城十數荒
蕪已甚王城頹圮周量不詳其內宮城周十

四五里壘壍而成基址峻固空荒久遠人里
稀曠無大君長城各立主土地良沃稼穡時
播氣序無愆風俗和暢伽藍故基千有餘所
而宮城之側有一伽藍僧徒三十餘人習学
小乘正量部教天祠兩所異道雜居
宮城內有故基淨飯王正殿也上建精舍中
轉六 作王像其側不遠有故基摩訶摩耶（唐言大術）夫
人寢殿也上建精舍中作夫人之像其側精
舍是釋迦菩薩降神母胎處中作菩薩降神
之像上座部菩薩以嗢呾羅頞沙荼月三十
日夜降神母胎當此五月十五日諸部則以
此月二十三日夜降母胎當此五月八日

菩薩降神東北有窣堵波阿私多仙相太子
處菩薩誕靈之日嘉祥輻湊時淨飯王召諸
相師而告之曰此子生也善惡何若宜悉乃
心明言以對曰依先聖之記考吉祥之應在
家作轉輪聖王捨家當成等正覺是時阿私
多仙自遠而至叩門請見王甚慶悅躬迎禮
敬請就寶座曰不意大仙今日降顧仙曰我
在天宮安居宴坐忽見諸天群從蹈舞我時
問言何悅豫之甚也曰大仙當知贍部洲中
釋種淨飯王第一夫人今産太子當證三菩
提圓明一切智我聞是語故來瞻仰所悲朽
耄不遭聖化

城南門有窣堵波是太子與諸釋捔力擲象
之處太子伎藝多能獨拔倫匹淨飯大王懷
慶將返僕夫馭象方欲出城提婆達多素負
強力自外而入問馭者曰嚴駕此象其誰欲
乘曰太子將還故往奉馭提婆達多發憤引
象批其顙蹴其臆僵仆塞路杜絕行途無能
轉移人衆塡塞難陀後至而問之曰誰死此
象曰提婆達多即曳之僻路太子至又問曰
誰為不善害此象耶曰提婆達多害以杜門
難陀引之開徑太子乃舉象高擲越度城塹
其象墮地為大深坑士俗相傳為象墮坑也
其側精舍中作太子像其側又有精舍太子

妃寢宮也中作耶輸陀羅并有羅怙羅像宮
側精舍作受業之像太子学堂故基也
城東南隅有一精舍中作太子乘白馬陵虛
之像是踰城處也城四門外各有精舍中作
老病死人沙門之像是太子遊觀覩相增懷
深猒塵俗於此感悟命僕迴駕
城南行五十餘里至故城有窣堵波是賢劫
中人壽六萬歲時迦羅迦村駄佛本生城也
城南不遠有窣堵波成正覺已見父之處城
東南窣堵波有彼如來遺身舍利前建石柱
高三十餘尺上刻師子之像傍記寂滅之事
無憂王建焉迦羅迦村駄佛城東北行三十

餘里至故大城中有窣堵波是賢劫中人壽
四萬歲時迦諾迦牟尼佛本生城也東北不
遠有窣堵波成正覺已度父之處次北有窣
堵波有彼如來遺身舍利前建石柱高二十
餘尺上刻師子之像傍記寂滅之事無憂王
之所建也
城東北四十餘里有窣堵波是太子坐樹陰
觀耕田於此習定而得離欲淨飯王見太子
坐樹陰入寂定日光迴照樹影不移心知靈
聖更深珍敬
大城西北有數百千窣堵波釋種誅死處也
毗盧擇迦王既克諸釋虜其族類得九千九

百九十萬人並從殺戮積尸如莽流血成池
天警人心收骸瘞葬
誅釋西南有四小窣堵波四釋種拒軍處初
勝軍王嗣位也求婚釋種釋種鄙其非類謬
以家人之子重禮娉焉勝軍王立為正后其
產子男是為毗盧擇迦王毗盧擇迦欲就舅
氏請益受業至此城南見新講堂即中憩駕
諸釋聞之逐四罵曰卑賤婢子敢居此室此
室諸釋建也擬佛居焉毗盧擇迦嗣位之後
追復先辱便興甲兵至此屯軍釋種四人躬
耕畎畝便即抗拒兵寇退散已而入城族人
以為承輪王之祚胤為法王之宗子敢行凶

暴安忍殺害汙辱宗門絶親遠放四人被逐
北趣雪山一為烏仗那國王一為梵衍那國
王一為呬摩呾羅國王一為商彌國王奕世
傳業苗裔不絶城南三四里尼拘律樹林有
窣堵波無憂王建也釋迦如來成正覺已還
國見父王為説法處淨飯王知如來降魔軍
轉六 已遊行化導情懷渴仰思得禮敬乃命使請
如來曰昔期成佛當還本生斯言在耳時來
降趾使至佛所具宣王意如來告曰却後七
日當還本生使臣還已白王淨飯王乃告命
臣庶灑掃衢路儲積華香與諸群臣四十里
外佇駕奉迎是時如來與大衆俱八金剛周

衛四天王前導帝釋與欲界天侍左梵王與
色界天侍右諸苾芻僧列在其後唯佛在衆
如月映星威神動三界光明踰七曜步虛空
至生國王與從臣禮敬已畢俱共還國上尼
拘盧陀僧伽藍其側不遠有窣堵波是如來
於大樹下東面而坐受姨母金縷袈裟次此
窣堵波是如來於此度八王子及五百釋種
城東門內路左有窣堵波昔一切義成太子
於此習諸伎藝門外有自在天祠祠中有石
天像危然起勢是太子在襁褓中所入祠也
淨飯王自臘伐尼園迎太子還也途次天祠
王曰此天祠多靈鑒諸釋童稚求祐必効宜

將太子至彼修敬是時傳母抱而入祠其石
天像起迎太子太子已出天像復坐
城南門外路左有窣堵波是太子與諸釋捔
藝射鐵鼓從此東南三十餘里有小窣堵波
其側有泉泉流澄鏡是太子與諸釋引強挍
能弦矢既分穿鼓過表至地沒羽因涌清流
時俗相傳謂之箭泉夫有疾病飲沐多愈遠（轉六）（十一）
方之人持泥以歸隨其所苦漬以塗額靈神
冥衛多蒙痊愈箭泉東北行八九十里至臘
代尼林有釋種浴池澄清皎鏡雜華彌漫其
北二十四五步有無憂華樹今已枯悴菩薩
誕靈之處菩薩以吠舍佉月後半八日當此

三月八日上座部則曰以吠舍佉月後半十
五日當此三月十五日次東窣堵波無憂王
所建二龍浴太子處也菩薩生已不扶而行
於四方各七步而自言曰天上天下唯我獨
尊今茲而往生分已盡隨足所蹈出大蓮華
二龍踊出住虛空中而各吐水一冷一煖以
浴太子

浴太子窣堵波東有二清泉傍建二窣堵波
是二龍從地踊出之處菩薩生已支屬宗親
莫不奔馳求水盥浴夫人之前二泉涌出一
冷一煖遂以浴洗其南窣堵波是天帝釋捧
接菩薩處菩薩初出胎也天帝釋以妙天衣

跪接菩薩次有四窣堵波是四天王抱持菩
薩處也菩薩從右脇生已四天王以金色㲲
衣捧菩薩置金机上至母前曰夫人誕斯福
子誠可歡慶諸天尚喜況世人乎
四天王捧太子窣堵波側不遠有大石柱上
作馬像無憂王之所建也後為惡龍霹靂其
轉六
十二
柱中折仆地傍有小河東南流土俗号曰油
河是摩耶夫人產孕已天化此池光潤澄淨
欲令夫人取以沐浴除去風塵今變為水其
流尚膩從此東行曠野荒林中二百餘里至
藍摩國 中印度境
藍摩國空荒歲久壃埸無紀城邑丘墟居人

稀曠故城東南有窣堵波高減百尺昔者
如來入寂滅已此國先王分得舍利持歸本
國式遵崇建靈異間起神光時燭
窣堵波側有一清池龍每出遊變形蛇服右
旋宛轉繞窣堵波野象群行採華以散冥力
警察初無間替昔無憂王之分建窣堵波也
七國所建咸已開發至於此國方欲興工而
此池龍恐見陵奪乃變作婆羅門前叩象曰
大王情流佛法廣樹福田敢請紆駕降臨我
室王曰尒家安在為近遠乎婆羅門曰我此
池之龍王也承大王欲建勝福敢來請謁王
受其請遂入龍宮坐久之間龍進曰我惟惡

業受此龍身供養舍利冀消罪咎願王躬往
觀而禮敬無憂王見已霍然謂曰凡諸供養
之具非人間所有也龍曰若然者願無廢毀
無憂王自度力非其儔遂不開發出池之所
今有封記
窣堵波側不遠有一伽藍僧衆尠矣清肅皎
轉六 然而以沙弥摠任衆務遠方僧至禮遇彌隆 十三
必留三日供養四事聞諸先志曰昔有苾芻
同志相召自遠而至禮窣堵波見諸群象相
趨往來或以牙芟草或以鼻灑水各持異華
共為供養時衆見已悲歎感懷有一苾芻便
捨具戒願留供養與衆辭曰我惟多福濫迹

僧中歲月亟淹行業無紀此窣堵波有佛舍
利聖德冥通群象踐灑遺身此地寸與同群
得畢餘齡誠爲幸矣衆告之曰斯盛事也吾
等垢重智不謀此隨時自愛無虧勝業亦旣
離群更伸誠願歡然獨居有終焉之志於是
葺茅爲宇引流成池採掇時花灑掃瑩飾綿
歷歲序心事無怠隣國諸王聞而雅尚競捨
財寶共建伽藍因而勸請屈知僧務自尒相
踵不泯元功而以沙弥摠知僧事沙弥伽藍
東大林中行百餘里至大窣堵波無憂王之
所建也是太子踰城至此解寶衣去纓絡命
僕還處太子夜半踰城遅明至此旣允宿心

乃形言曰是我出籠樊去羈鏁最後釋駕之
處也於天冠中解末尼寶命僕夫曰汝持此
寶還白父王今茲遠遁非苟違離欲斷無常
絕諸有漏闡鐸迦舊曰車匿訛也曰詎有何心空駕
而返太子善言慰喻感悟而還
迴駕窣堵波東有贍部樹枝葉雖凋枯株尚
轉六
在其傍復有小窣堵波太子以餘寶衣易鹿
十四
皮衣處太子既斷髮易裳雖去瓔珞尚有天
衣曰斯服太侈如何改易時淨居天化作獵
人服鹿皮衣持弓負羽太子舉其衣而謂曰
欲相貿易願見允從獵人曰善太子解其上
服授與獵人獵人得已還復天身持所得衣

陵虛而去
太子易衣側不遠有窣堵波無憂王之所建
也是太子剃髮處太子從闡鐸迦取刀自斷
其髮天帝釋接上天宮以為供養時淨居天
子化作剃髮人執持銛刀徐步而至太子謂
曰能剃髮乎幸為我淨之化人受命遂為剃
髮踰城出家時亦不定或云菩薩年十九或
曰二十九以吠舍佉月後半八日踰城出家
當此三月八日或云以吠舍佉月後半十五
日當此三月十五日太子剃髮窣堵波東南
曠野中行百八九十里至尼拘盧陀林有窣
堵波高三十餘尺昔如來寂滅舍利已分諸

婆羅門無所得獲於涅疊般那（唐言焚燒舊云闍維訛也）
地收餘灰炭持至本國建此靈基而修供養
自茲已降奇迹相仍疾病之人祈請多愈
灰炭窣堵波側故伽藍中有過去四佛坐及
經行遺迹之所
故伽藍左右數百窣堵波其一大者無憂王
轉六
十五
所建也崇基雖陷高餘百尺自此東北大林
中行其路艱險經途危阻山牛野象群盜獵
師伺求行旅為害不絶出此林已至拘尸那
揭羅國（中印度境）
拘尸那揭羅國城郭頹毀邑里蕭條故城甎
基周十餘里居人稀曠閭巷荒蕪城內東北

隅有窣堵波無憂王所建准陀（舊曰純陀訛也）之故宅也宅中有井將營獻供方乃鑿焉歲月雖淹水猶清美城西北三四里渡阿恃多伐底河（唐言無勝此世共稱耳舊云阿利羅跋提河訛也舊言謂之尸賴拏伐底河譯曰有金河）西岸不遠至娑羅林其樹類槲而皮青白葉甚光潤四樹特高如來寂滅之所也其大甎精舍中作如來涅槃之像北首而卧傍有窣堵波無憂王所建基雖傾陷尚高二百餘尺前建石柱以記如來寂滅之事雖有文記不書日月聞諸先記曰佛以生年八十吠舍佉月後半十五日入般涅槃當此三月十五日也說一切有部則佛以迦剌底迦月後半

八日入般涅盤當此九月八日也自佛涅槃
諸部異議或云千二百餘年或云千三百餘
年或云千五百餘年或云已過九百未滿千
年精舍側不遠有窣堵波是如來修菩薩行
時為群雉王救火之處昔於此地有大茂林
毛群羽族巢居穴處驚風四起猛焰飈逸時
轉六
有一雉有懷傷愍鼓濯清流飛空奮灑時天
十六
帝釋俯而告曰汝何守愚唐勞羽翮大火方
起焚燎林野豈汝微軀所能撲滅雉曰說者
為誰曰我天帝釋耳雉曰今天帝釋有大福
力無欲不遂救災拯難若指諸掌反詰無功
其咎安在猛火方熾無得多言尋復奮飛往

趣流水天帝遂以掬水泛灑其林火滅煙消生類全命故今謂之救火窣堵波也

雉救大側不遠有窣堵波是如來修菩薩行時為鹿救生之處乃往古昔此有大林火炎中野飛走窮窘前有駛流之阨後困猛火之難莫不沉溺喪棄身命其鹿側隱身據橫流穿皮斷骨自強拯溺蹇兔後至忍疲苦而濟之筋力既竭溺水而死諸天收骸起窣堵波

鹿拯溺西不遠有窣堵波是蘇跋陀羅（唐言善賢舊曰須跋陀羅訛也）入寂滅之處善賢者本梵志師也年百二十耆舊多智聞佛寂滅至雙樹間問阿難曰佛世尊將寂滅我慢疑滯願欲請問

阿難曰佛將涅槃幸無擾也曰吾聞佛世難
遇正法難聞我有深疑恐無所請善賢遂入
先問佛言有諸別衆自稱爲師各有異法垂
訓導俗喬答摩（舊曰瞿曇訛略也）能盡知耶佛言吾
悉深究乃爲演說善賢聞已心淨信解求入
法中受具足戒如來告曰海豈能耶外道異
[轉六]学修梵行者當試四歲觀其行察[十七]其性威儀
寂靜辭語誠實則可於我法中淨修梵行在
人行耳斯何難哉善賢曰世尊悲愍含濟無
私四歲試学三業方順佛言我先已說在人
行耳於是善賢出家即受具戒勤勵修習身
心勇猛已而於法無疑自身作證夜分未久

果證羅漢諸漏已盡梵行已立不忍見佛入
大涅槃即於衆中入火界定現神通事而先
寂滅是為如來最後弟子乃先滅度即晉後
度蹇兜是也善賢寂滅側有窣堵波是執金
剛躃地之處大悲世尊隨機利見化功已畢
入寂滅樂於雙樹間北首而卧執金剛神密
迹力士見佛滅度悲慟唱言如來捨我入大
涅槃無歸依無覆護毒箭深入愁火熾盛捨
金剛杵悶絶躃地久而又起悲哀戀慕互相
謂曰生死大海誰作舟檝無明長夜誰為燈
炬金剛躃地側有窣堵波是如來寂滅已七
日供養之處如來之將寂滅也光明普照人

天畢會莫不悲感更相謂曰大覺世尊今將
寂滅衆生福盡世間無依如來右脇臥師子
牀告諸大衆勿謂如來畢竟寂滅法身常住
離諸變易當棄懈怠早求解脫諸苾芻等歔
欷悲慟時阿泥律（盧骨反）陀（舊曰阿那律訛也）告諸苾
芻止止勿悲諸天譏怪時末羅衆供養已訖
轉六
欲舉金棺詣涅疊般那所時阿泥律陀告言
十八
且止諸天欲留七日供養於是天衆持妙天
華遊虛空讚聖德各竭誠心共興供養待棺
側有窣堵波是摩訶摩耶夫人哭佛之處如
來寂滅棺殮已畢時阿泥律陀上昇天宮告
摩耶夫人曰大聖法王今已寂滅摩耶聞已

悲哽悶絶與諸天衆至雙樹間見僧伽胝鉢
及錫杖掛之号慟絶而復聲曰人天福盡世
間眼滅今此諸物空無有主如來聖力金棺
自開放光明合掌坐慰問慈母遠來下降諸
行法尒願勿深悲阿難銜哀而請佛曰後世
問我將何以對曰佛已涅槃慈母摩耶自天
宮降至雙樹間如來為諸不孝衆生從金棺
起合掌說法城北渡河三百餘步有窣堵波
是如來焚身之處地今黃黑土雜灰炭至誠
求請或得舍利如來寂滅人天悲感七寶為
棺千氎纏身設香華建旛蓋末羅之衆奉輿
發引前後導從北渡金河盛滿香油積多香

木縱火以焚二氎不燒一極襯身一最外
為諸衆生分散舍利唯有髮爪儼然無損焚
身側有窣堵波如來為大迦葉波現雙足處
如來金棺已下香木已積火燒不然衆咸驚
駭阿泥律陀言待迦葉波耳時大迦葉波與
五百弟子自出林來至拘尸城問阿難曰世
尊之身可得見耶阿難曰千氎纏絡重棺周 [轉六] [十九]
殮香木已積即事焚燒是時佛於棺內為出
雙足輪相之上見有異色問阿難曰何以有
此曰佛初涅槃人天悲慟衆淚迸染致斯異
色迦葉波作禮旋繞興讚香木自然大火熾
盛故如來寂滅三從棺出初出臂問阿難治

路次起坐為母說法後見雙足示大迦葉波
現足側有窣堵波無憂王所建也是八王分
舍利處前建石柱刻記其事佛入涅槃後涅
疊般那已諸八國王備四兵至遣直性婆羅
門謂拘尸力士曰天人導師此國寂滅故自
遠來請分舍利力士曰如來降尊即斯下土
滅世間明導喪衆生慈父如來舍利自當供
養徒疲道路終無得獲時諸大王遜辭以求
既不相允重謂之曰禮請不從兵威非遠直
性婆羅門揚言曰念哉大悲世尊忍修福善
弥歷曠劫想所具聞今欲相陵此非宜也今
舍利在此當均八分各得供養何至興兵諸

力士依其言即時均量欲作八分帝釋謂諸
王曰天當有分勿恃力競阿那婆答多龍王
文隣龍王醫那鉢呾羅龍王復作是議無遺
我曹吾以力者衆非敵矣直性婆羅門曰勿
諠諍也宜共分之即作三分一諸天二龍衆
三留人間八國重分天龍人王莫不悲感分
舍（轉六）利窣堵波西南行二百餘里至（二十）大邑聚有
婆羅門豪右巨富確乎不雜学究五明敬崇
三寶接其居側建立僧坊窮諸資用備盡珍
飾或有衆僧往來中路慇懃請留罄心供養
或止一宿乃至七日其後設賞迦王毀壞佛
法衆僧絶侶歲月驟淹而婆羅門每懷戀惻

經行之次見一沙門厖眉皓髮杖錫而來婆羅門馳往迎逆問所從至請入僧坊備諸供養且以淳乳煑粥進奉沙門受已纔一嚌齒便即置鉢沈吟長息婆羅門侍食跪而問曰大德惠利隨緣幸見臨顧為夕不安耶為粥不味乎沙門愍然告曰吾悲衆生福祐漸薄斯言且置食已方說沙門食訖攝衣即語婆羅門曰向許有說今何無言沙門告曰吾非忘也談不容易事或致疑必欲得聞今當略說吾向所歎非薄海粥自數百年不嘗此味昔如來在世我時預從在王舍城竹林精舍俯清流而滌器或以澡漱或以盥沐嗟乎今

之純亂不及古之淡水此乃人天福減使之然也婆羅門曰然則大德乃親見佛耶沙門曰然海豈不聞佛子羅怙羅者我身是也為護正法未入寂滅說是語已忽然不見婆羅門遂以所宿之房塗香灑掃像設肅然其敬如在復大林中行五百餘里至婆羅痆（女黠反）斯國（舊曰波羅柰國訛也中印度境）

轉六　式一

大唐西域記卷第六　轉

鶩寠（上烏郎反 下其主反）巋然（上丘水反 高峻貌）瞻揆（上之廉反下求癸反）與洗（上音貫 正作盥）俛（音免）坼（丑鬲反 裂也）訕譸（上所諫反又音山）齧（吾結反 齩丨也）朽蘖（上許九反下魚列反枯丨也）庇廕（上卑二反）

刖吾骨反去手足之刑也坑穽下音淨丨亦坑也颾必由反風丨也跋

扈上蒲末反下音户字丨丨蹤横也抉紆決反挑丨也嗢咀上烏没反下丁

逵反頞沙上烏割反捔力上音角比丨也批其顙上側佘反拳加人也

又側買反下蘇朗反丨額也蹴其臆上秋六反踏也下音憶胷丨也瘞舜

上於例反埋也憩駕上丘例反息也畎畝上俱犬反小谷也一畝百步也祚

胤上才故反下余鎮反丨丨福嗣也呬摩上許器反襁褓上居兩反下音

保丨丨織縷為之約丨兒負於背上也煗音暖礔礰上普覓反下音力丨丨雷

昊擊也今用霹靂字丘墟下起虛反丨丨聚落也霍然兄郭反芟音衫

伐也尋茅上七八反修也下莫交反丨草也相蹱下之勇反足丨也銛

刀上息廉反丨利也槲胡谷反木名也雉直介反野雞也濯音濁洗丨也

羽翮下胡鬲反翼也蹇兔上居展反丨跛也下免字舟臧下音捿丨禅也

歔欷上音虛下許既反丨丨泣之餘聲也⿰扌聿盧没反又魯骨反擹身上初

迮反正驚駭下胡迸必孟反鑿那上烏礭乎
作櫬解反散也兮反
上口角上排瘦上莫江反上
反堅也驟淹反疾也彪眉大也厚也嚌齒才
細反｜上徒的早瘦上尼
鑿也滌器反洗｜渠漱二音疕斯八反

轉六

山城國綴喜郡薪村
霊瑞山剛恩菴沙門宗椎書寫之
求二

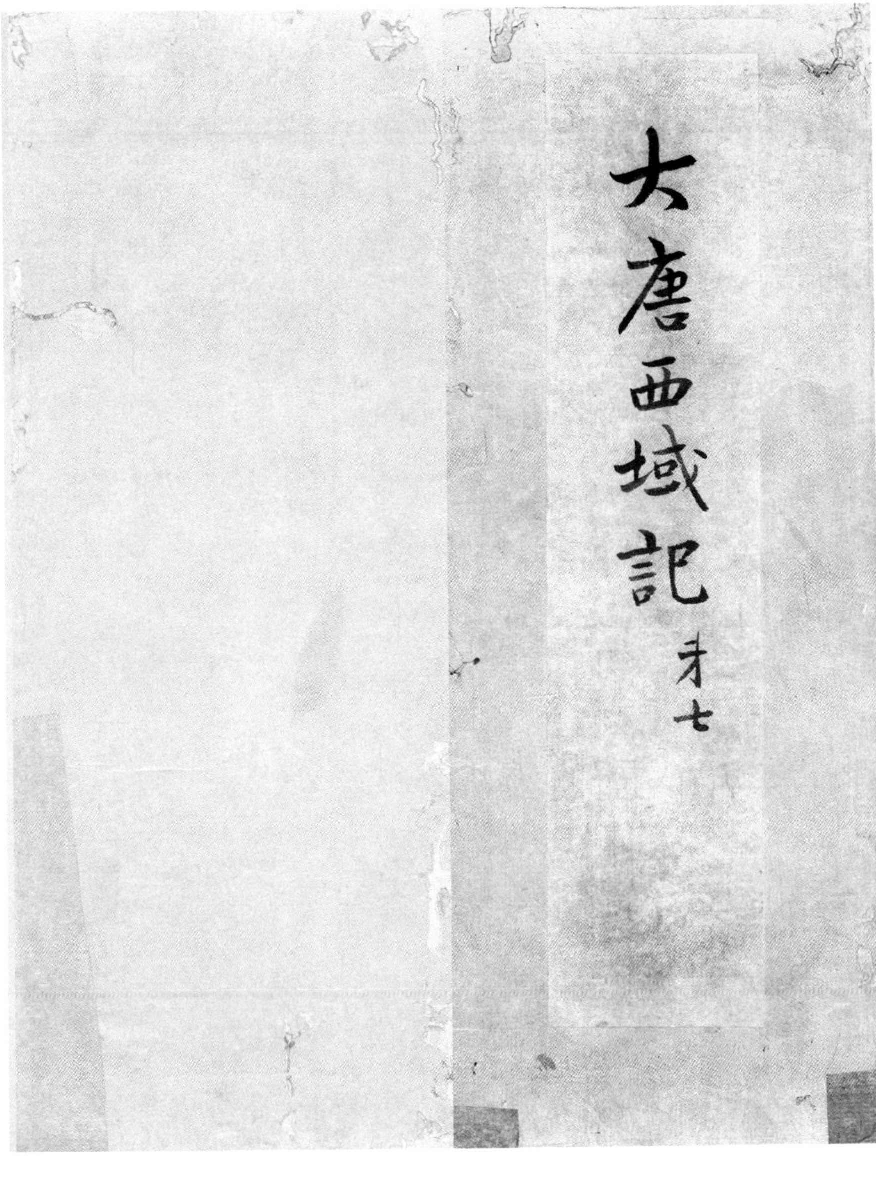
大唐西域記 才七

大唐西域記卷第七　轉

三藏法師　玄奘奉　詔譯

大捴持寺沙門　辯機　撰

五國

婆羅痆女黠反斯國　戰主國

吠舍釐力支反國　弗栗恃國

尼波羅國

婆羅痆斯國周四千餘里國大都城西臨殑伽河長十八九里廣五六里閭閻櫛比居人殷盛家積巨萬室盈奇貨人性温恭俗重強學多信外道少敬佛法氣序和穀稼盛果木扶疏茂草靃靡伽藍三十餘所僧徒三千餘

人並學小乘正量部法天祠百餘所外道万
餘人並多宗事大自在天或斷髮或堆髻露
形無服塗身以灰精勤苦行求出生死
大城中天祠二十所層臺祠宇彫石文木茂
林相蔭清流交帶鍮石天像量減百尺威嚴
肅然懔懔如在

大城東北婆羅痆河西有窣堵波無憂王之
所建也高百餘尺前建石柱碧鮮若鏡光潤
凝流其中常現如來影像
婆羅痆河東北行十餘里至鹿野伽藍區界
八分連垣周堵層軒重閣麗窮規矩僧徒一
千五百人並學小乘正量部法大垣中有精

舍高二百餘尺上以黄金隱起作菴没羅果
石爲基陛甎作層龕龕帀四周節級百數皆
有隱起黄金佛像精舍之中有鍮石佛像量等
如來身作轉法輪勢
精舍西南有石窣堵波無憂王建也基雖傾
陷尚餘百尺前建石柱高七十餘尺石含玉
潤鑒照映徹慇懃祈請影見衆像善惡之相
時有見者是如來成正覺已初轉法輪處也
其側不遠窣堵波是阿若憍陳如等見菩薩
捨苦行遂不侍衛來至於此而自習定其傍
窣堵波是五百獨覺同入涅槃處又三窣堵
波過去三佛座及經行遺迹之所

三佛經行側有窣堵波是梅呾麗耶（唐言慈氏姓也舊曰彌勒訛也）菩薩受成佛記處昔者如來在王舍城鷲峯山告諸苾芻當來之世此贍部洲土地平正人壽八万歲有婆羅門子慈氏者身真金色光明照朗當捨家成正覺廣爲衆生三會說法其濟度者皆我遺法植福衆生也其於三寶深敬一心在家出家持戒犯戒皆蒙化導證果解脫三會說法之中度我遺法之徒然後乃化同緣善友是時慈氏菩薩聞佛此說從座起白佛言願我作彼慈氏世尊如來告曰如汝所言當證此果如上所說皆汝教化之儀也

慈氏菩薩受記西有窣堵波是釋迦菩薩受
記之處賢劫中人壽二万歲迦葉波佛出現
於世轉妙法輪開化含識授護明菩薩記曰
是菩薩於當來世衆生壽命百歲之時當得
成佛号釋迦牟尼釋迦菩薩受記南不遠有
過去四佛經行遺迹長五十餘步高可七尺
以青石積成上作如來經行之像像形傑異
威嚴肅然肉髻之上特出鬍鬉靈相無隱神
鑒有徵於其垣内聖迹寔多諸精舍窣堵波
數百餘所略舉二三難用詳述
伽藍垣西有一清池周二百餘步如來甞中
盥浴次西大池周一百八十步如來甞中滌

器次北有池周百五十步如來嘗中浣衣凡
此三池並有龍止其水既深其味又甘澄淨
皎潔常無增減有人慢心濯此池者金毗羅
獸多爲之害若深恭敬汲用無懼浣衣池側
大方石上有如來袈裟之迹其文明徹煥如
雕鏤諸淨信者每來供養外道凶人輕蹈此
石池中龍王便興風雨
池側不遠有窣堵波是如來修菩薩行時爲
六牙象王獵人剥其牙也詐服袈裟彎弧伺
捕象王爲敬袈裟遂捸牙而授焉
捸牙側不遠有窣堵波是如來修菩薩行時
愍世無禮示爲鳥身與彼獮猴白象於此相

問誰先見是𡰥拘律樹各言事迹遂編長幼
化漸遠近人知上下
導俗歸依其側不遠大林中有窣堵波是如來昔
與提婆達多俱爲鹿王斷事之處昔於此處大
林之中有兩群鹿各五百餘時此國王畋遊
原澤菩薩鹿王前請王曰大王狡獵中原縱
燎飛矢凡我徒屬命盡茲晨不日腐臭無所
充膳願欲次差日輸一鹿王有割鮮之膳我
延旦夕之命王善其言迴駕而返兩群之鹿
更次輸命提婆群中有懷孕鹿次當就死白
其主曰身雖應死子未次也鹿王怒曰誰不
寶命雌鹿嘆曰吾王不仁死無日矣乃告急

菩薩鹿王鹿王曰悲哉慈母之心恩及未形
吾今代汝遂至王門道路之人傳聲唱曰彼
大鹿王今來入邑都人士庶莫不馳觀王之
聞也以爲不誠門者白至王乃信然曰鹿王
何遽來耶鹿曰有雌鹿當死胎子未產心不
能忍敢以身代王聞歎曰我人身鹿也尒鹿
身人也於是悉放諸鹿不復輸命即以其林
爲諸鹿藪因而謂之施鹿林焉鹿野之号自
此而興伽藍西南二三里有窣堵波高三百
餘尺基趾廣峙瑩飾奇珎既無層龕便置覆
鉢雖建表柱而無輪鐸其側有小窣堵波是
阿若憍陳如等五人棄制迎佛處也初薩婆

曷剌他悉陁（唐言一切義成舊曰悉達多訛略也）太子踰城之後棲山隱谷忘身殉法淨飯王乃命家族三人舅氏二人曰我子一切義成捨家修學孤遊山澤獨處林藪故命尒曹隨知所止內則叔父伯舅外則既君且臣凡厥動靜宜知進止五人銜命相望營衛因即勤求欲期出離每相謂曰夫修道者苦證耶樂證耶二人曰安樂爲道三人曰勤苦爲道二三交爭未有以明於是太子思惟至理爲伏苦行外道節麻米以支身彼二人者見而言曰太子所行非真實法夫道也者樂以證之今乃勤苦非吾徒也捨而遠遁思惟果證太子六年苦行

未證菩提欲驗苦行非真受乳糜而證果斯
三人者聞而歎曰功垂成矣今其退矣六年
苦行一旦捐功於是相從求訪二人既相見
已匡坐高論更相議曰昔見太子一切義成
出王宮就荒谷去珎服披鹿皮精勤勵志貞
節苦心求深妙法期無上果今乃受牧女乳
糜敗道虧志吾知之矣無能爲也彼二人曰
君何見之晚歟此猖蹶人耳夫處乎深宮安
乎尊勝不能靜志遠迹山林棄轉輪王位爲
鄙賤人行何可念哉言增忉怛耳菩薩浴尼
連河坐菩提樹成等正覺号天人師寂然宴
默惟察應度曰彼欝頭藍子者證非想定堪

受妙法空中諸天尋聲報曰鬱頭藍子命終
已來經今七日如來歎惜斯何不遇垂聞妙
法遽從變化重更觀察營求世界有阿藍迦
藍得無所有處定可授至理諸天又曰終巳
五日如來再歎愍其薄祐又更諦觀誰應受
教唯施鹿林中有五人者可先誘導如來介
時起菩提樹趣鹿野園威儀寂靜神光晃曜
毫含玉彩身真金色安詳前進導以彼人斯
五人遥見如來乎相謂曰一切義成彼來者
是歲月遽淹聖果不證心期巳退故尋吾徒
宜各默然勿起迎禮如來漸近威神動物五
人忘制拜迎問訊侍從如儀如來漸誘示之

妙理雨安居畢方獲果證
施鹿林東行二三里至窣堵波傍有涸池周
八十餘步一名救命又謂烈士聞諸先志曰
數百年前有一隱士於此池側結廬屏迹博
習伎術究極神理能使瓦礫爲寶人畜易形
但未能馭風雲陪仙駕閱圖考古更求仙術
其方曰夫神仙者長生之術也將欲求學先
定其志築建壇場周一丈餘命一烈士信勇
昭著執長刀立壇隅屏息絕言自昏達旦求
仙者中壇而坐手按長刀口誦神呪收視反
聽遲明登仙所執銛刀變爲寶劍陵虛履空
王諸仙侶執劒指麾所欲皆從無衰無老不

病不死是人既得仙方行訪烈士營求曠歲未諧心願後於城中遇見一人悲號逐路隱士覩其相心甚慶悅即而慰問何至怨傷曰我以貧窶傭力自濟其主見知特深信用期滿五歲當酬重賞於是忍勤苦忘艱辛五年將周一旦違失既蒙笞辱又無所得以此爲心悲悼誰恤隱士命與同遊來至草廬以術力故化具肴饌已而令入池浴服以新衣又以五百金錢遺之曰盡當來求幸無外也自時厥後數加重賂潛行陰德感激其心烈士屢求効命以報知已隱士曰我求烈士弥歷歲時幸而會遇奇貌應圖非有他故願一夕

不聲耳烈士曰死尚不辭豈徒屏息於是設
壇場受仙法依方行事坐待日曛曛暮之後
各司其務隱士誦神呪烈士按銛刀殆將曉
矣忽發聲叫是時空中火下煙焰雲蒸隱士
疾引此人入池避難已而問曰誡子無聲何
以驚叫烈士曰受命後至夜分昏然若夢變
異更起見昔事主躬來慰謝感荷厚恩忍不
報語彼人震怒遂見殺害受中陰身顧屍歎
惜猶願歷世不言以報厚德遂見託生南印
度大婆羅門家乃至受胎出胎備經苦厄荷
恩荷德嘗不出聲洎乎受業冠婚喪親生子
每念前恩忍而不語宗親戚屬咸見怪異年

過六十有五我妻謂曰汝可言矣若不語者當殺汝子我時惟念己隔生世自顧衰老唯此稚子因止其妻令無殺害遂發此聲耳隱士曰我之過也此魔嬈耳烈士感恩悲事不成憤恚而死免火災難故曰救命感恩而死

又謂烈士池

烈士池西有三獸窣堵波是如來修菩薩行時燒身之處劫初時於此林野有狐兔猨異類相悅時天帝釋欲驗修菩薩行者降靈應化爲一老夫謂三獸曰二三子善安隱乎無驚懼耶曰涉豐草遊茂林異類同歡既安且樂老夫曰聞二三子情厚意密忘其老弊故

此遠尋今正飢乏何以饋食曰幸少留此我躬馳訪於是同心虛己分路營求狐沿水濵銜一鮮鯉玃於林樹採異華菓俱來至止同進老夫唯兔空還遊躍左右老夫謂曰以吾觀之尒曹未和玃狐同志各能役心唯兔空還獨無相饋以此言之誠可知也兔聞譏議謂狐玃曰多聚樵蘇方有所作狐玃競馳銜草曳木既已藴崇猛焰將熾兔曰仁者我身卑劣所求難遂敢以微躬充此一飡辭畢入火尋即致死是時老夫復帝釋身除燼收骸傷歎良久謂狐玃曰一何至此吾感其心不泯其迹寄之月輪傳乎後世故彼咸言月中

之兔自斯而有後人於此建窣堵波從此順
殑伽河流東行三百餘里至戰主國中印度境
戰主國周二千餘里都城臨殑伽河周十餘
里居人豐樂邑里相隣土地膏腴稼穡時播
氣序和暢風俗淳質人性獷烈邪正兼信伽
藍十餘所僧徒減千人並皆遵習小乘教法
天祠二十異道雜居矣大城西北伽藍中窣
堵波無憂王之所建也印度記曰此中有如
來舍利一升昔者世尊嘗於此處七日之中
爲天人衆顯說妙法其側則有過去三佛坐
及經行遺迹之處隣此復有慈氏菩薩像形
量雖小威神嶷然靈鑒潛通奇迹間起

大城東行二百餘里至阿避陁羯刺拏僧伽
藍唐言不穿耳周垣不廣彫飾甚工花池交影臺
閣連甍僧徒肅穆衆儀庠序聞諸先志曰昔
大雪山北覩貨邏國有樂學沙門二三同志
禮誦餘閑每相謂曰妙理幽玄非言談所究
聖迹昭著可足趾所尋宜詢莫逆親觀聖迹

於是二三交友杖錫同遊既至印度寓諸伽
藍輕其邊鄙莫之見舍外迫風露内累口腹
顏色憔悴形容枯槁時此國王出遊近郊見
諸客僧怪而問曰何方乞士何所因來耳既
不穿衣又垢弊沙門對曰我覩貨邏國人也
恭承遺教高蹈俗塵率其同好觀禮聖迹慨

以薄福衆所同棄印度沙門莫顧羇旅欲還
本土巡禮未周雖迫勤苦心遂後已王聞其
說用增悲感即斯勝地建立伽藍白氎題書
爲之制曰我惟尊居世上貴極人中斯皆三
寶之靈祐也既爲人王受佛付囑凡厥染衣
吾當惠濟建此伽藍式招羇旅自今已來諸
窣耳僧我此伽藍不得止舍因其事迹故以
名焉阿避陁羯剌拏伽藍東南行百餘里南
渡殑伽河至摩訶娑羅邑並婆羅門種不遵
佛法然見沙門先訪學業知其強識方深禮
敬殑伽河北有那羅延天祠重閣層臺奐其
麗飾諸天之像鐫石而成工極人謀靈應難

究那羅延天祠東行三十餘里有窣堵波無
憂王之所建也太半陷地前建石柱高餘二
丈上作師子之像刻記伏鬼之事昔於此處
有曠野鬼恃大威力噉人血肉作害生靈肆
極妖祟如來愍諸衆生不得其死以神通力
誘化諸鬼導以歸依之敬齊以不殺之戒諸
鬼承教奉以周旋於是舉石請佛安坐願聞
正法克念護持自茲厥後無信之徒競共推
移鬼置石座動以万數莫之能轉茂林清池
周基左右人至其側無不心懼
伏鬼側不遠有數伽藍雖多傾毀尚有僧徒
並皆遵習大乘教法從此東南行百餘里至

一窣堵波基已傾陷餘高數丈昔者如來寂滅之後八國大王分舍利也量舍利婆羅門蜜塗瓶内分授諸王而婆羅門持瓶以歸既得所黏舍利遂建窣堵波并瓶置内因以名焉後無憂王開取舍利瓶改建大窣堵波或至齋日時燭光明從此東北渡殑伽河行百四五十里至吠舍釐國（舊曰毗舍離國訛也中印度境）

吠舍釐國周五千餘里土地沃壤花果茂盛菴没羅果茂遮果既多且貴氣和暢風俗淳質好福重學邪正雜信伽藍數百多已圮壞存者三五僧徒稀少天祠數十異道雜居露形之徒寔繁其黨吠舍釐城已甚傾頽其故

基趾周六七十里宮城周四五里少有居人
宮城西北五六里至一伽藍僧徒寡少習學
小乘正量部法傍有窣堵波是昔如來說毗
摩羅詰經長者子寶積等獻寶蓋處其東有
窣堵波舍利子等於此證無學之果
舍利子證果東南有窣堵波是吠舍釐王之
所建也佛涅槃後此國先王分得舍利式修
崇建印度記曰此中舊有如來舍利一斛無
憂王開取九斗唯留一斗後有國王復欲開
取方事興工尋則地震遂不敢開其西北有
窣堵波無憂王之所建也傍有石柱高五六
十尺上作師子之像石柱南有池是群獼猴

爲佛穿也在昔如來曾住於此池西不遠有窣堵波諸獮猴持如來鉢上樹取蜜之處池南不遠有窣堵波是諸獮猴奉佛蜜處池西北隅猶有獮猴形像伽藍東北三四里有窣堵波是毗摩羅詰唐言無垢稱舊曰淨名然淨則無垢名則是稱義雖取同名乃有異舊曰維摩詰訛略也故宅基趾多有靈異去此不遠有一神舍其狀疊甎傳云積石即無垢稱長者現疾說法之處去此不遠有窣堵波長者子寶積故宅也去此不遠有窣堵波是菴沒羅女故宅佛姨母等諸苾芻尼於此證入涅槃

伽藍北三四里有窣堵波是如來將往拘尸

那國入般涅槃人與非人隨從世尊至此佇
立次西北不遠有窣堵波是佛於此最後觀
吠舍釐城其南不遠有精舍前建窣堵波是
菴沒羅女園持以施佛菴沒羅園側有窣堵
波是如來告涅槃處佛昔在此告阿難曰其
得四神足者能住壽一劫如來今者當壽幾
何如是再三阿難不對天魔迷惑故也阿難
從坐而起林中宴默時魔來請佛曰如來在
世教化已久蒙濟流轉數如塵沙寂滅之樂
今其時矣世尊以少土置爪上而告魔曰地
土多耶爪土多耶對曰地土多也佛言所度
者如爪上土未度者如大地土却後三月吾

當涅槃魔聞歡喜而退阿難林中忽感異夢來白佛言我在林間夢見大樹枝葉茂盛蔭影蒙密驚風忽起摧散無餘將非世尊欲入寂滅我心懷懼故來請問佛告阿難吾先告汝汝爲魔蔽不時請留魔王勸我早入涅槃已許之期斯夢是也

告涅槃期側不遠有窣堵波千子見父母處也昔有仙人隱居巖谷仲春之月鼓濯清流麀鹿隨飲感生女子姿貌過人唯脚似鹿仙人見已收而養焉其後命令求火至餘仙廬足所履地迹皆有蓮花彼仙見已深以奇之令其繞廬方乃得火鹿女依命得火而還時梵

豫王畋遊見花尋迹以求悦其奇怪同載而
返相師占言當生千子餘婦聞之莫不圖計
日月既滿生一蓮花花有千葉葉坐一子餘
婦誣罔咸稱不祥投殑伽河隨波泛濫烏耆
延王下流遊觀見黃雲蓋乘波而來取以開
視乃有千子乳養成立有大力焉恃有千子
拓境四方兵威乘勝將次此國時梵豫王聞
之甚懷震懼兵力不敵計無所出矣是時鹿
女心知其子乃謂王曰今寇戎臨境上下罹
心賤妾愚衷能敗強敵王未之信也憂懼良
深鹿女乃昇城樓以待寇至千子將兵圍城
已帀鹿女告曰莫爲逆事我是汝母汝是我

子千子謂曰何言之謬鹿女手桉兩乳流注
千岐天性所感咸入其口於是解甲歸宗釋
兵返族兩國交歡百姓安樂千子歸宗側不
遠有窣堵波是如來經行舊迹指告衆曰昔
吾於此歸宗見親欲知千子即賢劫中千佛
是也迷本生東有故基上建窣堵波光明時
燭祈請或遂是如來說普門陁羅尼等經重
閣講堂餘址也
講堂側不遠有窣堵波中有阿難半身舍利
去此不遠有數百窣堵波欲定其數未有克
知是千獨覺入寂滅處吠舍釐城内外周隍
聖迹繁多難以具舉形勝故墟魚鱗間峙歲

月驟改炎涼亟移林既摧殘池亦枯涸朽株餘迹其詳驗焉

大城西北行五六十里至大窣堵波栗呫（昌葉反）婆子（舊曰離車訛也）別如來處如來自吠舍釐城趣拘尸那國諸栗呫婆子聞佛將入寂滅相從號送世尊既見哀慕非言可喻即以神力化作大河崖岸深絕波流迅急諸栗呫婆悲慟以止如來留鉢爲作追念

吠舍釐城西北減二百里有故城荒蕪歲久居人曠少中有窣堵波是佛在昔爲諸菩薩人天大衆引說本生修菩薩行曾於此城爲轉輪王号曰摩訶提婆（唐言大天）有七寶應王四

天下覩衰變之相體無常之理寘懷高蹈忘
情大位捨國出家染衣修學
城東南行十四五里至大窣堵波是七百賢
聖重結集處佛涅槃後百一十年吠舍釐城
有諸苾芻遠離佛法謬行戒律時長老耶舍
陁住憍薩羅國長老三菩伽住秣菟羅國長
老釐波多 舊曰離婆多訛也 住韓若國長老沙羅住吠舍釐國
長老富闍蘇弥羅住娑羅梨弗國諸大羅漢
心得自在持三藏得三明有大名稱衆所知
識皆是尊者阿難弟子時耶舍陁遣使告諸
賢聖皆可集吠舍釐城猶少一人未滿七百
是時富闍蘇弥羅以天眼見諸大賢聖集議

法事運神足至法會時三菩伽於大衆中右
袒長跪揚言曰衆無譁欽哉念哉昔大聖法
王善權寂滅歲月雖淹言教尚在吠舍釐城
懈怠苾芻謬於戒律有十事出違十力教今
諸賢者深明持犯俱承大德阿難指誨念報
佛恩重宣聖旨時諸大衆莫不悲感即召集
諸苾芻依毗奈耶訶責制止削除謬法宣明
聖教
七百賢聖結集南行八九十里至濕吠多補
羅僧伽藍層臺輪奐重閣翬飛僧衆清肅並
學大乘其傍則有過去四佛坐及經行遺迹
之處其側窣堵波無憂王之所建也如來在

昔南趣摩揭陁國北顧吠舍釐城中途止息遺迹之處
濕吠多補羅伽藍東南行三十餘里殑伽河南北岸各有一窣堵波是尊者阿難陁分身與二國處阿難陁者如來之從父弟也多聞揔持博物強識佛去世後繼大迦葉任持正法導進學人在摩揭陁國於林中經行見一沙弥諷誦佛經章句錯謬文字紛亂阿難聞已感慕增懷徐詣其所提撕指授沙弥笑曰大德耄矣所言謬矣我師高明春秋鼎盛親承示誨誠無所誤阿難默然退而嘆曰我年雖邁爲諸衆生欲久住世任持正法然衆生

垢重難以誨語久留無利可速滅度於是去
摩揭陁國趣吠舍釐城渡殑伽河泛舟中流
時摩揭陁王聞阿難去情深戀德即嚴戎駕
疾馳追請數百千衆營軍南岸吠舍釐王聞
阿難來悲喜盈心亦治軍旅奔馳迎候數百
千衆屯集北岸兩軍相對旌旂翳日阿難恐
鬪其兵更相殺害從舟中起上昇虛空示現
神變即入寂滅化火焚骸骸又中析一墮南
岸一墮北岸於是二王各得一分舉軍號慟
俱還本國起窣堵波而修供養從此東北行
五百餘里至弗栗恃國北人謂三伐恃國北印度境
弗栗恃國周四千餘里東西長南北狹土地

膏腴花果茂盛氣序微寒人性躁急多敬外道少信佛法伽藍十餘所僧徒減千人大小二乘兼功通學天祠數十外道寔衆國大都城号占戍拏多巳頹毀故宮城中尚有三千餘家若村若邑也大河東北有伽藍僧徒寡少學業清高從此西行依河之濱有窣堵波高餘三丈南帶長流大悲世尊度漁人處也越在佛世五百漁人結儔附黨漁捕水族於此河流得一大魚有十八頭頭各兩眼諸漁人方欲害之如來在吠舍釐國天眼見興悲心乘其時而化導因其機而啓悟告諸大衆弗栗恃國有大魚我欲導之以悟諸漁人尒

宜知時於是大衆圍繞神足陵虛至於河濵
如常敷座遂告諸漁人尒勿殺魚以神通力
開方便門威被大魚令知宿命能作人語貫
解人情尒時如來知而故問汝在前身曾作
何罪流轉惡趣受此弊身魚曰昔承福慶生
自豪族大婆羅門劫比他者我身是也恃其
族姓陵蔑人倫恃其博物鄙賤經法以輕慢
心毀讟諸佛以醜惡語詈辱衆僧引類形比
謂若駝驢象馬諸醜形對由此惡業受此弊
身尚資宿善生遭佛世目覩聖化親承聖教
因而懺謝悔先作業如來隨機攝化如應開
導魚旣聞法於是命終承茲福力上生天宮

於是自觀其身何緣生此既知宿命念報佛恩與諸天衆肩隨戾止前禮既畢右繞退立以天寶香花持用供養世尊指告漁人爲說妙法於即感悟輸誠禮懺裂網焚舟歸眞受法既服染衣又聞至教皆出塵垢俱證聖果度漁人東北行百餘里故城西有窣堵波無憂王所建高百餘尺是佛在昔於此六月說法度諸天人此北百四五十步有小窣堵波如來昔於此處爲諸苾芻制戒次西不遠有如來髮爪窣堵波如來昔於此處近遠邑人相趍輻湊焚香散花燈炬不絕從此西北千四五百里踰山入谷至尼波羅國中印度境

尼波羅國周四千餘里在雪山中國大都城
周二十餘里山川連屬宜穀稼多花果出赤
銅犛牛命命鳥貨用赤銅錢氣序寒冽風俗
險詖人性剛獷信義輕薄無學藝有工巧形
貌醜弊邪正兼信伽藍天祠接堵連隅僧徒
二千餘人大小二乘兼攻綜習外道異學其
數不詳王刹帝利栗呫婆種也志學清高純
信佛法近代有王號鴦輸伐摩（唐言光胄）碩學聽
叡自製聲明論重學敬德遐邇著聞都城東
南有小水池以人火投之水即焰起更投餘
物亦變爲火從此復還吠舍釐國南渡殑伽
河至摩揭陁國（舊曰摩伽陁又曰摩竭提皆訛也中印度境）

大唐西域記卷第七　轉

櫛比上阻虱反下毗二反正作枇丨丨梳名也靃靡上息委反一免彼反草軟

弱皃懍懍呂錦反敬也懼也髾髮上所交反髮尾也彎弧上烏還反

下音胡丨丨引弓也捩力結反拗丨殉詞閏反正作徇以身從物猖蹶上音

昌丨狂也下音厥倒也毀也忉怛上音刀下丁達反憂驚也閱音悅視也遺

之上去聲贈也賂音路贈也饋食求位反贈食也嶷然上宜力反連

甍下音萌同前反桔槁下音考妖祟下私遂反罹心上音離憂也

栗呫上良吉反下昌葉反寘懷上支義反正也置也無譁下音花諠丨也

翬飛上音暉五色背備也提撕二字音啼西讟音讀字謗也犛牛

上莫交反險詖下彼記反詔也光冑下直右反耄莫到反老丨

大唐西域記 オ八

大唐西域記卷第八

三藏法師　玄奘奉　詔譯

大揔持寺沙門　辯機　撰

一國

摩揭陀國上

摩揭陀國周五千餘里城少居人邑多編户地沃壤滋稼穡有異稻種其粒麁大香味殊越光色特甚彼俗謂之供大人米土地墊濕邑居高原孟夏之後仲秋之前平居流水可以泛舟風俗淳質氣序温暑崇重志學尊敬佛法伽藍五十餘所僧徒万有餘人並多宗習大乘法教天祠數十異道寔多

殑伽河南有故城周七十餘里荒蕪雖久基址尚在昔者人壽無量歲時号拘蘇摩補羅城（唐言香花宮城）王宮多花故以名焉逮乎人壽數千歲更名波吒釐子城（舊曰巴連弗邑訛也）初有婆羅門高才博學門人數千傳以授業諸學徒相從遊觀有一書生徘徊悵望同儔謂曰夫何憂乎曰盛色方剛羈遊履影歲月已積藝業無成顧此爲言憂心弥劇於是學徒戲言之曰今將爲子求娉婚親乃假立二人爲男父母二人爲女父母遂坐波吒釐樹謂女胥樹也採時果酌清流陳婚姻之緒請好合之期時假女父攀花枝以授書生曰斯嘉偶也幸

無辭焉書生之心欣然自得日暮言歸懷戀
而止學徒曰前言戲耳幸可同歸林中猛獸
恐相殘害書生遂留往來樹側景夕之後異
光燭野管絃清雅帷帳陳列俄見老翁策杖
來慰復有一嫗攜引少女並賓從盈路袨服
奏樂翁乃指少女曰此君之弱室也酣歌樂
讌經七日焉學徒疑爲獸害往而求之乃見
獨坐樹陰若對上客告與同歸辭不從命後
自入城拜謁親故說其始末聞者驚駭與友
諸人同往林中咸見花樹是一大第僮僕役
使驅馳往來而彼老翁從容接對陳饌奏樂
賓主禮備諸友還城具告遠近暮歲之後生

一子男謂其妻曰吾今欲歸未忍離阻適復
留止棲寄飄露其妻旣聞具以白父翁謂書
生曰人生行樂詎必故鄉今將築室宜無異
志於是役使之徒功成不日香花舊城遷都此
邑由彼子故神爲築城自尒之後國名波吒
釐子城焉

王故宮北有石柱高數十尺是無憂王作地
獄處釋迦如來涅槃之後第一百年有阿輸
迦（唐言無憂舊曰阿育王訛也）王者頻毗娑羅（唐言影堅舊曰頻婆娑羅訛也）王之曾孫也自王舍城遷都波吒釐重
築外郭周於故城年代浸遠唯餘故基伽藍
天祠及窣堵波餘趾數百存者二三唯故宮

比臨殑伽河小城中有千餘家初無憂王嗣
位之後舉措苛暴乃立地獄作害生靈周垣
峻峙隅樓特起猛焰洪鑪銛鋒利刃備諸苦
具擬像幽塗招募凶人立為獄主初以國中
犯法罪人不校輕重揔入塗炭後以行經獄
次擒以誅戮至者皆死遂緘口焉時有沙門
初入法衆巡里乞食遇至獄門獄吏凶人擒
欲殘害沙門惶怖請得禮懺俄見一人縛來
入獄斬截手足磔裂形骸俯仰之間肢體糜
散沙門見已深增悲悼成無常觀證無學果
獄卒曰可以死矣沙門既證聖果心夷生死
雖入鑊湯若在清池有大蓮花而為之座獄

主驚駭馳使白王王遂躬覲深讚靈祐獄主曰大王當死王曰云何對曰王先垂命令監刑獄凡至獄垣皆從殺害不云王入而獨免死王曰法已一定理無再變我先垂令豈除汝身汝久濫生我之咎也即命獄卒投之洪鑪獄主既死王乃得出於是頹墻堙壍廢獄寬刑

地獄南不遠有窣堵波基址傾陷唯餘覆鉢之勢寶爲廁飾石作欄檻即八万四千之一也無憂王以人功建於宮焉中有如來舍利一升靈鑒間起神光時燭無憂王廢獄之後遇近護大阿羅漢方便善誘隨機導化王謂

羅漢曰幸以宿福位據人尊慨茲障累不遭
佛化今者如來遺身舍利欲重修建諸窣堵
波羅漢曰大王以福德力役使百靈以弘誓
心匡護三寶是所願也今其時矣因爲廣説
獻土之因如來懸記興建之功無憂王聞已
慶悦召集鬼神而令之曰法王導利含靈有
慶我資宿善尊極人中如來遺身重修供養
今尒鬼神勠力同心境極贍部戶滿拘胝以
佛舍利起窣堵波心發於我功成於汝勝福
之利非欲獨有宜各營構待後告命鬼神受
旨在所興功功既成已咸來請命無憂王既
開八國所建諸窣堵波分其舍利付鬼神已

謂羅漢曰我心所欲諸處同時藏下舍利心雖此冀事未從欲羅漢白王命神鬼至所期日日有隱蔽其狀如手此時也宜下舍利王承此旨宣告鬼神逮乎期日無憂王觀候光景日正中時羅漢以神通力伸手蔽日營建之所咸皆瞻仰同於此時功績咸畢

窣堵波側不遠精舍中有大石如來所履雙迹猶存其長尺有八寸廣餘六寸矣兩迹俱有輪相十指皆帶花文魚形暎起光明時照昔者如來將取寂滅北趣拘尸那城南顧摩揭陁國蹈此石上告阿難曰吾今最後留此足迹將入寂滅顧摩揭陀也百歲之後有無

憂王命世君臨建都此地匡護三寶役使百
神及無憂王之嗣位也遷都築邑掩固迹石
旣近宮城恒親供養後諸國王競欲舉歸石
雖不大衆莫能轉近者設賞迦王毀壞佛法
遂即石所欲滅聖迹鑿已還平文彩如故於
是捐棄殑伽河流尋復本處其側窣堵波即

過去四佛坐及經行遺迹之所佛迹精舍側
不遠有大石柱高三十餘尺書記殘缺其大
略曰無憂王信根貞固三以贍部洲施佛法
僧三以諸珎寶重自酬贖其辭云云大略斯
在故宮北有大石室外若崇山内廣數丈是
無憂王爲出家弟役使神鬼之所建也初無

憂王有同母弟名摩醯因陀羅唐言大帝生自貴族服僭王制奢侈縱暴衆庶懷怨國輔老臣進諫王曰驕弟作威亦以太甚夫政平則國治人和則主安古之明訓由來久矣願存國典收付執法無憂王泣謂弟曰吾承基緒覆燾生靈況尒同胞豈忘慧愛不先匡導已陷形法上懼先靈下迫衆議摩醯因陀羅稽首謝曰不自謹行敢干國憲願賜再生更寬七日於是置諸幽室嚴加守衛珍著上饌進奉無虧守者唱曰已過一日餘有六日至第六日已既深憂懼更勵身心便獲果證昇虛空示神迹尋出塵俗遠棲巖谷無憂王躬往謂曰

昔拘國制欲致嚴刑豈意請昇取證聖果既
無滯累可以還國弟曰昔羈愛網心馳聲色
今出危城志恱山谷願棄人間長從丘壑王
曰欲静心慮豈必幽巖吾從尒志當爲崇樹
遂召命鬼神而告之曰吾於後日廣備珎羞
尒曹相率來集我會各持大石自爲牀座諸
神受命至期畢萃衆會既已王告神曰石座
縱横宜自積聚因功不勞疊爲虚室諸神受
命不日而成無憂王躬往迎請止此山廬
故宫北地獄南有大石槽是無憂王匠役神
功作爲此器飯僧之時以儲食也
故宫西南有小石山周巖谷間數十石室無

憂王爲近護等諸阿羅漢役使鬼神之所建
立傍有故臺餘基積石池沼漣漪清瀾澄鑒
隣國遠人謂之聖水若有飲濯罪垢消滅
山西南有五窣堵波崇基已陷餘趾尚高遠
而望之鬱若山阜面各數百步後人於上重
更修建小窣堵波印度記曰昔無憂王建八
万四千窣堵波已尚餘五升舍利故别崇建
五窣堵波製奇諸處靈異間起以表如來五
分法身薄信之徒竊相評議云是昔者難陀
王建此五藏以儲七寶其後有王不甚淳信
聞先疑議肆其貪求興動軍師躬臨發掘地
震山傾雲昏日翳窣堵波中大聲雷震士卒

僵仆象馬驚奔自茲已降無敢覬覦或曰衆
議雖多未爲確論循古所記信得其實
故城東南有屈（居勿反）吒阿濫摩（唐言雞園）僧伽
藍無憂王之所建焉無憂王初信佛法也式
遵崇建修植善種召集千僧凡聖兩衆四事
供養什物周給頹毀已久基址尚存伽藍側
有大窣堵波名阿摩落伽阿摩落伽者印度
藥果之名也無憂王遘疾彌留知命不濟欲
捨珍寶崇樹福田權臣執政誡勿從欲其後
因食留阿摩落果玩之半爛握果長息問諸
臣曰贍部洲主今是何人諸臣對曰唯獨大
王王曰不然我今非主唯此半果而得自在

嗟乎世間富貴危甚風燭位據區宇名高稱
謂臨終匱乏見逼强臣天下非已半果斯在
乃命侍臣而告之曰持此半果詣彼雞園施
諸衆僧作如是說昔一贍部洲主今半阿摩
落王稽首大德僧前願受最後之施凡諸所
有皆已喪失唯斯半果得少自在哀愍貧乏
增長福種僧中上座作如是言無憂大王宿
期弘濟虐疾在躬姦臣擅命積寶非已半果
爲施承王來命普施衆僧即召典事羮中摠
煑收其果核起窣堵波既荷厚恩遂旌顧命
阿摩落伽窣堵波西北故伽藍中有窣堵波
謂建揵稚聲初此城内伽藍百數僧徒肅穆

學業清高外道學人鎮聲緘口其後僧徒相次徂落而諸後進莫繼前修外道師資傳訓成藝於是命儔召侶千計万數來集僧坊揚言唱曰大擊揵稚招集學人群愚同止謬有扣擊遂白王請校優劣外道諸師高才達學僧徒雖衆辭論膚淺外道曰我論勝自今已後諸僧伽藍不得擊揵稚以集衆也王允其請依先論制僧徒受恥忍詬而退十二年間不擊揵稚時南印度那伽閼剌樹那菩薩唐言龍猛舊譯曰龍樹非也幼傳雅譽長擅高名捨離欲愛出家修學深究妙理位登初地有大弟子提婆者智慧明敏機神警悟白其師曰波吒釐

城諸學人等辭屈外道不擊揵稚日月驟移
十二年矣敢欲摧邪見山然正法炬龍猛曰
波吒釐城外道博學尒非其儔吾今行矣提
婆曰欲摧腐草詎必傾山敢承指誨黜諸異
學大師立外道義而我隨文破析詳其優劣
然後啚行龍猛乃扶立外義提婆隨破其理
七日之後龍猛失宗已而歎曰謬辭易失邪
義難扶尒其行矣摧彼畢矣提婆菩薩夙擅
高名波吒釐城外道聞之也即相召集馳白
王曰大王昔紆聽覽制諸沙門不擊揵稚願
垂告命令諸門候隣境異僧勿使入城恐相
黨援輕改先制王允其言嚴加伺候提婆既

至不得入城聞其制令便易衣服卷疊袈裟
置草束中褰裳疾驅負戴而入既至城中棄
草披衣至此伽藍欲求止息知人既寡莫有
相舍遂宿揵稚臺上於晨朝時便大振擊衆
聞伺察乃昨客遊苾芻諸僧伽藍傳聲響應
王聞究問莫得其先至此伽藍咸推提婆提
婆曰夫揵稚者擊以集衆有而不用懸之何
爲王人報曰先時僧衆論議墮負制之不擊
已十二年提婆曰有是乎吾於今日重聲法
鼓使報王曰有異沙門欲雪前恥王乃召集
學人而定制曰論失本宗殺身以謝於是外
道競陳旗鼓諠談異義各曜辯鋒提婆菩薩

既昇論座聽其先說隨義析破曾不浹辰摧
諸異道國王大臣莫不慶悅建此靈基以旌
至德
建擊揵稚窣堵波北有故基昔鬼辯婆羅門
所居處也初此城中有婆羅門葺宇荒藪不
交世路祠鬼求福魍魎相依高論劇談雅辭

響應人或激難垂帷以對舊學高才無出其
右士庶翕然仰之猶聖有阿濕縛窶沙唐言馬鳴
菩薩者智周万物道播三乘每謂人曰此婆
羅門學不師受藝無稽古屏居幽寂獨擅高
名將非神鬼相依妖魅所附何能若是者乎
夫辯資鬼授言不對人辭說一聞莫能再述

吾今往彼觀其舉措遂即其廬而謂之曰仰
欽盛德爲日已久幸願褰帷敢伸宿志而婆
羅門居然簡傲垂帷以對終不面談馬鳴心
知鬼魅情甚自負辭畢而退謂諸人曰吾已
知之摧彼必矣尋往白王唯願垂許與彼居
士較論劇談王聞駭曰斯何人哉若不證三
明具六通何能與彼論乎命駕躬臨詳鑒辯
論是時馬鳴論三藏微言述五明大義妙辯
縱横高論清遠而婆羅門既述辭已馬鳴重
曰失吾旨矣宜重述之時婆羅門默然杜口
馬鳴叱曰何不釋難所事鬼魅宜速授辭疾
褰其帷視占其怪婆羅門惶遽而曰止止馬

鳴退而言曰此子今晨聲聞失墜虛名非久斯之謂也王曰非夫盛德誰鑒左道知人之哲絶後光前國有常典宜旌茂實

城西南隅二百餘里有伽藍餘址其傍有窣堵波神光時燭靈瑞間發近遠衆庶莫不祈請是過去四佛坐及經行遺迹之所

故伽藍西南行百餘里至鞮羅釋迦伽藍庭宇四院觀閣三層崇臺累仞重門洞啓頻毗娑羅王末孫之所建也旌召高才廣延俊德異域學人遠方髦彥同類相趨肩隨戾止僧徒千數並學大乘中門當塗有三精舍上置輪相鈴鐸虛懸下建層基軒檻周列户牖棟

梁壖垣階陛金銅隱起廁間莊嚴中精舍佛
立像高三丈左多羅菩薩像右觀自在菩薩
像凡斯三像鍮石鑄成威神肅然冥鑒遠矣
精舍中各有舍利一升靈光或照奇瑞間起
鞮羅釋迦伽藍西南九十餘里至大山雲石
幽蔚靈仙攸舍毒虵暴龍窟穴其藪猛獸鷙
鳥棲伏其林山頂有大磐石上建窣堵波其
高十餘尺是佛入定處也昔者如來降神止
此坐斯磐石入滅盡定時經宿焉諸天靈聖
供養如來鼓天樂雨天花如來出定諸天感
慕以寶金銀起窣堵波去聖逾邈寶變爲石
自古迄今人未有至遥望高山乃見異類長

虵猛獸群從右旋天仙靈聖肩隨讃禮
山東崗有窣堵波在昔如來佇觀摩揭陀國
所履之處也山西北三十餘里山阿有伽藍
負嶺崇基疏崖峙閣僧徒五十餘人並習大
乘法教瞿那末底唐言德慧菩薩伏外道之處初
此山中有外道摩沓婆者祖僧佉之法而習
道焉學窮內外言極空有名高前烈德重當
時君王珍敬謂之國寶臣庶宗仰咸曰家師
隣國學人承風仰德儔之先進誠博達也食
邑二城環居封建時南印度德慧菩薩幼而
敏達早擅清徽學通三藏理窮四諦聞摩沓
婆論極幽微有懷挫銳命一門人裁書謂曰

敬問摩沓婆善安樂也宜志勞弊精習舊學
三年之後摧汝嘉聲如是第二第三年中每
發使報及將發迹重裁書曰年期已極學業
何如吾今至矣汝宜知之摩沓婆甚懷惶懼
誡諸門人及以邑户自今之後不得居止沙
門異道遮相宜告勿有犯違時德慧菩薩杖
錫而來至摩沓婆邑邑人守約莫有相舍諸
婆羅門更詈之曰斷髮殊服何異人乎宜時
速去勿此止也德慧菩薩欲摧異道冀宿其
邑因以慈心卑辭謝曰尒曹世諦之淨行我
又勝義諦之淨行淨行既同何爲見拒婆羅
門因不與言但事驅逐逐出邑外入大林中林

中猛獸群行爲暴有淨信者恐爲獸害乃束
蘊持杖謂菩薩曰南印度有德慧菩薩者遠
傳聲聞欲來論議故此邑主懼墜嘉聲重垂
嚴制勿止沙門恐爲物害故來相援行矣自
安勿有他慮德慧曰良告淨信德慧者我是
也淨信聞已更深恭敬謂德慧曰誠如所告
宜可速行即出深林止息空澤淨信縱火持
弓周旋左右夜分已盡謂德慧曰可以行矣
恐人知聞來相啚害德慧謝曰不敢忘德於
是遂行至王宮謂門者曰今有沙門自遠而
至願王垂許與摩沓婆論王聞驚曰此妄人
耳即命使臣往摩沓婆所宣王旨曰有異沙

門來求談論今巳瑩灑論場宣告遠近佇望來儀願垂降趾摩沓婆問王使曰豈非南印度德慧論師乎曰然摩沓婆聞心甚不悅事難辭免遂至論場國王大臣士庶豪族咸皆集會欲聽高談德慧先立宗義洎乎景落摩沓婆辭以年衰智昏捷對請歸靜思方酬來難每事言歸及旦昇座竟無異論至第六日歐血而死其將終也顧命妻曰尒有高才無忘所恥摩沓婆死匿不發喪更服鮮綺來至論會衆咸諠譁更相謂曰摩沓婆自負才高恥對德慧故遣婦來優劣明矣德慧菩薩謂其妻曰能制汝者我巳制之摩沓婆妻知難

而退王曰何言之密彼便默然德慧曰惜哉
摩沓婆死矣其妻欲來與我論耳王曰何以
知之願垂指告德慧曰其妻之來也面有死
喪之色言含哀怨之聲以故知之摩沓婆死
矣能制汝者謂其夫也王命使往觀果如所
議王乃謝曰佛法玄妙英賢繼軌無爲守道
含識霑化依先國典褒德有常德慧曰苟以
愚昧體道居貞存止足論齊物將弘汲引先
摧傲慢方便攝化今其時矣唯願大王以摩
沓婆邑户子孫千代常充僧伽藍人則垂誡
來葉流美無窮唯彼淨信見匡護者福延于
世食用同僧以勸清信以褒厚德於是建此

伽藍式旌勝迹初摩沓婆論敗之後十數淨
行逃難隣國告諸外道恥辱之事招募英俊
來雪前恥王既珎敬德慧躬往請曰今諸外
道不自量力結黨連群敢聲論鼓唯願大師
摧諸異道德慧曰宜集論者於是外道學人
欣然相慰我曹今日勝其必矣時諸外道闡
揚義理德慧菩薩曰今諸外道逃難遠遊如
王先制皆是賤人我今如何與彼對論德慧
曰有負座竪素聞餘論頗閑微言侍立於側
聽諸高談德慧拊其座而言曰牀汝可論衆
咸驚駭異其所命時負座竪便即發難深義
泉涌清辯響應三復之後外道失宗重挫其

鋭再折其翮自伏論已來爲伽藍邑户德慧
伽藍西南二十餘里至孤山有伽藍尸羅䟦
陀羅唐言戒賢論師論義得勝捨邑建焉竦一危
峯如窣堵波置佛舍利論師三摩呾吒國之
王族婆羅門之種也少好學有風操遊諸印
度詢求明哲至此國那爛陀僧伽藍遇護法
菩薩聞法信悟請服染衣諮以究竟之致問
以解脱之路既窮至理亦究微言名擅當時
聲高異域南印度有外道探賾索隱窮幽洞
微聞護法高名起我慢深嫉不阻山川擊鼓
求論曰我南印度之人也承王國内有大論
師我雖不敏願與詳議王曰有之誠如議也

乃命使臣請護法曰南印度有外道不遠千
里來求較論唯願降跡赴集論場護法聞已
攝衣將往門人戒賢者後進之翹楚也前進
請曰何遽行乎護法曰自慧日潛暉傳燈寂
照外道蟻聚異學蜂飛故我今者將摧彼論
戒賢曰恭聞餘論敢摧異道護法知其俊也

因而允焉是時戒賢年甫三十衆輕其少恐
難獨任護法知衆心之不平乃解之曰有貴
高明無云齒歲以今觀之破彼必矣逮乎集
論之日遠近相趨少長咸萃外道弘闡大猷
盡其幽致戒賢循理責實深極幽玄外道辭
窮蒙恥而退王用酬德封此邑城論師辭曰

滌滾之士事資知足清淨自守何以邑爲王
曰法王晦迹智舟淪滑不有旌别無勵後學
爲弘正法願垂哀納論師辭不獲已受此邑
焉便建伽藍窮諸規矩捨其邑戶式修供養
戒賢伽藍西南行四五十里渡尼連禪河至
伽耶城城甚險固少居人唯婆羅門有千餘
家大仙人之祚胤也王所不臣衆咸宗敬城
北三十餘里有清泉印度相傳謂之聖水凡
有飲濯罪垢消除
城西南五六里至伽耶山溪谷杳冥峯巖危
險印度國俗稱曰靈山自昔君王馭宇承統
化洽遠人德隆前代莫不登封而告成功山

頂上有石窣堵波高百餘尺無憂王之所建也靈鑒潛被神光時燭昔如來於此演說寶雲等經

伽耶山東南有窣堵波迦葉波本生邑也其南有二窣堵波則伽耶迦葉波捺地迦葉波（舊曰耶提迦葉訛也泊諸迦葉例無波字略也）事火之處

伽耶迦葉波事火東渡大河至鉢羅笈菩提山（唐言前正覺山如來將證正覺先登此山故云前正覺也）如來勤求六歲未成正覺後捨苦行示受乳糜行自東北遊自此山有懷幽寂欲證正覺自東北岡登以至頂地既震動山又傾搖山神惶懼告菩薩曰此山者非成正覺之福地也若止於此

入金剛定地當震陷山亦傾覆菩薩下自西
南止半崖中背巖面澗有大石室菩薩即之
加趺坐焉地又震動山復傾搖時淨居天空
中唱曰此非如來成正覺處自此西南十四
五里去苦行處不遠有畢鉢羅樹下有金剛
座去來諸佛咸於此坐而成正覺願當就彼
菩薩方起室中龍曰斯室清勝可以證聖唯
願慈悲勿有遺棄菩薩既知非取證所爲遂
龍意留影而去（影在昔日賢愚咸覩洎於今時或有得見也）諸天
前導往菩提樹逮乎無憂王之興也菩薩登
山上下之迹皆樹旌表建窣堵波度量雖殊
靈應莫異或花雨空中或光照幽谷每歲罷

安居日異方法俗登彼供養信宿乃還前正
覺山西南行十四五里至菩提樹周垣疊甎
崇峻嶮固東西長南北狹周五百餘步奇樹
名花連陰接影細沙異草弥漫緣被正門東
闢對尼連禪河南門接大花池西阨險固北
門通大伽藍壖垣内地聖迹相隣或窣堵波
或復精舍並贍部洲諸國君王大臣豪族欽
承遺教建以記焉
菩提樹垣正中有金剛座昔賢劫初成與大
地俱起據三千大千世界之中下極金輪上
侵地際金剛所成周百餘步賢劫千佛坐之
而入金剛定故曰金剛座焉證聖道所亦曰

道場大地震動獨無傾搖是故如來將證正
覺也歷此四隅地皆傾動後至此處安靜不
傾自入末劫正法浸微沙土弥覆無復得見
佛涅槃後諸國君王傳聞佛說金剛座量遂
以兩軀觀自在菩薩像南北標界東面而坐
聞諸耆舊曰此菩薩像身没不見佛法當盡
今南隅菩薩没過胷臆矣金剛座上菩提樹
者即畢鉢羅之樹也昔佛在世高數百尺屢
經殘伐猶高四五丈佛坐其下成等正覺因
而謂之菩提樹焉莖幹黃白枝葉青翠冬夏
不凋光鮮無變每至如來涅槃之日葉皆凋
落頃之復故是日也諸國君王異方法俗數

千万衆不召而集香水香乳以漑以洗於是
奏音樂列香花燭炬繼日競修供養如來寂
滅之後無憂王之初嗣位也信受邪道毁佛
遺迹興發兵徒躬臨剪伐根莖枝葉分寸斬
截次西數十步而積聚焉令事火婆羅門燒
以祠天煙焰未靜忽生兩樹猛火之中茂葉
含翠因而謂之灰菩提樹無憂王覩異悔過
以香乳漑餘根洎乎將旦樹生如本王見靈
怪重深欣慶躬修供養樂以忘歸王妃素信
外道密遣使人夜分之後重伐其樹無憂王
旦將禮敬唯見蘖株深增悲慨至誠祈請香
乳漑灌不日還生王深敬異疊石周垣其高

十餘尺今猶見在近設賞迦王者信受外道毁嫉佛法壞僧伽藍伐菩提樹掘至泉水不盡根柢乃縱火焚燒以甘蔗汁沃之欲其焦爛絶滅遺萌數月後摩揭陀國補剌拏伐摩王唐言滿胄無憂王之末孫也聞而嘆曰慧日已隱唯餘佛樹今復摧殘生靈何覩舉身投地哀感動物以數千牛搆乳而溉經夜樹生其高丈餘恐後剪伐周峙石垣高二丈四尺故今菩提樹隱於石壁上出二丈餘

菩提樹東有精舍高百六七十尺下基面廣二十餘步疊以青甎塗以石灰層龕皆有金像四壁鏤作奇製或連珠形或天仙像上置

金銅阿摩落迦果亦謂寶瓶又稱寶壺東面接爲重閣
簷宇特起三層榱柱棟梁户扉寮牖金銀彫
鏤以飾之珠玉廁錯以填之奥室邃宇洞户
三重外門左右各有龕室左則觀自在菩薩
像右則慈氏菩薩像白銀鑄成高十餘尺精
舍故地無憂王先建小精舍後有婆羅門更
廣建焉初有婆羅門不信佛法事大自在天
傳聞天神在雪山中遂與其弟往求願焉天
曰凡諸願求有福方果非汝所祈非我能遂
婆羅門曰修何福可以遂心天曰欲植善種
求勝福田菩提樹者證佛果處也宜時速返
往菩提樹建大精舍穿大水池興諸供養所

願當遂婆羅門受天命發大信心相率而返
兄建精舍弟鑿水池於是廣修供養勤求心
願後皆果遂爲王大臣凡得祿賞皆入檀捨
精舍既成招募工人欲圖如來初成佛像曠
以歲月無人應召久之有婆羅門來告衆曰
我善圖寫如來妙相衆曰今將造像夫何所
須曰香泥耳宜置精舍之中并一燈照我入
已堅閉其户六月後乃可開門時諸僧衆皆
如其命尚餘四月未滿六月衆咸駭異開以
觀之見精舍内佛像儼然結加趺坐右足居
上左手斂右手垂東面而坐肅然如在座高
四尺二寸廣丈二尺五寸像高丈一尺五寸

兩膝相去八尺八寸兩肩六尺二寸相好具
足慈顔若真唯右乳上塗瑩未周旣不見人
方驗神鑒衆咸悲嘆殷勤請知有一沙門宿
心淳質乃感夢見往婆羅門而告曰我是慈
氏菩薩恐工人之思不測聖容故我躬來圖
寫佛像垂右手者昔如來之將證佛果天魔
來嬈地神告至其一先出助佛降魔如來告
曰汝勿憂怖吾以忍力降彼必矣魔王曰誰
爲明證如來乃垂手指地言此有證是時第
二地神踊出作證故今像手放昔下垂衆知
靈鑒莫不悲感於是乳上未周塡厠衆寶珠
纓寶冠奇珍交飾設賞迦王伐菩提樹已欲毁

此像旣覩慈顏心不安忍迴駕將返命宰臣
曰宜除此佛像置大自在天形宰臣受旨懼
而歎曰毀佛像則歷劫招殃違王命乃喪身
滅族進退若此何所宜行乃召信心以爲役
使遂於像前橫壘甎壁心慚冥闇又置明燈
甎壁之前畫自在天功成報命王聞心懼舉
身生皰肌膚攫裂居未久之便喪沒矣宰臣
馳返毀除障壁時經多日燈猶不滅像今尚
在神工不虧旣處奧室燈炬相繼欲覩慈顏
莫由審察必於晨朝持大明鏡引光內照乃
覩靈相夫有見者自增悲感如來以印度吠
舍佉月後半八日成等正覺當此三月八日

也上座部則吠舍佉月後半十五日成等正
覺當此三月十五日也是時如來年三十矣
或曰年三十五矣
菩提樹北有佛經行之處如來成正覺已不
起于座七日寂定其起也至菩提樹北七日
經行東西往來行十餘步異花隨迹十有八
文後人於此壘甎爲基基高餘三尺聞諸先志
曰此聖迹基表人命之脩短也先發誠願後
乃度量隨壽脩短數有增減
經行基北道左磐石上大精舍中有佛像舉
目上望昔者如來於此七日觀菩提樹目不
蹔捨爲報樹恩故此瞻望

菩提樹西不遠大精舍中有鍮石佛像飾以奇珎東面而立前有青石奇文異彩是昔如來初成正覺梵王起七寶堂帝釋建七寶座佛於其上七日思惟放異光明照菩提樹去聖悠遠寶變爲石

菩提樹南不遠有窣堵波高百餘尺無憂王之所建也菩薩既濯尼連河將趣菩提樹竊自惟念何以爲座尋自發明當須淨草天帝釋化其身爲刈草人荷而逐路菩薩謂曰所荷之草頗能惠耶化人闓命恭以草奉菩薩受已執而前進受草東北不遠有窣堵波是菩薩將證佛果青雀群鹿呈祥之處印度休

徵斯爲嘉應故淨居天隨順世間群從飛繞効靈顯聖

菩提樹東大路左右各一窣堵波是魔王嬈菩薩處也菩薩將證佛果魔王勸受輪王榮說不行殷憂而返魔王之女請往誘焉菩薩威神衰變冶容扶羸策杖相攜而退

菩提樹西北精舍中有迦葉波佛像既稱靈聖時燭光明聞諸先記曰若人至誠旋繞七周在所生處得宿命智

迦葉波佛精舍西北二甎室各有地神之像昔者如來將成正覺一報魔至一爲佛證後人念功圖形旌德

菩提樹垣西北不遠有窣堵波謂鬱金香高
四十餘尺漕矩吒國商主之所建也昔漕矩
吒國有大商主宗事天神祠求福利輕蔑佛
法不信因果其後將諸商侶貿遷有無汎舟
南海遭風失路波濤飄浪時經三歲資糧罄
竭糊口不充同舟之人朝不謀夕勠力同志
念所事天心慮已勞冥功不濟俄見大山崇
崖峻嶺兩日聯暉重明照朗時諸商侶更相
慰曰我曹有福遇此大山宜於中止得自安
樂商主曰非山也乃摩竭魚耳崇崖峻嶺鬐
鬣也兩日聯暉眼光也言聲未靜舟帆飄湊
於是商主告諸侶曰我聞觀自在菩薩於諸

危厄能施安樂宜各至誠稱其名字遂即同聲歸命稱念崇山既隱兩日亦没俄見沙門威儀庠序杖錫陵虚而來拯溺不踰時而至本國矣因即信心貞固求福不回建窣堵波式修供養以鬱金香泥而周塗上下既發信心率其同志躬禮聖迹觀菩提樹未暇言歸已淹晦朔商侶同遊更相謂曰山川悠間鄉國遼遠昔所建立窣堵波者我曹在此誰其灑掃言訖旋繞至此忽見有窣堵波駭其由致即前瞻察乃本國所建窣堵波也故今印度因以鬱金爲名菩提樹垣東南隅尼拘律樹側窣堵波傍有精舍中作佛坐像昔如來

初證佛果大梵天王於此勸請轉妙法輪
菩提樹垣內四隅皆有一大窣堵波在昔如
來受吉祥草已趣菩提樹先歷四隅大地震
動至金剛座方得安靜樹垣之內聖迹鱗次
差難遍舉
菩提樹垣外西南窣堵波奉乳糜二牧女故
宅其側窣堵波牧女於此煑糜次此窣堵波
如來受糜處也
菩提樹南門外有大池周七百餘步清瀾澄
鏡龍魚潛宅婆羅門兄弟承大自在天命之
所鑿也次南一池在昔如來初成正覺方欲
浣濯天帝釋爲佛化成池西有大石佛浣衣

已方欲曝曬天帝釋自大雪山持來也其側
窣堵波如來於此納故衣次南林中窣堵波
如來受貧老母施故衣處帝釋化池東林中
有目支隣陀龍王池其水清黒其味甘美西
岸有小精舍中作佛像昔如來初成正覺於
此宴坐七日入定時此龍王警衛如來即以
其身繞佛七帀化出多頭俯垂爲蓋故池東
岸有其室焉目支隣陀龍池東林中精舍有
佛羸瘦之像其側有經行之所長七十餘步
南北各有畢鉢羅樹故今士俗諸有嬰疾香
油塗像多蒙除差是菩薩修苦行處如來爲
伏外道又受魔請於是苦行六年日食一麻

一麥形容毀悴膚體羸瘠經行往來攀樹後
起處
菩薩苦行畢鉢羅樹側有窣堵波是阿若憍
陳如等五人住處初太子之捨家也彷徨山
澤棲息林泉時淨飯王乃命五人隨瞻侍焉
太子既修苦行憍陳如等亦即勤求
憍陳如等住處東南有窣堵波菩薩入尼連
禪那河沐浴之處河側不遠菩薩於此受食
乳糜其側窣堵波一長者獻麨蜜處佛在樹
下結加趺坐寂然宴默受解脫樂過七日後
方從定起時二商主行次林外而彼林神告
商主曰釋種太子今在此中初證佛果心凝

寂定四十九日未有所食隨有奉上獲大善
利時二商主各持行資麨蜜奉上世尊納受
長者獻麨側有窣堵波四天王奉鉢處商主
既獻麨蜜世尊思以何器受之時四天王從
四方來各持金鉢而以奉上世尊默然而不
納受以爲出家不宜此器四天王捨金鉢奉
銀鉢乃至頗胝瑠璃馬腦車渠真珠等鉢世
尊如是皆不爲受四天王各還宮奉持石鉢
紺青映徹重以進獻世尊斷彼此故而揔受
之次第重疊按爲一鉢故其外則有四際焉
四天王獻鉢側不遠有窣堵波如來爲母說
法處也如來既成正覺稱天人師其母摩耶

自天宫降於此處世尊隨機示教利喜其側涸池岸有窣堵波在昔如來現諸神變化有緣處現神變側有窣堵波如來度優婁頻螺迦葉波三兄弟及千門人處如來方垂善導隨應降伏時優婁頻螺迦葉波五百門人請受佛教迦葉波曰吾亦與尒俱返迷途於是相從來至佛所如來告曰棄鹿皮衣捨祭火具時諸梵志恭承聖教以其服用投尼連河捺地迦葉波見諸祭器隨流漂泛與其門人候兄動靜既見改轍亦隨染衣伽耶迦葉波與二百門人聞其兄之捨法也亦至佛所願修梵行

度迦葉波兄弟西北窣堵波是如來伏迦葉波所事火龍處如來將化其人先伏所宗乃止梵志火龍之室夜分已後龍吐煙焰佛既入定亦起火光其室洞然猛燄炎熾諸梵志師恐火害佛莫不奔赴悲號愍惜優樓頻螺迦葉波謂其徒曰以今觀之未必火也當是沙門伏火龍耳如來乃以火龍盛置鉢中清旦持示外道門人其側窣堵波五百獨覺同入涅槃處也

目支隣陀龍池南窣堵波迦葉波救如來溺水處也迦葉兄弟時推神道遠近仰德黎庶歸心世尊方導迷徒大權攝化興布密雲降注

纍雨周佛所居今獨無水迦葉是時見此雲
雨謂門人曰沙門住處將不漂溺泛舟來救
乃見世尊履水如地蹈河中流水分沙現迦
葉見已心伏而退

菩提樹垣東門外二三里有盲龍室此龍者
殃累宿積報受生盲如來自前正覺山欲趣
菩提樹途次室側龍眼忽明乃見菩薩將趣
佛樹謂菩薩曰仁今不久當成正覺我眼盲
冥于茲已久有佛興世我眼輒明賢劫之中
過去三佛出興世時已得明視仁今至此我
眼忽開以故知之當成佛矣
菩提樹垣東門側有窣堵波魔王怖菩薩之

䖏初魔王知菩薩將成正覺也誘亂不遂憂
惶無賴集諸神衆齊整魔軍治兵振旅將懵
菩薩於是風雨飄注雷電晦冥縱火飛煙揚
沙激石備矛楯之具極弦矢之用菩薩於是
入大慈定凡厥兵仗變爲蓮華魔軍怖駭奔
馳退散其側不遠有二窣堵波帝釋梵王之
所建也
菩提樹北門外摩訶菩提僧伽藍其先僧伽
羅國王之所建也庭宇六院觀閣三層周堵
垣墻高三四丈極工人之妙窮丹青之飾至
於佛像鑄以金銀凡厥莊嚴廁以珎寶諸窣
堵波高廣妙飾中有如來舍利其骨舍利大

如手指節光潤鮮白皎徹中外其肉舍利如
大真珠色帶紅縹每歲至如來大神變月滿
之日出示衆人即印度十二月三十日當此正月十五日也此時
也或放光或雨花僧徒減千人習學大乗上
座部法律儀清肅戒行貞明昔者南海僧伽
羅國其王淳信佛法發自天然有族弟出家
想佛聖迹遠遊印度寓諸伽藍咸輕邊鄙於
是返迹本國王躬遠迎沙門悲哽若不能言
王曰將何所負若此殷憂沙門曰我凴恃國
威遊方問道羇旅異域載罹寒暑動遭陵辱
語見譏誚負斯憂恥詎得歡心王曰若是者
何謂也曰誠願大王福田爲意於諸印度建

立伽藍既旌聖迹又擅高名福資先王恩及
後嗣曰斯事甚美聞之何晚於是以國中重
寶獻印度王王既納貢義存懷遠謂使臣曰
我今將何持報來命使臣曰僧伽羅王稽首
印度大吉祥王大王威德遠振惠澤遐被下
土沙門欽風慕化敢遊上國展敬聖迹寓諸
伽藍莫之見館艱辛已極蒙恥而歸竊圖遠
謀貽範來業於諸印度建一伽藍使客遊乞
士息肩有所兩國交歡行人無替王曰如來
潛化遺風斯在聖迹之所任取一焉使者奉
辭報命群臣拜賀遂乃集諸沙門評議建立
沙門曰菩提樹者去來諸佛咸此證聖考之

異議無出此謀於是捨國珎寶建此伽藍以其國僧而修供養乃刻銅爲記曰夫周給無私諸佛至教惠濟有緣先聖明訓今我小子丕承王業式建伽藍用旌聖迹福資祖考惠被黎元唯我國僧而得自在及有國人亦同僧例傳之後嗣永永無窮故此伽藍多執師子國僧也菩提樹南十餘里聖迹相隣難以備舉每歲苾芻解雨安居四方法俗百千万衆七日七夜持香花鼓音樂遍遊林中禮拜供養印度僧徒依佛聖教皆以室羅伐拏月前半一日入雨安居當此五月十六日以頞濕縛庾闍月後半十五日解雨安居當此八

月十五日印度月名依星而建古今不易諸部無差良以方言未融傳譯有謬分時計月致斯乖異故以四月十六日入安居七月十五日解安居也

大唐西域記卷第八

轉

墊溼上音店下也嫗烏句反老婦也袨服上音縣好衣盛皃酣歌上戶甘反半醉也礫裂上張隔反開丨也堙塹上音因塞也下七焰反抗丨也覆燾上音副下音盜丘甕下呼各反漣漪上音連下於宜反丨丨水波文也覿覵上己利反下羊朱反丨丨希望也遘古候反丨遇也果核下胡突反扣擊上苦候反又音口詬許候反恥也闚剌上於葛反下郎達反浹卽協反治也簡傲下吾告反丨丨大慢也吒曰上昌吉反

阿|也鞮羅上音伭壖垣上而專反下音圓||官墻也幽蔚下於勿反茂盛也摯鳥上音至正作鷙俊擊之鳥也磐石上音盤迄今許乞反至也麞沓下唐合反毆血上烏口反吐也亦作嘔探賾上土含反取也下助隔反幽微也淪滑下息徐反沒也落也笈巨業反莖榦下古旦反枝|漑古愛反|沃也蘖株上魚列反伐木之餘也詹宇上音鹽屋|也與簷同榱柱上所追反屋桷頭也颮蒲貌反氣齊也攫裂上俱縛反以爪攣|也刈草上魚吠反割也漕矩上曹到反下俱主反鬐鬣上渠夷反下良輒反魚之鬣也羸瘠上力垂反劣也下才亦反瘦也仿偟上步忙反下音皇麨蜜上尺小反乾麥屑也將愶下許業反或作脅以威逼人也矛楯上莫浮反下時尹反||槍之屬也

轉字函音釋

轉

（漢）許慎 撰

宋本說文解字

第三册

國家圖書館出版社

第三册目録

第十一上……三
第十一下……二三
第十二上……三七
第十二下……五五
第十三上……七七
第十三下……九三
第十四上……一〇九
第十四下……一二五
第十五上……一四五
第十五下……一六五
徐鉉等進書表……一七六

宋中書門下牒……一七八
丁晏跋……一八一

說文解字弟十一上　漢太尉祭酒許慎記

銀青光祿大夫守右散騎常侍上柱國東海縣開國子食邑五百戶臣徐鉉等奉

勑校定

二十一部　六百八十五文　重六十二

凡九千七百六十九字　文三十一新附

水　準也北方之行象衆水竝流中有微陽之气也凡水之屬皆从水　式軌切

汃　西極之水也从水八聲爾雅曰西至汃國謂四極府巾切　河　水出焞煌塞外昆侖山發原注海从水可聲乎哥切　泑

澤在昆侖下从水幼聲讀與妳同於糾切　涷　水出發鳩山入於河从水東聲德紅切　涪　水出廣漢剛邑道徼外南入漢从水咅聲縛

牟切　潼　水出廣漢梓潼北界南入墊江从水童聲徒紅切　江　水出蜀湔氐徼外崏山入海从水工聲古雙切　沱　江別流也

出嶓山東別爲沱从水它聲臣鉉等曰沱沼之沱通用此字今別作池非是徒何切 **浙** 江水東至會稽山陰爲浙江从水折聲旨熱切

涐 水出蜀汶江徼外東南入江从水我聲五何切 **湔** 水出蜀郡緜虒玉壘山東南入江从水前聲一曰手瀚之子仙切 **沫** 水出蜀西徼外東南入江从水末聲莫割切 **溫** 水出犍爲涪南入黔水从水𥁕聲烏魂切 **灊** 水出巴郡宕渠西南入江从水鬵聲昨鹽切

沮 水出漢中房陵東入江从水且聲子余切 **滇** 益州池名从水眞聲都年切 **涂** 水出益州牧靡南山西北入澠从水余聲同都切 **沅** 水出牂牁故且蘭東北入江从水元聲愚袁切 **淹** 水出越巂徼外東入若水从水奄聲英廉切 **溺** 水自張掖刪丹西至酒泉合黎餘波入于流沙从水弱聲桑欽所說而灼切 **洮** 水出隴西臨洮東北入河从水兆聲土刀切 **涇** 水出安定涇陽开頭山東南入渭雝州之川也从水巠聲古靈切 **渭** 水出隴西首陽渭首亭南谷東入河从水胃聲杜林說夏書以爲出鳥鼠山雝州浸也从水云貴切 **漾** 水出隴西相道東至武都爲漢从水羕聲余亮切 **瀁** 古文从養 **漢** 漾也東爲滄浪水从水難省聲臣鉉等曰从難省當作堇而前作相承去土从大疑兼从古大省呼旰切 **㵄** 古文 **浪** 滄浪水也南入江从水良聲來宕切 **沔** 水出武都沮縣東狼谷東南入江或曰入夏水从水丏聲彌兖切 **湟** 水出金城臨羌塞外東入河从水皇聲乎光切 **汧**

水出扶風汧縣西北入渭从水开聲苦堅切

澇 水出扶風鄠北入渭从水勞聲魯刀切

漆 水出右扶風杜陵岐山東入渭一曰入洛从水桼聲親吉切

滻 水出京兆藍田谷入霸从水產聲所簡切

洛 水出左馮翊歸德北夷界中東南入渭从水各聲盧各切

淯 水出弘農盧氏山東南入海从水育聲或曰出酈山西余六切

汝 水出弘農盧氏還歸山東入淮从水女聲人渚切

潩 水出河南密縣大隗山南入潁从水異聲与職切

汾 水出太原晉陽山西南入河从水分聲或曰出汾陽北山冀州浸符分切

澮 水出霍山西南入汾从水會聲古外切

沁 水出上黨羊頭山東南入河从水心聲七鴆切

沾 水出壺關東入淇一曰沾益也从水占聲臣鉉等曰今別作添非是他兼切

潞 冀州浸也上黨有潞縣从水路聲洛故切

漳 濁漳出上黨長子鹿谷山東入清漳清漳出沾山大要谷北入河南漳出南郡臨沮从水章聲諸良切

淇 水出河內共北山東入河或曰出隆慮西山从水其聲渠之切

蕩 水出河內蕩陰東入黃澤从水昜聲徒朗切

沇 水出河東東垣王屋山東爲泲从水允聲以轉切

㕣 古文沇臣鉉等曰口部已有此重出

泲 沇也東入于海从水𠂔聲子礼切

洈 水出南郡高城洈山東入繇从水危聲過委切

溠 水在漢南从水差聲荊州浸也春秋傳曰脩涂梁溠側駕切

洭 水出桂陽縣盧聚山洭浦關爲桂水从水匡聲去王切

潓 水出廬江入淮从水惠聲胡計切

灌 水出

水出廬江雩婁北入淮从水雚聲古玩切
漸 水出丹陽黟南蠻中東入海从水斬聲慈冉切
泠 水出丹陽宛陵西北入江从水令聲郎丁切
𣶒 水在丹陽从水箄聲匹卦切
溧 水出丹陽溧陽縣从水栗聲力質切
湘 水出零陵陽海山北入江从水相聲息良切
汨 長沙汨羅淵屈原所沈之水从水冥省聲莫狄切
溱 水出桂陽臨武入匯从水秦聲側詵切
深 水出桂陽南平西入營道从水罙聲式針切
潭 水出武陵鐔成玉山東入鬱林从水覃聲徒含切
油 水出武陵孱陵西東南入江从水由聲以周切
⿰氵買 水出豫章艾縣西入湘从水買聲莫蟹切
湞 水出南海龍川西入溱从水貞聲陟盈切
溜 水出鬱林郡从水留聲力救切
瀷 水出河南密縣東入潁从水翼聲與職切
潕 水出南陽舞陽東入潁从水無聲文甫切
滶 水出南陽魯陽入城父从水敖聲五勞切
瀙 水出南陽舞陽中陽山入潁从水親聲七吝切
淮 水出南陽平氏桐柏大復山東南入海从水隹聲戶乖切
滍 水出南陽魯陽堯山東北入汝从水蚩聲直几切
澧 水出南陽雉衡山東入汝从水豊聲盧啓切
溳 水出南陽蔡陽東入夏水从水員聲王分切
淠 水出汝南弋陽垂山東入淮从水畀聲匹備切又匹制切
澺 水出汝南上蔡黑閭閭入汝从水意聲於力切
⿰氵囟 水出汝南新郪入潁从水囟聲穌計切
灈 水出汝南吳房入瀙从水瞿聲其俱切
潁

潁 水出潁川陽城乾山，東入淮。从水頃聲。豫州浸。余頃切

洧 水洧潁川陽城山，東南入潁。从水有聲。榮美切

㶏 水出潁川陽城少室山，東入潁。从水㬰聲。於謹切

渦 水受淮陽扶溝浪湯渠，東入淮。从水過聲。古禾切

泄 水受九江博安洵波，北入氐。从水世聲。余制切

汳 水受陳留浚儀陰溝，至蒙為雝水，東入于泗。从水反聲。臣鉉等曰：今作汴，非是。皮變切

潧 水出鄭國。从水曾聲。詩曰：潧與洧，方渙渙兮。側詵切

淩 水在臨淮。从水夌聲。力膺切

濮 水出東郡濮陽，南入鉅野。从水僕聲。博木切

濼 齊魯間水也。从水樂聲。春秋傳曰：公會齊侯于濼。盧谷切

漷 水在魯。从水郭聲。苦郭切

淨 魯北城門池也。从水爭聲。士耕切，又才性切

濕 水出東郡東武陽，入海。从水㬎聲。桑欽云：出平原高唐。他合切

泡 水出山陽平樂，東北入泗。从水包聲。匹交切

菏 菏澤水，在山陽胡陵。禹貢：浮于淮、泗，達于菏。从水苛聲。古俄切

泗 受泲水，東入淮。从水四聲。息利切

洹 水在齊魯間。从水亘聲。羽元切

灉 河灉水，在宋。从水雝聲。於容切

澶 澶淵水，在宋。从水亶聲。市連切

洙 水出泰山蓋臨樂山，北入泗。从水朱聲。市朱切

沭 水出青州浸。从水朮聲。食聿切

沂 水出東海費東，西入泗。从水斤聲。一曰沂水，出泰山蓋，青州浸。魚衣切

洋 水出齊臨朐高山，東北入鉅定。从水羊聲。似羊切

濁 水出齊郡厲嬀山，東北入鉅定。从水蜀聲。直角切

溉 水出東海桑瀆覆甑山，東北入海。一曰灌注也。从水既聲。古代切

濰 水出琅邪箕屋山，東

入海徐州浸夏書曰濰淄其道从水維聲以追切 浯 水出琅邪靈門壺山東北入濰从水吾聲五乎切 汶 水出琅邪朱虛東泰山東入濰从水文聲桑欽說汶水出泰山萊蕪西南入泲亡運切 治 水出東萊曲城陽丘山南入海从水台聲直之切 寖 水出魏郡武安東北入呼沱水从水㝮聲㝮籒文寑字子鴆切 湡 水出趙國襄國之西山東北入寖从水禺聲噳俱切 㴲 水出趙國襄國東入湡从水虒聲息移切 渚 水在常山中丘逢山東入湡从水者聲爾雅曰小洲曰渚章与切 洨 水出常山石邑井陘東南入于泜从水交聲郝國有洨縣下交切 濟 水出常山房子贊皇山東入泜从水齊聲子礼切 泜 水在常山从水氐聲直尼切 濡 水出涿郡故安東入漆涑从水需聲人朱切 灅 水出右北平浚靡東南入庚从水壘聲力軌切 沽 水出漁陽塞外東入海从水古聲古胡切 沛 水出遼東番汗塞外西南入海从水市聲普蓋切 浿 水出樂浪鏤方東入海从水貝聲一曰出浿水縣普拜切 瀤 北方水也从水褱聲戶乖切 㶟 水出鴈門陰館累頭山東入海或曰治水也从水纍聲力追切 ⿰氵虘 水出北地直路西東入洛从水虘聲側加切 泒 水起鴈門葰人戍夫山東北入海从水瓜聲古胡切 滱 水起北地靈丘東入河从水寇聲滱水即漚夷水并州川也苦候切 淶 水起北地廣昌東入河从水來聲并州浸洛哀切 泥 水出北地郁郅北蠻中从水尼聲奴低切 湳 西河

稷保東北水从水南聲女感切 漹水出西河中陽北沙南入河从水焉聲乙乾切 涶河津也在西河西从水垂聲土禾切 [illegible]水也从水[illegible]聲以諸切 洵過水中也从水旬聲相倫切 涻水出北囂山入邙澤从水舍聲始夜切 [illegible]水也从水[illegible]聲[illegible]見切 淔水也从水直聲恥力切 淁水也从水妾聲七接切 涺水也从水居聲九魚切 [illegible]水也从水[illegible]聲其冀切 沋水也从水尤聲羽求切 洇水也从水因聲於眞切 淉水也从水果聲古火切 溳水也从水員聲讀若[illegible]羽[illegible]果切 浝水也从水尨聲莫江切 [illegible]水也从水乳聲乃后切 汷水也从水夂聲夂古文終職戎切 [illegible]水也从水[illegible]聲匹内切 汘水也从水千聲倉先切 洍水也从水𢀳聲詩曰江有洍詳里切 澥郭澥海之別也从水解聲一說澥卽澥谷也胡買切 漠北方流沙也一曰淸也从水莫聲慕各切 海天池也以納百川者从水每聲呼改切 溥大也从水尃聲滂古切 [illegible]水大至也从水闇聲乙感切 洪洚水也从水共聲戶工切 洚水不遵道一曰下也从水夅聲戶工切又下江切 衍水朝宗于海也从水从行以淺切 潮水朝宗于海从水朝省臣鉉等曰隸書不省直遙切 濥水脈行地中濥濥也从水寅聲弋刃切 滔水漫漫大皃从水舀聲土刀切 涓小流也从水肙聲爾雅曰汝爲涓古玄切 混豐流也从水昆聲胡本切

潒 水潒瀁也从水象聲讀若蕩徒朗切
[illegible] 順流也一曰水名从水[illegible]聲侯[illegible]切
汭 水相入也从水从内内亦聲而鋭切
潚 深清也从水肅聲子叔切
演 長流也一曰水名从水寅聲以淺切
渙 流散也从水奐聲呼貫切
泌 俠流也从水必聲兵媚切
活 水流聲从水𠯑聲古活切
𤃷 活或从聒
湝 水流湝湝也从水皆聲一曰湝湝寒也詩曰風雨湝湝古諧切
泫 湝流也从水玄聲上黨有泫氏縣胡畎切
淲 水流皃从水彪省聲詩曰淲沱北流皮彪切
淢 疾流也从水或聲于逼切
瀏 流清皃从水劉聲詩曰瀏其清矣力久切
濊 礙流也从水薉聲詩云施罟濊濊呼括切
滂 沛也从水旁聲臣鉉等曰今俗別作霶霈非是普郎切
汪 深廣也从水㞷聲一曰汪池也烏光切
漻 清深也从水翏聲洛蕭切
泚 清也从水此聲千禮切
況 寒水也从水兄聲許訪切
沖 涌搖也从水中讀若動直弓切
汎 浮皃从水凡聲孚梵切
沄 轉流也从水云聲讀若混王分切
浩 澆也从水告聲虞書曰洪水浩浩胡老切
沆 莽沆大水也从水亢聲一曰大澤皃胡朗切
泬 水从孔穴疾出也从水从穴穴亦聲呼穴切
濞 水暴至聲从水鼻聲匹備切
潝 水疾聲从水翕聲許及切
滕 水超涌也从水朕聲徒登切
潏 涌出也一曰水中坻人所為為潏一曰潏水名在京兆杜陵从水矞聲古穴切

洸 水涌光也从水从光光亦聲詩曰有洸有潰古黃切 波 水涌流也从水皮聲博禾切 澐 江水大波謂之澐从水雲聲王分切

瀾 大波爲瀾从水闌聲洛干切 漣 瀾或从連臣鉉等曰今俗音力延切 淪 小波爲淪从水侖聲詩曰河水清且淪漪一曰沒也 漂 浮也从水票聲匹消切又匹妙切 浮 氾也从水孚聲縛牟切 濫 氾也从水監聲一曰濡上及下也詩曰觱沸濫泉一曰清也盧瞰切 氾 濫也从水㔾聲孚梵切 泓 下深皃从水弘聲烏宏切 湋 回也从水韋聲羽非切

測 深所至也从水則聲初側切 湍 疾瀨也从水耑聲他耑切 淙 水聲也从水宗聲藏宗切 激 水礙衺疾波也从水敫聲一曰半遮也古歷切 洞 疾流也从水同聲徒弄切 瀿 大波也从水䋣聲孚袁切 洶 涌也从水匈聲許拱切

涌 滕也从水甬聲一曰涌水在楚國余隴切 湁 湁湒鬻也从水拾聲丑入切 涳 直流也从水空聲若江切又哭工切 汋 激水聲也从水勺聲井一有水一無水謂之瀱汋市若切 瀱 井一有水一無水謂之瀱汋从水罽聲居例切 渾 混流聲也从水軍聲一曰洿下皃戶昆切 洌 水清也从水列聲易曰井洌寒泉食良辥切 淑 清湛也从水叔聲殊六切

溶 水盛也从水容聲余隴切又音容 澂 清也从水徵省聲臣鉉等曰今俗作澄非是直陵切 清 朖也澂水之皃从水

青聲七情切

湜 水清底見也从水是聲詩曰湜湜其止常職切

潣 水流浼浼皃从水閔聲眉殞切

滲 下漉也从水參聲所禁切

潿 不流濁也从水圍聲羽非切

溷 亂也一曰水濁皃从水圂聲胡困切

淈 濁也从水屈聲一曰滒泥一曰水出皃古忽切

漩 回泉也从水旋省聲似沿切

漼 深也从水崔聲詩曰有漼者淵七罪切

淵 回水也从水象形左右岸也中象水皃烏玄切

㴊 淵或省水

囦 古文从口水

濔 滿也从水爾聲奴礼切

澹 水搖也从水詹聲徒濫切

潯 旁深也从水尋聲徐林切

泙 谷也从水平聲符兵切

泏 水皃从水出聲讀若窋竹律切又口兀切

瀳 水至也从水薦聲讀若尊又在甸切

[illegible] 土得水沮也从水[illegible]聲讀若[illegible]竹隻切

滿 盈溢也从水㒼聲莫旱切

滑 利也从水骨聲戶八切

濇 不滑也从水嗇聲色立切

澤 光潤也从水睪聲丈伯切

淫 侵淫隨理也从水㸒聲一曰久雨爲淫余箴切

瀸 漬也从水韱聲爾雅曰泉一見一否爲瀸子廉切

泆 水所蕩泆也从水失聲夷質切

潰 漏也从水貴聲胡對切

沴 水不利也从水㐱聲五行傳曰若其沴作郎計切

淺 不深也从水戔聲七衍切

洔 水暫益且止未減也从水寺聲直里切

渻 少減也一曰水門又水出丘前謂之渻丘从水省聲息井切

淖 泥也从水卓聲奴教切

濢 小溼也从水翠聲遵誄切

溽 溼暑也从水辱聲而

[illegible]涅 黑土在水中也从水从土日聲奴結切 滋 益也从水茲聲一曰滋水出牛飲山白陘谷東入呼沱子之切 㴿 青黑

色从水曶聲呼骨切 浥 溼也从水邑聲於及切 沙 水散石也从水从少水少沙見楚東有沙水所加切 𣲡 譚長說沙或从

尐尐子結切 瀨 水流沙上也从水賴聲洛帶切 濆 水厓也从水賁聲詩曰敦彼淮濆符分切 涘 水厓也从水矣聲周書曰王

出涘牀史切 汻 水厓也从水午聲臣鉉等曰今作滸非是呼古切 氿 水厓枯土也从水九聲爾雅曰水醮曰氿居洧切 漘

水厓也从水脣聲詩曰寘河之漘常倫切 浦 瀕也从水甫聲滂古切 沚 小渚曰沚从水止聲詩曰于沼于沚諸市切 沸

畢沸濫泉从水弗聲分勿切又方未切 潨 小水入大水曰潨从水从眾詩曰鳧鷖在潨徂紅切 派 別水也从水从𠂢𠂢亦聲匹

賣切 汜 水別復入水也一曰汜窮瀆也从水巳聲詩曰江有汜詳里切臣鉉等案前洍字音義同蓋或體也 湀 湀辟深水處也从水

癸聲求癸切 濘 滎濘也从水寧聲乃定切 滎 絕小水也从水熒省聲戶扃切 洼 深池也从水圭聲一佳切又於瓜切 漥

清水也一曰窊也从水窐聲一穎切又屋瓜切 潢 積水池从水黃聲乎光切 沼 池水从水召聲之少切 湖 大陂也从水胡聲

揚州浸有五湖浸川澤所仰以灌溉也戶吳切 汥 水都也从水支聲章移切 洫 十里為成成閒廣八尺八尺謂之洫从水血聲[illegible]

語曰盡力于溝洫況逼切 溝 水瀆廣四尺深四尺从水冓聲古侯切 瀆 溝也从水賣聲一曰邑中溝徒谷切 渠 水所
居从水榘省聲彊魚切 瀶 谷也从水臨聲讀若林一曰寒也力尋切 湄 水艸交爲湄从水眉聲武悲切 洐 溝水行也从水从
行戶庚切 澗 山夾水也从水間聲一曰澗水出弘農新安東南入洛古莧切 澳 隈厓也其內曰澳其外曰隈从水奧聲於六切
澩 夏有水冬無水曰澩从水學省聲讀若學胡角切 澩 澩或不省 灘 水濡而乾也从水鷬聲詩曰鷬其乾矣呼旰切又
他干切 灘 俗灘从隹 汕 魚游水皃从水山聲詩曰烝然汕汕所晏切 決 行流也从水从夬廬江有決水[illegible]於大別山古
穴切 灓 漏流也从水䜌聲洛官切 滴 水注也从水啻聲都歷切 注 灌也从水主聲之戍切 沃 溉灌也从水芺
聲烏鵠切 ⿰氵昔 所以攤水也从水昔聲漢律曰及其門首洒⿰氵昔所責切 澨 埤增水邊土人所止者从水筮聲夏書曰過三澨
時制切 津 水渡也从水𦘔聲將鄰切 𦨈 古文津从舟从淮 淜 無舟渡河也从水朋聲皮冰切 潢 小津也从
水橫聲一曰以船渡也戶孟切 泭 編木以渡也从水付聲芳無切 渡 濟也从水度聲徒故切 沿 [illegible]水而下也从水㕣聲春秋傳
曰王沿夏與專切 泝 逆流而上曰泝洄泝向也水欲下違之而上也从水斥聲桑故切 遡 泝或从朔 洄 泝洄也从水从回戶

切泳潛行水中也从水永聲爲命切潛涉水也一曰藏也一曰漢水爲潛从水朁聲昨鹽切淦水入船中也一曰泥也从水金
聲古暗切汵淦或从今泛浮也从水乏聲孚梵切汓浮行水上也从水从子古或以汓爲没似由切泅汓或从囚聲
砅履石渡水也从水从石詩曰深則砅力制切濿砅或从厲湊水上人所會也从水奏聲倉奏切湛没也从水甚聲
一曰湛水豫章浸宅減切𣸽古文湮没也从水垔聲於眞切㲻没也从水从人奴歷切沒沈也从水从㲻莫勃切
渨没也从水畏聲烏恢切滃雲气起也从水翁聲烏孔切泱滃也从水央聲於良切淒雲雨起也从水妻聲詩曰有渰淒淒
七稽切渰雲雨皃从水弇聲衣檢切溟小雨溟溟也从水冥聲莫經切洓小雨零皃从水束聲所責切瀑疾
[illegible]曰沫也一曰瀑資也从水暴聲詩曰終風且瀑平到切澍時雨澍生萬物从水尌聲常句切湒雨下也从水咠聲一曰沸涌皃
子入切澬久雨涔資也一曰水名从水資聲才私切又即夷切潦雨水大皃从水尞聲盧皓切濩雨流霤下从水蒦聲胡
郭切涿流下滴也从水豖聲上谷有涿縣竹角切𣲩奇字涿从日乙瀧雨瀧瀧皃从水龍聲力公切渿
沛之也从水柰聲奴帶切滈久雨也从水高聲乎老切漊雨漊漊也从水婁聲一曰汝南謂飲酒習之不醉爲漊力主切溦

雨也从水微省聲無非切 濛 微雨也从水蒙聲莫紅切 沈 陵上滈水也从水冘聲一曰濁黕也臣鉉等曰今俗別作沉冗不成字非是直深切又尸甚切 洅 雷震洅洅也从水再聲作代切 淊 泥水淊淊也一曰繅絲湯也从水臽聲胡感切 涵 水澤多也从水函聲詩曰僭始既涵胡男切 洳 漸溼也从水挐聲人庶切 瀀 澤多也从水憂聲詩曰既優既渥於求切 涔 漬也一曰涔陽渚在郢中从水岑聲鉏箴切 漬 漚也从水責聲前智切 漚 久漬也从水區聲烏候切 浞 濡也从水足聲士角切 渥 霑也从水屋聲於角切 㴶 灌也从水寉聲口角切又公沃切 洽 霑也从水合聲侯夾切 濃 露多也从水農聲詩曰零露濃濃女容切 瀌 雨雪瀌瀌从水麃聲甫嬌切 溓 薄水也一曰中絕小水从水兼聲力鹽切 泐 水石之理也从水从阞周禮曰石有時而泐徐鍇曰言石因其脈理而解裂也盧則切 滯 凝也从水帶聲直例切 汦 著止也从水氏聲直尼切 㶁 水裂去也从水虢聲古伯切 澌 水索也从水斯聲息移切 汔 水涸也或曰泣下从水气聲詩曰汔可小康許訖切 涸 渴也从水固聲讀若狐貈之貈下各切 𣶒 涸亦从水鹵舟 消 盡也从水肖聲相幺切 潐 盡也从水焦聲子肖切 渴 盡也从水曷聲苦葛切 漮 水虛也从水康聲苦岡切 溼 幽溼也从水一所以覆也覆而有土故溼也㬎省聲失入切 湆 幽溼

从水音聲去急切 洿 濁水不流也一曰窳下也从水夸聲哀都切 浼 汙也从水免聲詩曰河水浼浼孟子曰汝安能浼我武辠切

汙 薉也一曰小池為汙一曰涂也从水于聲烏故切 湫 隘下也一曰有湫水在周地春秋傳曰晏子之宅秋隘安定朝那有湫泉从水秋聲子了切又即由切

潤 水曰潤下从水閏聲如順切 準 平也从水隼聲之允切 汀 平也从水丁聲他丁切 𣲴 汀或从平

沑 水吏也又溫也从水丑聲人九切 瀵 水浸也从水糞聲爾雅曰瀵大出尾下方問切 滜 新也从水皐聲七皐切

瀞 無垢薉也从水靜聲疾正切 瀎 拭滅皃从水蔑聲莫達切 泧 瀎泧也从水戉聲讀若椒樧之樧又火活切 洎 灌釜也从水自聲其冀切

湯 熱水也从水昜聲土郎切 渜 湯也从水耎聲乃管切 洝 渜水也从水安聲烏旰切 洏 洝也一曰煮孰也从水而聲如之切

涗 財溫水也从水兌聲周禮曰以涗漚其絲輸芮切 涫 㶇也从水官聲酒泉有樂涫縣古丸切

涾 涫溢也今河朔方言謂沸溢為涾从水沓聲徒合切 汰 淅𣶒也从水大聲代何切又徒蓋切 㵎 淅也从水簡聲古限切

淅 汏米也从水析聲先擊切 滰 浚乾漬米也从水竟聲孟子曰夫子去齊滰淅而行其兩切 溲 浸𣸈也从水叜聲疎有切

浚 抒也从水夋聲私閏切 瀝 浚也从水歷聲一曰水下滴瀝郎擊切 漉 浚也从水鹿聲盧谷切 淥 漉或从录 潘

潘 淅米汁也一曰水名在河南熒陽从水番聲普官切 灡 潘也从水蘭聲洛干切 泔 周謂潘曰泔从水甘聲古三切 滫 久泔也从水脩聲息流切又思酒切 澱 滓滋也从水殿聲堂練切 淤 澱滓濁泥从水於聲依據切 滓 澱也从水宰聲阻史切 淰 濁也从水念聲乃忝切 瀹 漬也从水龠聲以灼切 [illegible] 醨酒也一曰浚也从网从水焦聲讀若夏書天用勦絕臣鉉等曰以縑帛漉酒故从网子小切 漀 側出泉也从水殸聲殸籒文磬字去挺切 湑 莤酒也一曰浚也一曰露皃从水胥聲詩曰有酒湑我又曰零露湑兮私呂切 湎 沈於酒也从水面聲周書曰罔敢湎于酒彌兗切 漿 酢𩱋也从水將省聲即良切 牀 古文漿省 涼 薄也从水京聲呂張切 淡 薄味也从水炎聲徒敢切 涒 食已而復吐之从水君聲爾雅曰太歲在申曰涒灘他昆切 澆 沃也从水堯聲古堯切 液 盡也从水夜聲羊益切 汁 液也从水十聲之入切 滒 多汁也从水哥聲讀若哥古俄切 灝 豆汁也从水顥聲乎老切 溢 器滿也从水益聲夷質切 洒 滌也从水西聲古文爲灑埽字先禮切 滌 洒也从水條聲徒歷切 濈 和也从水戢聲阻立切 瀋 汁也从水審聲春秋傳曰猶拾瀋昌枕切 渳 飲也从水弭聲綿婢切 [illegible] 㱃歃也一曰吮也从水算聲桑洽切又先活切 漱 盪口也从水欶聲所右切 泂 滄也从水同聲戶褧切

滄　寒也从水倉聲七岡切

瀞　冷寒也从水靚聲七定切

淬　滅火器也从水卒聲七內切

沐　濯髮也从水木聲莫卜切

沬　洒面也从水未聲荒內切

湏　古文沬从頁

浴　洒身也从水谷聲余蜀切

澡　洒手也从水喿聲子皓切

洗　洒足也从水先聲穌典切

汲　引水於井也从水从及及亦聲居立切

淳　渌也从水享聲常倫切

淋　以水沃也从水林聲一曰淋淋山下水皃力尋切

渫　除去也从水枼聲私列切

澣　濯衣垢也从水榦聲胡玩切

浣　澣或从完

濯　澣也从水翟聲直角切

涑　澣也从水束聲河東有涑水速侯切

潎　於水中擊絮也从水敝聲匹蔽切

[illegible]　[illegible]也从水从上老聲讀若[illegible]又亡匹切

灑　汛也从水麗聲山豉切

汛　灑也从水卂聲息晉切

染　以繒染為色从水杂聲徐鍇曰說文無杂字裴光遠云从木木者所以染梔茜之屬也从九九者染之數也未知其審而琰切

泰　滑也从廾从水大聲他蓋切臣鉉等曰本音他達切今左氏傳作汰輢非是

夳　古文泰

潤　海岱之閒謂相汙曰潤从水閻聲余廉切

灒　汙灑也一曰水中人从水贊聲則旰切

湫　腹中有水气也从水从愁愁亦聲士尤切

湩　乳汁也从水重聲多貢切

洟　鼻液也从水夷聲他計切

潸　涕流皃从水散省聲詩曰潸焉出涕所姦切

汗　人液也从水干聲侯旰切

泣　無聲出涕曰泣从水立聲

[illegible]息切

涕 泣也从水弟聲他礼切 湅 簡也从水柬聲郎甸切 讞 議辠也从水獻與法同意魚列切 渝 變汙也从水俞聲一曰渝水在遼西臨俞東出塞羊朱切 減 損也从水咸聲古斬切 滅 盡也从水烕聲亡列切 漕 水轉轂也一曰人之所乘及船也从水曹聲在到切 泮 諸侯鄉射之宮西南為水東北為牆从水从半半亦聲普半切 漏 以銅受水刻節晝夜百刻从水屚聲盧后切 澒 丹沙所化為水銀也从水項聲呼孔切 萍 苹也水艸也从水苹苹亦聲薄經切 濊 水多皃从水歲聲呼會切 汩 治水也从水曰聲于筆切

文四百六十八　重二十二

瀼 露濃皃从水襄聲汝羊切 漙 露皃从水專聲度官切 汍 泣淚皃从水丸聲胡官切 泯 滅也从水民聲武盡切 瀣 沆瀣气也从水䪞聲胡介切 瀘 水名从水盧聲洛乎切 瀟 水名从水蕭聲相邀切 瀛 水名从水嬴聲以成切 滁 水名从水除聲直魚切 洺 水名从水名聲武幷切 潺 水聲从水孱聲昨閑切 湲 潺湲水聲从水爰聲王權切 濤 大波也从水壽聲徒刀切 漵 水浦也从水敘聲徐吕切 港 水派也从水巷聲古項切 瀦 水所亭也从水豬聲

揚汝切聲子

溘奄忽也从水盍聲口荅切

潠含水噴也从水巽聲穌困切

涯水邊也从水从厓厓亦聲魚羈切

陟魚切

瀰大水也从水爾聲武移切

淼大水也从三水或作渺亡沼切

潔瀞也从水絜聲古屑切

浹洽也从水

文二十三 新附

說文解字第十一上

說文解字弟十一下　漢太尉祭酒許慎記

銀青光祿大夫守右散騎常侍上柱國東海縣開國子食邑五百戶臣徐鉉等奉

敕校定

四百十一 𣲖 二水也闕凡𣲖之屬皆从𣲖 之壘切

𣴎 水行也从𣲖㐬㐬突忽也 力求切　𣻊 篆文从水　𣹋 徒行厲水也从𣲖从步 時攝切　𣻏 篆文从水

文三　重二

四百十二 頻 水厓人所賓附頻蹙不前而止从頁从涉凡頻之屬皆从頻 臣鉉等曰今俗別作水濱非是 符眞切

顰 涉水顰蹙从頻卑聲 符眞切

文二

四百十三 𡿨 水小流也周禮匠人爲溝洫梠廣五寸二梠爲

耦一耦之伐廣尺深尺謂之𡿨倍𡿨謂之遂倍

遂曰溝倍溝曰洫倍洫曰巜凡巜之屬皆从𡿨

姑泫切

𤰝 古文𡿨从田从川 畎 篆文𡿨从田犬聲六畎爲一畝 文一 重二

四百十四

巜 水流澮澮也方百里爲巜廣二尋深二仞凡巜之

屬皆从巜 古外切

粼 水生厓石間粼粼也从巜粦聲 力珍切 文二

四百十五

川 貫穿通流水也虞書曰濬𡿨巜距川言深𡿨

巜之水會爲川也凡川之屬皆从川 昌緣切

巠 水脈也从川在一下一地也壬省聲一曰水冥巠也 古靈切 𢀖 古文巠不省 㠩 水廣也从川亡聲

𡿧 水流也从川或聲于逼切 𡿫 水流也从川曰聲于筆切 𡿪 水流𡿨𡿨也从川列省聲臣鉉等曰列字从𡿨此疑誤當从𡿨省良辥切

邕 四方有水自邕城池者从川从邑於容切 𡆸 籒文邕

𡿦 害也从一雝川春秋傳曰川雝爲澤凶祖才切

侃 剛直也从㐰㐰古文信从川取其不舍晝夜論語曰子路侃侃如也空旱切

州 水中可居曰州周遶其旁从重川昔堯遭洪水民居水中高土或曰九州詩曰在河之州一曰州疇也各疇其土而生之臣鉉等曰今別作洲非是職流切 𡿆 古文州

文十 重三

四百十六 泉 水原也象水流出成川形凡泉之屬皆从泉疾緣切

䲽 泉水也从泉䌛聲讀若飯符萬切

文二

四百十七 灥 三泉也闕凡灥之屬皆从灥詳遵切

厵 水泉本也从灥出厂下愚袁切 原 篆文从泉臣鉉等曰今別作源非是

文二 重一

四百十八 永 長也象水巠理之長詩曰江之永矣凡永之屬皆从永

之屬皆从永 于憬切

羕 水長也从永羊聲詩曰江之羕矣 余亮切

四百十九

𠂢 水之衺流別也从反永凡𠂢之屬皆从𠂢 讀若稗縣 徐鍇曰永長流也反即分𠂢也 匹卦切

衇 血理分衺行體者从𠂢从血 莫獲切 脈 衇或从肉 䘑 籒文 覛 衺視也从𠂢从見 莫狄切 𥈩 籒文

文三 重三

四百二十

谷 泉出通川為谷从水半見出於口凡谷之屬皆从谷 古祿切

谿 山瀆无所通者从谷奚聲 苦兮切 䜇 通谷也从谷害聲 呼括切 䜌 空谷也从谷翏聲 洛蕭切 谾 大長谷也从谷龍聲讀若聾 盧紅切 谹 谷中響也从谷厷聲 戶萌切 㕡 深通川也从谷从𣦼𣦼殘地阬坎意也虞書曰㕡畎澮距川 私閏切

濬 容或从水 濬 古文容 谸 望山谷谸谸青也从谷千聲 倉絢切 文八 重二

四百廿一

仌 凍也象水凝之形凡仌之屬皆从仌 筆陵切

冰 水堅也从仌从水 魚陵切 臣鉉等曰今作筆陵切以爲冰凍之冰 凝 俗冰从疑 凜 寒也从仌廩聲 力稔切 凊
寒也从仌青聲 七正切 凍 仌也从仌東聲 多貢切 滕 仌出也从仌朕聲詩曰納于滕陰 力膺切 凌 滕或从夌 凘
流仌也从仌斯聲 息移切 凋 半傷也从仌周聲 都僚切 冬 四時盡也从仌从夂夂古文終字 都宗切 𡆨 古文冬从日 冶
銷也从仌台聲 羊者切 滄 寒也从仌倉聲 初亮切 冷 寒也从仌令聲 魯打切 𠗊 寒也从仌函聲 胡男切 滭 風寒
也从仌畢聲 卑吉切 冹 一之日滭冹从仌犮聲 分勿切 凓 寒也从仌栗聲 力質切 瀨 寒也从仌賴聲 洛帶切

文十七 重三

四百廿二

雨 水从雲下也一象天冂象雲水霝其閒也

凡雨之屬皆从雨 王矩切

𠕲古文 靁 陰陽薄動靁雨生物者也从雨畾象回轉形魯回切 𩆀 古文靁 𩆂 古文靁 𩆁 籀文靁閒有回回靁聲也 霣 雨也齊人謂靁爲霣从雨員聲一曰雲轉起也于敏切 𩃵 古文霣 霆 雷餘聲也鈴鈴所以挺出萬物从雨廷聲特丁切 霅 霅霅震電皃一曰衆言也从雨譶省聲丈甲切 電 陰陽激燿也从雨从申堂練切 𩇔 古文電 震 劈歷振物者从雨辰聲春秋傳曰震夷伯之廟臣鉉等曰今俗別作霹靂非是章刃切 𩆏 籀文震 雪 㬅雨說物者从雨彗聲相絶切 霄 雨霓爲霄从雨肖聲齊語也相邀切 霰 稷雪也从雨散聲穌甸切 霓 霰或从見 雹 雨冰也从雨包聲蒲角切 𩂣 古文雹 霝 雨零也从雨𠱠象零形詩曰霝雨其濛郎丁切 䨕 雨零也从雨各聲盧各切 零 餘雨也从雨令聲郎丁切 䨮 小雨財零也从雨鮮聲讀若斯息移切 霢 霢霂小雨也从雨脈聲莫獲切 霂 霢霂也从雨沐聲莫卜切 𩅰 小雨也从雨酸聲素官切 䨢 微雨也从雨𢦔聲又讀若芟子廉切 𩅧 小雨也从雨眾聲明堂月令曰𩅧雨職戎切 霃 久陰也从雨沈聲直深切 䨩 久雨也从雨兼聲力鹽切 霒 久雨也从雨函聲胡男切 霖 雨三日已往从雨林聲力尋切 𩃢 霖雨也南陽謂霖𩃢从雨㐺聲銀箴切 䨙 雨聲从雨眞聲讀若資即夷切 䨞 雨皃方語也从雨禹聲讀若禹王矩切 䨘 小雨也从雨僉聲子

霑雨䨘也从雨沾聲張廉切

䨘濡也从雨染聲而琰切

霤屋水流也从雨留聲力救切

屚屋穿水下也从雨在尸下尸者屋也盧后切

䨣雨濡革也从雨革讀若膊匹各切

霽雨止也从雨齊聲子計切

𩃎霽謂之𩃎从雨妻聲七稽切

霩雨止雲罷皃从雨郭聲臣鉉等曰今別作廓非是苦郭切

露潤澤也从雨路聲洛故切

霜喪也成物者从雨相聲所莊切

霚地气發天不應从雨敄聲臣鉉等曰今俗从務亡遇切

雺籒文省

霾風雨土也从雨貍聲詩曰終風且霾莫皆切

霿天气下地不應曰霿霿晦也从雨瞀聲莫弄切

霓屈虹青赤或白色陰气也从雨兒聲五雞切

䨮寒也从雨執聲或曰早霜讀若春秋傳墊阨都念切

雩夏祭樂于赤帝以祈甘雨也从雨亏聲羽俱切

𦏶或从羽雩羽舞也

需䇓也遇雨不進止䇓也从雨而聲易曰雲上於天需臣鉉等案李陽冰據易雲上於天云當从天然諸本及前作所書皆从而無有从天者相俞切

䨲水音也从雨羽聲王矩切

文四十七　重十一

霞赤雲气也从雨段聲胡加切

霏雨雪皃从雨非聲芳非切

霎小雨也从雨妾聲山洽切

䨴黮䨴雲黑皃从雨對聲徒對切

靄雲皃从雨藹省聲於蓋切

文五　新附

四百廿三

雲 山川气也从雨云象雲回轉形凡雲之屬皆从雲 王分切

云 古文省雨 □ 亦古文雲

霒 雲覆日也从雲今聲 於今切 侌 古文或省 □ 亦古文霒

文二 重四

四百廿

魚 水蟲也象形魚尾與燕尾相似凡魚之屬皆从魚 語居切

䲆 魚子已生者从魚憜省聲 徒果切 鰖 籒文 鮞 魚子也一曰魚之美者東海之鮞从魚而聲讀若而 如之切 魼 魚也从魚去聲 去魚切 魶 魚似鼈無甲有尾無足口在腹下从魚納聲 奴荅切 鰨 虛鰨也从魚𦐇聲 土盍切 鱒 赤目魚从魚尊聲 慈損切 鱗 魚也从魚粦聲 力珍切 鰫 魚也从魚容聲 余封切 䱬 魚也从魚胥聲 相居切 鮪 鮥也周禮春獻王鮪从魚有聲 榮美切 䱍 䲅也周禮謂之䱍从魚恒聲 古恒切 鯍 䱍也从魚巟聲 武登切 鮥 叔鮪也从

魚名聲盧各切 鯀 魚也从魚系聲臣鉉等曰系非聲疑从孫省古本切 鰥 魚也从魚眔聲李陽冰曰當从罤省古頑切

鯉 鱣也从魚里聲良止切 鱣 鯉也从魚亶聲張連切 [illegible] 籀文鱣 鱄 魚也从魚專聲旨兗切 鮦 魚名从魚同聲一曰鱶也讀若絝襱直隴切 鱶 鮦也从魚蠡聲盧啓切 [illegible] 魚名一名鯉一名鰜从魚婁聲洛侯切 鰜 魚名从魚兼聲古甜切 鯈 魚名从魚攸聲直由切 [illegible] 魚名从魚豆聲天口切 鯾 魚名从魚便聲房連切

鯿 鯾又从扁 魴 赤尾魚从魚方聲符方切 鰟 魴或从旁 鱮 魚名从魚與聲徐呂切 鰱 魚名从魚連聲力延切 鮍 魚名从魚皮聲敷羈切 [illegible] 魚名从魚幼聲讀若幽於糾切 鮒 魚名从魚付聲符遇切 [illegible] 魚名从魚巠聲仇成切 鰿 魚名从魚脊聲資昔切 鱺 魚名从魚麗聲郎兮切 鰻 魚名从魚曼聲母官切 鱯 魚名从魚蒦聲胡化切 魾 大鱯也其小者名鮡从魚丕聲敷悲切 鱧 鱯也从魚豊聲盧啓切 [illegible] 鱧也从魚果聲胡瓦切 鱨 揚也从魚嘗聲市羊切 鱏 魚名从魚覃聲傳曰伯牙鼓琴鱏魚出聽余箴切 鯢 刺魚也从魚兒聲五雞切 鰼 鰌也从魚習聲似入切 鰌 鰼也从魚酋聲七由切 鯇 魚名从魚完聲戶版切 魠 哆口魚也从魚乇聲他各切 鮆 飲而不食刀魚

也九江有之从魚此聲徂礼切 鮀 鮎也从魚它聲徒何切 鮎 鰋也从魚占聲奴兼切 鰋 鮀也从魚妟聲於幰切 鰋 鰋或从匽 鮷 大鮎也从魚弟聲杜兮切 ⿰魚賴 魚名从魚賴聲洛帶切 ⿰魚朁 魚名从魚朁聲鉏箴切 ⿰魚翁 魚名从魚翁聲烏紅切 䲙 魚名从魚臽聲戶賺切 鱖 魚名从魚厥聲居衛切 鯫 白魚也从魚取聲士垢切 鱓 魚名皮可爲鼓从魚單聲常演切 鮸 魚名出薉邪頭國从魚免聲亡辡切 魵 魚名出薉邪頭國从魚分聲符分切 ⿰魚虜 魚名出樂浪潘國从魚虜聲郎古切 鰸 魚名狀似蝦無足長寸大如叉股出遼東从魚區聲豈俱切 鯜 魚名出樂浪潘國从魚妾聲七接切 ⿰魚巿 魚名出樂浪潘國从魚巿聲博蓋切 ⿰魚匊 魚名出樂浪潘國从魚匊聲一曰鯆魚出江東有兩乳居六切 魦 魚名出樂浪潘國从魚沙省聲所加切 鱳 魚名出樂浪潘國从魚樂聲盧谷切 鮮 魚名出貉國从魚羴省聲相然切 鰅 魚名皮有文出樂浪東暆神爵四年初捕收輸考工周成王時揚州獻鰅从魚禺聲魚容切 鱅 魚名从魚庸聲蜀容切 鰂 烏鰂魚名从魚則聲昨則切 鯽 鰂或从即 鮐 海魚名从魚台聲徒哀切 鮊 海魚名从魚白聲旁陌切 鰒 海魚名从魚复聲蒲角切 鮫 海魚皮可飾刀从魚交聲古肴切 鱷 海大魚也从魚畺聲春秋傳曰取其鱷鯢渠京切 鯨 鱷或从京 鯁 魚骨也从魚更聲古杏切

鱗 魚甲也从魚粦聲力珍切 鮏 魚臭也从魚生聲臣鉉等曰今俗作鯹桑經切 鱢 鮏臭也从魚喿聲周禮曰膳膏鱢穌遭切

鮨 魚䏟醬也出蜀中从魚旨聲一曰鮪魚名旨夷切 鮺 藏魚也南方謂之魿北方謂之鮺从魚差省聲側下切 鯵 鮺也一曰大魚爲鮺小魚爲魿从魚今聲徂慘切 鮑 饐魚也从魚包聲薄巧切 魿 蟲連行紆行者从魚令聲郎丁切

鰕 魵也从魚叚聲乎加切 鰝 大鰕也从魚高聲胡到切 鯦 當互也从魚咎聲其久切 魧 大貝也一曰魚膏从魚亢聲讀若岡古郎切

鮩 蚌也从魚丙聲兵永切 鮚 蚌也从魚吉聲漢律會稽郡獻鮚醬巨乙切 鮅 魚名从魚必聲毗必切 ⿰魚瞿 魚名从魚瞿聲九遇切

鯸 魚名从魚侯聲乎鉤切 鯛 骨耑脃也从魚周聲都僚切 鯙 烝然鯙鯙从魚卓聲都教切 鮁 鱣鮪鮁鮁从魚犮聲北末切

鮇 鮇魚出東萊从魚夫聲甫無切 鯕 魚名从魚其聲渠之切 鮡 魚名从魚兆聲治小切

魤 魚名从魚匕聲呼跨切 鱻 新魚精也从三魚不變魚徐鍇曰三衆也衆而不變是鱻也相然切

文一百三　重七

鰈 比目魚也从魚枼聲土盍切 魮 文魮魚名从魚比聲房脂切 鰩 文鰩魚名从魚䍃聲余招切

文三新附

四百廿五 𩺰 二魚也凡𩺰之屬皆从𩺰 語居切

瀺 捕魚也从𩺰从水 語居切 漁 篆文瀺从魚 文二 重一

四百廿六 燕 玄鳥也籋口布翄枝尾象形凡燕之屬皆从燕 於甸切 文一

四百廿七 龍 鱗蟲之長能幽能明能細能巨能短能長春分而登天秋分而潛淵从肉飛之形童省聲 臣鉉等曰象宛轉飛動之皃 凡龍之屬皆从龍 力鍾切

龗 龍也从龍霝聲 郎丁切

龕 龍皃从龍合聲 口含切

䶬 龍耆脊上䶬䶬从龍幵聲 古賢切

龖 飛龍也从二龍讀若沓 徒合切

文五

四百廿八 飛 鳥翥也象形凡飛之屬皆从飛 甫微切

四百廿九

翼 翄也从飛異聲與職切 䎀 篆文𩙣从羽 文二 重一

非 違也从飛下翄取其相背凡非之屬皆从非 甫微切

𩇨 別也从非己聲非尾切 靡 披靡也从非麻聲文彼切 靠 相違也从非告聲苦到切 𩇦 牢也所以拘非从非陛省聲 邊兮切

文五

四百三十

卂 疾飛也从飛而羽不見凡卂之屬皆从卂 息晉切

煢 回疾也从卂營省聲渠營切

文二

說文解字第十一下

四百卌一

說文解字第十二上　漢太尉祭酒許慎記

銀青光祿大夫守右散騎常侍上柱國東海縣開國子食邑五百戶臣徐鉉等奉

敕校定

三十六部　七百七十九文　重八十四

凡九千二百三字

文三十新附

乚 玄鳥也齊魯謂之乚取其鳴自呼象形凡

乚之屬皆从乚 徐鍇曰此與甲乙之乙相類其形舉首下曲與甲乙字少異 烏轄切

孔 通也从乚从子乚請子之候鳥也乚至而得子嘉美之也古人名嘉字子孔 康董切　乳 人及鳥生子曰乳獸曰產

从孚从乚乚者玄鳥[illegible]之日祠于高禖以請子故乳从乚請

子必以乚至之日者乚[illegible]昊司分之官也 而主切

文三　重一

四百廿二 不　鳥飛上翔不下來也从一一猶天也象形凡不之屬皆从不　方久切

否　不也从口从不不亦聲徐鍇曰不可之意見於言故从口方久切

文二

四百廿三 至　鳥飛从高下至地也从一一猶地也象形不上去而至下來也凡至之屬皆从至　脂利切

𡍲　古文至

到　至也从至刀聲都悼切

臻　至也从至秦聲側詵切

𡐔　忿戾也从至至而復遜遜遁也周書曰有夏氏之民叨𡐔𡐔讀若摯　丮利切

臺　觀四方而高者从至从之从高省與室屋同意　徒哀切

臸　到也从二至　人質切

文六　重一

四百廿四 西　鳥在巢上象形日在西方而鳥棲故因以爲

東西之西凡西之屬皆从西 先稽切

棲 西或从木妻 卤 古文西 卤 籒文西 𧟯 姓也从西圭聲戶圭切 文二 重三

四百廿五

卤 西方鹹地也从西省象鹽形安定有卤縣東方謂之㡿西方謂之卤凡卤之屬皆从卤 郎古切

𪉖 鹹也从卤差省聲河內謂之𪉖沛人言若虘 昨河切 鹹 銜也北方味也从卤咸聲 胡毚切 文三

四百廿六

鹽 鹹也从卤監聲古者宿沙初作煑海鹽凡鹽之屬皆从鹽 余廉切

盬 河東鹽池袤五十一里廣七里周百十六里从鹽省古聲 公戶切 鹼 鹵也从鹽省僉聲 魚欠切 文三

四百廿七

戶 護也半門曰戶象形凡戶之屬皆从戶 侯古切

㦿 古文戶从木 扉 戶扇也从戶非聲 甫微切 扇 扉也从戶从翄聲 式戰切 房 室在旁也从戶方聲 符方切

㦿 輜車旁推戶也从戶大聲讀與釱同徒蓋切 戹 隘也从戶乙聲於革切 肁 始開也从戶从聿臣鉉等曰聿者始也
治矯切 扆 戶牖之間謂之扆从戶衣聲於豈切 ⿸戶劫 閉也从戶劫省聲口盍切 扃 外閉之關也从戶冋聲古熒切

文十 重一

門 聞也从二戶象形凡門之屬皆从門 莫奔切

閶 天門也从門昌聲楚人名門曰閶闔尺量切 闈 宮中之門也从門韋聲羽非切 ⿵門詹 闌謂之樀樀廟門也从門詹聲余廉切

閎 巷門也从門厷聲戶萌切 閨 特立之戶上圜下方有似圭从門圭聲古攜切 閤 門旁戶也从門合聲古沓切 ⿵門弱 樓上戶也从門弱聲徒盍切 閈 門也从門干聲汝南平輿里門曰閈侯旰切 閭 里門也从門呂聲周禮五家為比五比為閭閭侶也二十五家相群侶也力居切 閻 里中門也从門臽聲余廉切 壛 閻或从土 闠 市外門也从門貴聲胡對切 闉 城內重門也从門垔聲詩曰出其闉闍於真切 闍 闉闍也从門者聲當孤切 闕 門觀也从門欮聲去月切 ⿵門弁 門欂櫨也从門弁聲皮變切 ⿵門介 門扇也从門介聲胡介切 闔 門扇也一曰閉也从門盍聲胡臘切 闑 門梱也从門臬聲魚列切

閾 門榍也从門或聲論語曰行不履閾于逼切 𨵦 古文閾从洫 閬 門高也从門良聲巴郡有閬中縣來宕切 闢 開也从門辟聲房益切 𨵵 虞書曰闢四門从門从𠬞 闖 闖門也从門爲聲國語曰闖門而與之言韋委切 闡 開也从門單聲易曰闡幽昌善切 開 張也从門从幵苦哀切 𨴲 古文 闓 開也从門豈聲苦亥切 閜 大開也从門可聲大杯亦爲閜火下切 閘 開閉門也从門甲聲烏甲切 閟 閉門也从門必聲春秋傳曰閟門而與之言兵媚切 閣 所以止扉也从門各聲古洛切 閒 隟也从門从月徐鍇曰夫門夜閉閉而見月光是有閒隟也古閑切 𨳇 古文閒 𨵥 門傾也从門阿聲烏可切 閼 遮壅也从門於聲烏割切 ⿵門繇 開閉門利也从門繇聲一曰縷十紘也臣鉉等曰繇非聲未詳[illegible]切 ⿵門曷 門聲也从門曷聲乙鎋切 闀 門響也从門鄉聲許亮切 闌 門遮也从門柬聲洛干切 閑 闌也从門中有木戶閒切 閉 闔門也从門才所以歫門也博計切 閡 外閉也从門亥聲五溉切 闇 閉門也从門音聲烏紺切 關 以木橫持門戶也从門𢇍聲古還切 ⿵門龠 關下牡也从門龠聲以灼切 闐 盛皃从門眞聲待年切 闛 闛闛盛皃从門堂聲徒郎切 閹 豎也宮中奄閽閉門者从門奄聲英廉切 閽 常以昏閉門隸也从門从昏昏亦聲呼昆切 闚 閃也从門規聲去隓切 ⿵門䜌 妄入宮掖也从門䜌聲讀若闌洛干切 𨳝 登也从門二二古文

下字讀若軍敶之敶臣鉉等曰下言自下而登上也故从下商書曰若外高必自下直刃切 閃 闚頭門中也从人在門中失冉切 閱 具數於門中也从門說省聲弋雪切 闋 [illegible]閉門也从門癸聲傾雪切 闞 望也从門敢聲苦濫切 闊 疏也从門活聲苦括切

閔 弔者在門也从門文聲臣鉉等曰今別作憫非是眉殞切 𢒼 古文閔 闖 馬出門皃从馬在門中讀若郴丑禁切

文五十七 重六

闤 市垣也从門睘聲戶關切 闥 門也从門達聲[illegible]達切 閌 閌閬高門也从門亢聲苦浪切 閥 閥閱自序也从門伐聲義當通用伐房越切 闃 靜也从門狊聲臣鉉等案易窺其戶闃其無人窺小視也狊大張目也言始小視之雖大張目亦不見人也義當只用狊字苦狊切

文五 新附

耳 主聽也象形凡耳之屬皆从耳 而止切

耴 耳垂也从耳下垂象形春秋傳曰秦公子輒者其耳下垂故以為名陟葉切 䎽 小垂耳也从耳占聲丁兼切 耽 耳大垂也从耳冘聲詩曰士之耽兮丁含切 聃 耳曼也从耳冉聲他甘切 䏶 聃或从甘 聸 垂耳也从耳詹聲南方瞻耳之國都甘切

四百廿九

[illegible]切 耿 耳箸頰也从耳烓省聲杜林說耿光也从光聖省凡字皆左形右聲杜林非也徐鍇曰凡字多右形左聲此說或後人所加或傳寫之誤古杏切

聯 連也从耳耳連於頰也从絲絲連不絕也力延切 聊 耳鳴也从耳卯聲洛蕭切 聖 通也从耳呈聲式正切 聰 察也从耳悤聲倉紅切

聽 聆也从耳𢛳壬聲他定切 聆 聽也从耳令聲郎丁切 職 記微也从耳戠聲之弋切 聒 驩語也从耳昏聲古活切 聥

張耳有所聞也从耳禹聲王矩切 聲 音也从耳殸聲殸籒文磬書盈切 聞 知聞也从耳門聲無分切 䎽 古文从昏 聘 訪也

从耳甹聲匹正切 聾 無聞也从耳龍聲盧紅切 聳 生而聾曰聳从耳从雙省聲息拱切 聹 益梁之州謂聾為聹秦晉聽而不聞

聞而不達謂之聹从耳宰聲作亥切 聵 聾也从耳貴聲五怪切 ⿰耳欳 聵或从欳臣鉉等曰當从蔽省義見蔽字注 聉 無知意也

从耳出聲讀若孽五滑切 ⿰耳闋 吳楚之外凡無耳者謂之⿰耳闋言若斷耳為盟从耳闋聲五結切 聅 軍法以矢貫耳也从耳从矢司馬法曰小罪聅中罪刵

大罪剄恥列切 聝 軍戰斷耳也春秋傳曰以為俘聝从耳或聲古獲切 馘 聝或从首 ⿰耳月 墮耳也从耳月聲魚厥切 ⿰耳麻

乘輿金馬耳也从耳麻聲讀若[illegible]一曰若月令靡草之靡亡彼切 ⿰耳今 國語曰回祿信於聆遂闕巨今切 聑 安也从二耳丁帖切 聶

附耳私小語也从三耳尼輒切

文三十二　重四

四百四十

聱 不聽也从耳敖聲 五交切 文一 新附

𦣝 顄也象形凡𦣝之屬皆从𦣝 與之切

頤 篆文𦣝 𩠐 籀文从首 𦣞 廣𦣝也从𦣝巳聲 與之切 戺 古文𦣞从戶 臣鉉等曰今俗

作牀史切以爲階戺之戺

文三 重三

四百四一

手 拳也象形凡手之屬皆从手 書九切

𠦬 古文手 掌 手中也从手尚聲 諸兩切 拇 將指也从手母聲 莫厚切 指 手指也从手旨聲 職雉切 拳

手也从手𢍏聲 巨員切 掔 手掔也楊雄曰掔握也从手取聲 烏貫切 攕 好手皃詩曰攕攕女手从手韱聲 所咸切 㩜 人臂皃从

手削聲周禮曰輻欲其㩜 徐鍇曰人臂梢長纖好也 所角切 摳 繑也一曰摳衣升堂从手區聲 口侯切 攐 摳衣也从手褰聲 去虔切 撎

舉手下手也从手壹聲 於計切 揖 攘也从手咠聲一曰手著胷曰揖 伊入切 攘 推也从手襄聲 汝羊切 拱 斂手也从手共聲 居

竦切 撿 拱也从手僉聲 良冉切 拜 首至地也从手𠦪 𠦪音忽 徐鍇曰𠦪進趣之疾也故拜从之 博怪切 𢪏 楊雄說拜从兩手下

𢪒古文拜　捾 搯捾也从手官聲一曰援也烏括切　搯 捾也从手舀聲周書曰師乃搯搯者拔兵刃以習擊刺詩曰左旋右搯土刀切

𢪱 擁也从手巩聲居竦切臣鉉等案巩部有𢀜與巩同此重出　推 排也从手隹聲他回切　捘 推也从手夋聲春秋傳曰捘衛侯之

手子寸切　排 擠也从手非聲步皆切　擠 排也从手齊聲子計切　抵 擠也从手氐聲丁礼切　摧 擠也从手崔聲

一曰挏也一曰折也昨回切　拉 摧也从手立聲盧合切　挫 摧也从手坐聲則臥切　扶 左也从手夫聲防無切　𢱍 古文扶

𢪸 扶也从手爿聲七良切　持 握也从手寺聲直之切　挈 縣持也从手韧聲苦結切　拑 脅持也从手甘聲巨淹切

揲 閱持也从手枼聲食折切　摯 握持也从手从執脂利切　操 把持也从手喿聲七刀切　𢹂 𥄕持也从手𥄕聲臣鉉等曰

今俗別作挶非是居玉切　捦 急持衣裣也从手金聲巨今切　𢷎 捦或从禁　摶 索持也一曰至也从手專聲度官切　[illegible]

也从手豦聲居御切　攝 引持也从手聶聲書涉切　抩 并持也从手冄聲他含切　抪 捫持也从手布聲普胡切　挾 [illegible]

也从手夾聲胡頰切　捫 撫持也从手門聲詩曰莫捫[illegible]舌莫奔切　擥 [illegible]持也从手監聲盧敢切　擸 理持也从手巤聲良涉切　[illegible]

握 搤持也从手屋聲於角切　𡑒 古文握　撣 提持也从手單聲讀若行[illegible]驒徒旱切　把 握也从手巴聲搏下切

搹 把也从手鬲聲於革切 扼 搹或从戹 拏 牽引也从手奴聲女加切 攜 提也从手巂聲戶圭切 提
挈也从手是聲杜兮切 拈 掫也从手占聲奴兼切 摛 舒也从手离聲丑知切 捨
釋也从手舍聲書冶切 擪 一指按也从手厭聲於協切 按 下也从手安聲烏旰切 控 引也从手空聲詩曰控于大邦匈奴名引弓控
弦苦貢切 揗 摩也从手盾聲食尹切 掾 緣也从手彖聲以絹切 拍 拊也从手百聲普百切 拊 揗也从手付聲
芳武切 掊 把也今鹽官入水取鹽爲掊从手咅聲父溝切 捋 取易也从手寽聲郎括切 撩 理也从手尞聲洛蕭切 措
置也从手昔聲倉故切 插 刺肉也从手从臿楚洽切 掄 擇也从手侖聲盧昆切 擇 柬選也从手睪聲丈伯切 捉
搤也从手足聲一曰握也側角切 搤 捉也从手益聲於革切 挻 長也从手从延延亦聲式連切 揃 搣也从手前聲即淺切 搣
批也从手威聲亡列切 批 捽也从手此聲側氏切 揤 捽也从手即聲魏郡有揤裴侯國子力切 捽 持頭髮也从手卒聲昨沒切 撮
四圭也一曰兩指撮从手最聲倉括切 𢴍 撮也从手𥷚省聲居六切 摕 撮取也从手帶聲讀若詩曰螮蝀在東都計切
㨖 摕或从折从示兩手急持人也 捊 引取也从手孚聲步侯切 抱 捊或从包臣鉉等曰今作薄報切以爲褱抱字非是 揜 自關以東

取曰揜一曰覆也从手弇聲衣檢切 授 予也从手从受受亦聲殖酉切 承 奉也受也从手从卪从廾署 謹節其事承奉之義也故从卪
陵切 挋 給也从手臣聲一曰約也章刃切 攈 拾也从手麇聲居運切 攩 朋群也从手黨聲多朗切 接 交也从手
妾聲子葉切 [扌市] 擊也从手市聲普活切 挏 擁引也漢有挏馬官作馬酒从手同聲徒總切 招 手呼也从手召止搖切
撫 安也从手無聲一曰循也芳武切 㧑 古文从亡辵 捪 撫也从手昏聲一曰摹也武巾切 揣 量也从手耑聲度高曰
揣一曰捶之徐鍇曰此字與耑聲不相近如喘遄之類皆當从瑞省初委切 抧 開也从手只聲讀若抵掌之抵諸氏切 摜 習也从手貫聲春秋傳
曰摜瀆鬼神古患切 投 擿也从手从殳度侯切 擿 搔也从手適聲一曰投也直隻切 搔 括也从手蚤聲穌遭切 扴
刮也从手介聲古黠切 摽 擊也从手票聲一曰挈門壯也符少切 挑 撓也从手兆聲一曰摷也國語曰郤至挑天土凋切 抉 挑也从手
夬聲於說切 撓 擾也从手堯聲一曰[illegible]也奴[illegible]切 擾 煩也从手夒聲而沼切 挶 戟持也从手局聲居玉切 据 戟挶
也从手居聲九魚切 擖 刮也从手葛聲一曰撻也口八切 摘 拓果樹實也从手啻聲一曰指近之也臣鉉等曰當从適省乃得聲他歷切又竹戹切
搳 擖也从手害聲胡秸切 摲 暫也从手斬聲昨甘切 拹 摺也从手劦聲一曰拉也虛業切 摺 敗也从手習聲之涉切

揫 束也从手秋聲詩曰百祿是揫 即由切 摟 曳聚也从手婁聲 洛侯切 抎 有所失也春秋傳曰抎子辱矣从手云聲 于敏切
披 从旁持曰披从手皮聲 敷羈切 㩙 引縱曰㩙从手瘛省聲 尺制切 𢫬 積也詩曰助我舉𢫬搣頰旁也从手此聲 前智切 掉
搖也从手卓聲春秋傳曰尾大不掉 徒弔切 搖 動也从手䍃聲 余招切 搈 動搈也从手容聲 余隴切 [illegible] 當也从手[illegible]
切 揂 聚也从手酋聲 即由切 掔 固也从手臤聲讀若詩赤舄掔掔 苦閑切 [illegible]
[illegible] 對舉也从手與聲 以諸切 揚 飛舉也从手昜聲 與章切 敭 古文 舉 對舉也从手與聲 居許切 掀
舉出也从手欣聲春秋傳曰掀公出於淖 虛言切 揭 高舉也从手曷聲 去例切又基竭切 抍 上舉也从手升聲易曰抍馬壯吉 蒸
上聲 撜 抍或从登 臣鉉等曰今俗別作拯非是 振 舉救也从手辰聲一曰奮也 章刃切 扛 橫關對舉也从手工聲 古雙切
扮 握也从手分聲讀若粉 房吻切 撟 舉手也从手喬聲一曰撟擅也 居少切 捎 自關已西凡取物之上者為撟捎从手肖聲 所交
切 擁 抱也从手雝聲 於隴切 擩 染也从手需聲周禮六曰擩祭 而主切 揄 引也从手俞聲 羊朱切 搫
搫擭不正也从手般聲 薄官切 擭 搫擭也一曰布擭也一曰握也从手蒦聲 一虢切 拚 拊手也从手弁聲 皮變切 擅 專也

从手亶聲時戰切 揆 葵也从手癸聲求癸切 擬 度也从手疑聲魚已切 損 減也从手員聲穌本切 失 縱也

从手乙聲式質切 捝 解捝也从手兌聲他括切 撥 治也从手發聲北末切 挹 抒也从手邑聲於汲切 抒 挹也从手

予聲神與切 抯 挹也从手且聲讀若樝棃之樝側加切 攫 扟也从手矍聲居縛切 扟 从上挹也从手卂聲讀若莘所臻切

拓 拾也陳宋語从手石聲之石切 摭 拓或从庶 攈 拾也从手麇聲居運切 拾 掇也从手合聲是執切 掇

拾取也从手叕聲都括切 擐 貫也从手睘聲春秋傳曰擐甲執兵胡慣切 揯 引急也从手恒聲古恒切 摍 蹴引也从手宿

聲所六切 㩂 相援也从手虔聲巨言切 援 引也从手爰聲雨元切 㨨 引也从手留聲敕鳩切 抽 㨨或从由

𢯱 㨨或从秀 擢 引也从手翟聲直角切 拔 擢也从手犮聲蒲八切 揠 拔也从手匽聲烏黠切 擣

手推也一曰築也从手𠷎聲都皓切 攣 係也从手䜌聲呂員切 挺 拔也从手廷聲徒鼎切 㩃 拔取也南楚語从手寒聲楚詞

曰朝㩃阰之木蘭九輦切 探 遠取之也从手罙聲他含切 撢 探也从手覃聲他紺切 捼 推也从手委聲一曰兩手相切摩也

臣鉉等曰今俗作挼非是奴禾切 𢺋 別也一曰擊也从手敝聲芳滅切 揻 搖也从手咸聲臣鉉等曰今別作撼非是胡感切

搦 按也从手弱聲尼革切 掎 偏引也从手奇聲居綺切 揮 奮也从手軍聲許歸切 摩 研也从手麻聲莫婆切 𢳆

反手擊也从手毘聲匹齊切 攪 亂也从手覺聲詩曰祇攪我心古巧切 搑 推擣也从手茸聲而隴切 撞 [illegible]

聲宅江切 [seal] 就也从手因聲於眞切 扔 因也从手乃聲如乘切 括 絜也从手昏聲古活切 抲 [illegible]从手

聲周書曰盡執抲虎何切 擘 撝也从手辟聲博戹切 撝 裂也从手爲聲一曰手指也許歸切 捇 裂也从手赤聲[illegible]

扐 易筮再扐而後卦从手力聲盧則切 技 巧也从手支聲渠綺切 摹 規也从手莫聲莫胡切 拙 不巧也从

手出聲職說切 𢴲 縫指揩也一曰韜也从手沓聲讀若眔徒合切 摶 圜也从手專聲度官切 [seal] 手推之也从手圂聲戶骨切

捄 盛土於梩中也一曰擾也詩曰捄之陾陾从手求聲舉朱切 拮 手口共有所作也从手吉聲詩曰予手拮据古屑切 搰 [illegible]

从手骨聲戶骨切 掘 搰也从手屈聲衢勿切 掩 斂也小上曰掩从手奄聲衣檢切 摡 滌也从手既聲詩曰摡之釜鬵

古代切 揟 取水沮也从手胥聲武威有揟次縣相居切 播 穜也一曰布也从手番聲補過切 𢿀 古文播

挃 穫禾聲也从手至聲詩曰穫之挃挃陟栗切 𢭏 刺也从手致聲一曰刺之財至也陟利切 扤 動也从手兀聲五忽切 [seal]

批

折也从手月聲魚厥切 摎 縛殺也从手翏聲居求切 撻 鄉飲酒罰不敬撻其背从手達聲他達切 遳 古文撻周書曰撻以

記之 掕 止馬也从手夌聲里甑切 抨 撣也从手平聲普耕切 捲 气勢也从手卷聲國語曰有捲勇一曰捲收也臣鉉等曰今

俗作居轉切以為捲舒之捲巨員切 扱 收也从手及聲楚洽切 摷 拘擊也从手巢聲子小切 挨 擊背也从手矣聲於駭切

撲 挨也从手菐聲蒲角切 撽 旁擊也从手敫聲苦弔切 扚 疾擊也从手勺聲都了切 抶 笞擊也从手失聲丑

栗切 抵 側擊也从手氏聲諸氏切 抰 以車鞅擊也从手央聲於兩切 ⿰扌保 衣上擊也从手保聲方苟切 捭

兩手擊也从手卑聲北買切 捶 以杖擊也从手垂聲之壘切 搉 敲擊也从手隺聲苦角切 ⿰扌覓 [illegible]擊也从手覓聲一擊切

拂 過擊也从手弗聲徐[鍇]曰擊而過之也敷物切 摼 擣頭也从手堅聲讀若鏗尒舍瑟而作口莖切 抌 深擊也从手冘聲讀若告

言不正曰抌竹甚切 毄 傷擊也从手毀毀亦聲古歷切 擊 攴也从手毄聲古歷切 扞 忮也从手干聲侯旰切 抗

扞也从手亢聲苦浪切 杭 杭或从木臣[鉉]等曰今俗作胡郎切 捕 取也从手甫聲薄故切 簎 刺也从手籍省聲周禮曰簎魚

鼈士革切 撚 執也从手然聲一曰蹂也乃殄切 挂 畫也从手圭聲古賣切 拕 曳也从手它聲託何切 捈

从手余聲。同都切。
抴 捈也。从手世聲。余制切。
揙 撫也。从手扁聲。婢沔切。
撅 从手有所把也。从手厥聲。居月切。
攎 挐持也。从手盧聲。洛乎切。
挐 持也。从手如聲。女加切。
搵 沒也。从手昷聲。烏困切。
搒 掩也。从手旁聲。北孟切。
挌 擊也。从手各聲。古覈切。
拲 兩手同械也。从手从共，共亦聲。周禮：上辠梏拲而桎。居竦切。
𣐋 拲或从木。
掫 夜戒守有所擊。从手取聲。春秋傳曰：賓將掫。子侯切。
捐 棄也。从手肙聲。與專切。
掤 所以覆矢也。从手朋聲。詩曰：抑釋掤忌。筆陵切。
扜 指麾也。从手亏聲。億俱切。
攠 旌旗所以指麾也。从手靡聲。許爲切。
捷 獵也。軍獲得也。从手疌聲。春秋傳曰：齊人來獻戎捷。疾葉切。
扣 牽馬也。从手口聲。丘后切。
掍 同也。从手昆聲。古本切。
搜 眾意也。一曰求也。从手叜聲。詩曰：束矢其搜。所鳩切。
換 易也。从手奐聲。胡玩切。
掖 以手持人臂投地也。从手夜聲。一曰臂下也。羊益切。

文二百六十五　重十九

摦 槬大也。从手瓠聲。胡化切。
攙 刺也。从手毚聲。楚銜切。
搢 插也。从手晉聲。搢紳前史皆作薦紳。即刃切。
掠 奪取也。从手京聲。本音亮。唐韻或作擽。離灼切。
掐 爪刺也。从手臽聲。苦洽切。
捻 指捻也。从手念聲。奴協切。
拗 手拉也。从手幼聲。於絞切。
摵 捎也。从手戚聲。沙劃切。
捌 方言云：無齒杷。从手別聲。百轄切。
攤 開也。从手難聲。他干切。
抛 棄也。从手从尤从力……

从力或从手𢫦聲案左氏傳通用摽詩摽有梅摽落也義亦同匹交切

摴 舒也又摴蒱戲也从手雩聲丑居切

打 擊也从手丁聲都挺切

文十三 新附

𠦬 背呂也象脅肋也凡𠦬之屬皆从𠦬古懷切

脊 背呂也从𠦬从肉資昔切

文二

說文解字第十二上

四百四三

說文解字弟十二下　漢太尉祭酒許愼記

銀青光祿大夫守右散騎常侍上柱國東海縣開國子食邑五百戶臣徐鉉等奉

敕校定

女　婦人也象形王育說凡女之屬皆从女　尼呂切

姓　人所生也古之神聖母感天而生子故稱天子从女从生生亦聲春秋傳曰天子因生以賜姓息正切　姜　神農居姜水以爲姓从女羊聲居良切　姬　黃帝居姬水以爲姓从女𦣞聲居之切　姞　黃帝之後百鯈姓后稷妃家也从女吉聲巨乙切　嬴　少昊氏之姓从女𣎆省聲以成切　姚　虞舜居姚虛因以爲姓从女兆聲或爲姚嬈也史篇以爲姚易也余招切　媯　虞舜居媯汭因以爲氏从女爲聲居爲切　妘　祝融之後姓也从女云聲王分切　𡝐　籀文妘从員　姺　殷諸侯爲亂疑姓也从女先聲春秋傳曰商有姺邳所臻切　𡟴　人姓也从女然聲奴見切　妞　人姓也从女丑聲商書曰無有作妞呼到切　娸　人姓也从女其聲杜林說娸醜也去其切　奼　少女也从女乇聲坼下切　媒　謀也謀合二姓从女某聲莫桮切　妁　酌也斟酌二姓也从女勺聲市勺切　嫁　女適人也从女家聲古訝切

娶　取婦也从女从取取亦聲七句切　婚　婦家也禮娶婦以昏時婦人陰也故曰婚从女从昏昏亦聲呼昆切　𤕦　籀文婚　姻　壻家也女之所因故曰姻从女

因因亦聲於真切
𡟰 籒文婣从𣶒
妻 婦與夫齊者也从女从屮从又又持事妻職也臣鉉等曰屮者進也齊之義也故从屮七稽切
𡜊 古文妻从肖女肖古文貴字
婦 服也从女持帚灑掃也房九切
妃 匹也从女己聲芳非切
媲 妃也从女𣬈聲匹計切
妊 孕也从女从壬壬亦聲如甚切
娠 女妊身動也从女辰聲春秋傳曰后緡方娠一曰宫婢女隷謂之娠失人切
媰 婦人妊身也从女芻聲周書曰至于媰婦側鳩切
𡣍 生子齊均也从女从生免聲芳萬切
嫛 婗也从女殹聲烏雞切
婗 嫛婗也从女兒聲一曰婦人惡皃五雞切
母 牧也从女象褱子形一曰象乳子也莫后切
嫗 母也从女區聲衣遇切
媼 女老偁也从女𥁕聲讀若奧烏皓切
姁 嫗也从女句聲況羽切
姐 蜀謂母曰姐淮南謂之社从女且聲茲也切
姑 夫母也从女古聲古胡切
威 姑也从女从戌漢律曰婦告威姑徐鍇曰土盛於戌土陰之主也故从戌於非切
妣 殁母也从女比聲卑履切
𡚱 籒文妣省
姊 女兄也从女𠂔聲將几切
妹 女弟也从女未聲莫佩切
媦 楚人謂女弟曰媦从女胃聲公羊傳曰楚王之妻媦云貴切
娣 女弟也从女从弟弟亦聲徒禮切
嫂 兄妻也从女叜聲穌老切
姪 兄之女也从女至聲徒結切
姨 妻之女弟同出爲姨从女夷聲以脂切
妿 女師也从女加聲杜林說加教於女也讀若阿烏何切
㜷 女師也从女毐聲讀若母莫后切
媾 重婚也从女冓聲易曰匪寇婚媾古候切
姼 美女也从女多聲尺氏切
㛅 姼或从氏

妭婦人美也从女犮聲蒲撥切　奚女隸也从女奚聲胡雞切　婢女之卑者也从女从卑卑亦聲便俾切　奴奴婢皆古之辠人也周禮曰其奴男子入于辠隸女子入于舂藁从女从又臣鉉等曰又手也持事者也乃都切　㚢古文奴从人　㚤婦官也从女弋聲與職切　媊甘氏星經曰太白上公妻曰女媊女媊居南斗食厲天下祭之曰明星从女前聲昨先切　媧古之神聖女化萬物者也从女咼聲古蛙切　𡣕籀文媧从𧊒　娀帝高辛之妃偰母號也从女戎聲詩曰有娀方將息弓切　娥帝堯之女舜妻娥皇字也秦晉謂好曰娙娥从女我聲五何切　嫄台國之女周棄母字也从女原聲愚袁切　嬿女字也从女燕聲於甸切　妸女字也从女可聲讀若阿烏何切　嬃女字也楚詞曰女嬃之嬋媛賈侍中說楚人謂姊爲嬃从女須聲相俞切　婕女字也从女疌聲子葉切　㜿女字也从女與聲讀若余以諸切　孁女字也从女霝聲郎丁切　[illegible]女字也从女奈聲[illegible]切　[illegible]女字也从女衣聲讀若衣於稀切　婤女字也从女周聲職流切　姶女字也从女合聲春秋傳曰嬖人婤姶一曰無聲烏合切　妀女字也从女己聲居擬切　妵女字也从女主聲天口切　[illegible]女字也从夌聲[illegible]支切　[illegible]女號也从女耳聲仍吏切　始女之初也从女台聲詩止切　媚說也从女眉聲美秘切　嫵媚也从女無聲文甫切　媄色好也从女从美美亦聲無鄙切　[illegible]媚也从女畜聲丑六切　嫷南楚之外謂好曰嫷从女隋聲臣鉉等曰今俗省作媠唐韻作妥非是徒

東切 姝 好也从女朱聲昌朱切 好 美也从女子徐鍇曰子者男子之美偁會意呼皓切 嬹 說也从女興聲許應切 嬮

好也从女厭聲於鹽切 ⿰女殳 好也从女殳聲詩曰靜女其殳昌朱切 姣 好也从女交聲胡茅切 嬽 好也从女㬎聲讀若蜀郡布名

委員切 娧 好也从女兌聲杜外切 媌 目裏好也从女苗聲莫交切 嫿 靜好也从女畫聲呼麥切 婠 體德好也从女官聲

讀若楚郤宛一完切 娙 長好也从女巠聲五莖切 ⿰女贊 白好也从女贊聲則旰切 孌 順也从女𤔔聲詩曰婉兮孌兮力沇切

籀文孌 妴 婉也从女夗聲於阮切 婉 順也从女宛聲春秋傳曰太子痤婉於阮切 㛚 直項皃从女同聲他孔切 嫣 長皃从女

焉聲於乾切 姌 弱長皃从女冄聲而琰切 嫋 姌也从女从弱奴鳥切 孅 銳細也从女韱聲息廉切 嫇 嬰嫇也从女冥聲一

曰嫇嫇小人皃莫經切 媱 曲肩行皃从女䍃聲余招切 嬛 材緊也从女瞏聲春秋傳曰嬛嬛在疚許緣切 姽 閑體行姽姽也从女危聲過

委切 委 委隨也从女从禾臣鉉等曰委曲也取其禾穀垂穗委曲之皃故从禾於詭切 婐 婐㛂也一曰女侍曰婐讀若騧或若委从女果聲孟軻曰舜爲

天子二女婐烏果切 㛂 婐㛂也一曰弱也从女厄聲五果切 ⿰女占 小弱也一曰女輕薄善走也一曰多技藝也从女占聲或讀若占齒懾切 ⿰女沾

⿰女沾也从女沾聲丑廉切 妗 ⿰女沾妗也一曰善笑皃从女今聲火占切 孂 竦身也从女簋聲讀若詩糾糾葛屨居夭切 婧 竦立也从女青聲

聲一曰有才也讀若韭菁七正切 妌 靜也从女井聲疾正切 姂 婦人皃从女乏聲房法切 嫙 好也从女旋聲似沿切 ⿰女齊

材也从女齊聲祖雞切 姡 面醜也从女昏聲古活切 嬥 直好皃一曰嬈也从女翟聲徒了切 嫢 媞也从女規聲讀若癸秦晉謂細爲嫢居隨切

媞 [illegible]也一曰妍黠也一曰江淮之間謂母曰媞从女是聲承旨切 婺 不繇也从女敄聲亡遇切 嫺 雅也从女閒聲戶閒切 ⿰女巸

說樂也从女巸聲許其切 ⿱臤女 美也从女臤聲苦閑切 娛 樂也从女吳聲噳俱切 娭 戲也从女矣聲一曰卑賤名也遏在切 媅

樂也从女甚聲丁含切 娓 順也从女尾聲讀若媚無匪切 嫡 孎也从女啻聲都歷切 孎 謹也从女屬聲讀若人不孫爲孎之欲切 ⿰女冤

宴婉也从女冤聲於願切 㛪 女有心㛪㛪也从女弇聲衣檢切 ⿰女染 諟也从女染聲而琰切 嫥 壹也从女專聲一曰嫥嫥職緣切 如

从隨也从女从口徐鍇曰女子从父之教从夫之命故从口會意人諸切 嫧 齊也从女責聲側革切 娕 謹也从女束聲讀若謹敕數數測角切 嬐

敏疾也一曰莊敬皃从女僉聲息廉切 嬪 服也从女賓聲符眞切 摯 至也从女執聲周書曰大命不摯讀若摯同一曰虞書雉摯脂利切 ⿰女沓

㑴伏也从女沓聲一曰伏意他合切 晏 安也从女日詩曰以晏父母烏諫切 嬗 緩也从女亶聲一曰傳也時戰切 嫴 保任也从女辜聲古胡切

媻 奢也从女般聲臣鉉等曰今俗作婆非是薄波切 娑 舞也从女沙聲詩曰市也媻娑素何切 姷 耦也从女有聲讀若祐于救切

侑 姷或从人

姰 鈞適也男女併也从女旬聲居勻切

姕 婦人小物也从女此聲詩曰屢舞姕姕即移切

妓 婦人小物也从女支聲讀若跂行渠綺切

嬰 頸飾也从女賏賏其連也於盈切

㛑 三女爲㛑㛑美也从女奴省聲倉案切

媛 美女也人所援也从女从爰爰引也詩曰邦之媛兮玉眷切

娉 問也从女甹聲匹正切

娽 隨從也从女彖聲力玉切

妝 飾也从女牀省聲側羊切

孌 慕也从女䜌聲力沇切

媟 嬻也从女枼聲私列切

嬻 媟嬻也从女賣聲徒谷切

[illegible] 短面也从女竅聲丁滑切

嬖 便嬖愛也从女辟聲博計切

[illegible] 難也从女毄聲苦賣切

妎 妒也从女介聲胡蓋切

妒 婦妒夫也从女戶聲當故切

媢 夫妒婦也从女冒聲一曰相視也莫報切

妖 巧也一曰女子笑皃詩曰桃之妖妖从女芺聲於喬切

佞 巧讇高材也从女信省臣鉉等曰女子之信近於佞也乃定切

嫈 小心態也从女熒省聲烏莖切

嫪 婟也从女翏聲郎到切

婟 嫪也从女固聲胡誤切

姿 態也从女次聲即夷切

㜘 嬌也从女虘聲將預切

妨 害也从女方聲敷方切

妄 亂也从女亡聲巫放切

媮 巧黠也从女俞聲託侯切

[illegible] 貪也从女污聲胡古切

娋 小小侵也从女肖聲息約切

[illegible] 量也从女朵聲丁果切

妯 動也从女由聲徐鍇曰當从胄省徒歷切

嫌 不平於心也一曰疑也从女兼聲戶兼切

媘 減也从女省聲所景切

婼 不順也从女若聲春秋傳曰叔孫婼丑略切

婞 很也从女幸聲胡頂切

鯀婞直胡頂切 嫳 易使怒也从女敝聲讀若擊擊匹滅切 𡢃 好枝格人語也一曰靳也从女善聲旨善切 娺 疾悍也从女叕聲讀

若唾丁滑切 ⿰女酓 含怒也一曰難知也从女酓聲詩曰碩大且⿰女酓五感切 婀 陰阿安也从女阿聲烏何切 妍 技也一曰不省錄事一曰難侵也一曰

惠也一曰安也从女开聲讀若研五堅切 娃 圜深目皃或曰吳楚之間謂好曰娃从女圭聲於佳切 㛂 不媚前却㛂㛂也从女陝聲失冉切 妜

鼻目間皃讀若煙火炔炔从女決省聲於說切 孈 愚戇多態也从女雟聲讀若隓式吹切 ⿰女恚 不說也从女恚聲於避切 嫼 怒皃从女

黑聲呼北切 ⿰女戉 輕也从女戉聲王伐切 嫖 輕也从女㶾聲匹招切 ⿰女坐 訬疾也从女坐聲昨禾切 姎 女人自偁我也从女央聲烏浪切

媁 不說皃从女韋聲羽非切 婎 姿婎姿也从女隹聲一曰醜也許惟切 妶 有守也从女弦聲胡田切 媥 輕皃从女扁聲芳連切

嫚 侮易也从女曼聲謀患切 ⿰女臿 疾言失次也从女臿聲讀若懾丑聶切 嬬 弱也一曰下妻也从女需聲相俞切 婄 不肖也从

女咅聲讀若竹皮箁匹才切 嬯 遲鈍也从女臺聲闒嬯亦如之徒哀切 ⿰女覃 下志貪頑也从女覃聲讀若深乃忝切 ⿰女參 婪也从女

參聲七感切 婪 貪也从女林聲杜林說卜者黨相詐驗爲婪讀若潭盧含切 嬾 懈也怠也一曰臥也从女賴聲洛旱切 婁 空也从母

中女空之意也一曰婁務也洛侯切 ⿱⿴口人⿺尸乂 古文 娎 婁娎也从女折聲許劂切 ⿰女夾 得志娎娎一曰娎息也一曰少气也从女夾聲呼帖切 ⿰女㚔

苛也一曰擾戲弄也一曰嬥也从女堯聲奴鳥切

⿰女毀 惡也一曰人皃从女毀聲許委切

姍 誹也一曰翼便也从女刪省聲所晏切

媨 醜也一曰老嫗也从女酋聲讀若蹴七宿切

嫫 嫫母都醜也从女莫聲莫胡切

婓 往來婓婓也一曰醜皃从女非聲芳非切

孃 煩擾也一曰肥大也从女襄聲女良切

嬒 女黑色也从女會聲詩曰嬒兮蔚兮古外切

媆 好皃从女耎聲而沇切臣鉉等案切韻又音奴困切今俗作嫩非是

⿰女奄 誣挐也从女奄聲依劍切

⿰女監 過差也从女監聲論語曰小人窮斯⿰女監矣盧瞰切

嫯 侮易也从女敖聲五到切

婬 私逸也从女㸒聲余箴切

姘 除也漢律齊人予妻婢姦曰姘从女并聲普耕切

奸 犯婬也从女从干干亦聲古寒切

姅 婦人汚也从女半聲漢律曰見姅變不得侍祠博幔切

娗 女出病也从女廷聲徒鼎切

婥 女病也从女卓聲奴教切

娷 諉也从女垂聲竹恚切

⿰女𡿺 有所恨也从女𡿺聲今汝南人有所恨曰⿰女𡿺臣鉉等曰𡿺古囟字非聲當从匘省奴皓切

媿 慙也从女鬼聲俱位切 愧 媿或从恥省

奻 訟也从二女女還切

姦 私也从三女古顏切 𢙈 古文姦从心旱聲

文二百三十八 重十三

嬙 婦官也从女牆省聲才良切

妲 女字妲己紂妃从女旦聲當割切

嬌 姿也从女喬聲舉喬切

嬋 嬋娟態也从女單聲市連切

娟 嬋娟也从女肙聲於緣切

嫠 無夫也从女𠩺聲里之切

姤 偶也从女后聲古候切

文七 新附

四百四十四 毋 止之也从女有奸之者凡毋之屬皆从毋 武扶切

毐 人無行也从士从毋賈侍中說秦始皇母與嫪毐淫坐誅故世罵淫曰嫪毐讀若娭 遏在切

文二

四百四十五 民 衆萌也从古文之象凡民之屬皆从民 彌鄰切

𣱱 古文民

氓 民也从民亡聲讀若盲 武庚切

文二 重一

四百四十六 丿 右戾也象左引之形凡丿之屬皆从丿 徐鍇曰其爲文舉首而申體也 房密切

乂 芟艸也从丿从乀相交 魚廢切

刈 乂或从刀

弗 撟也从丿从乀从韋省 分勿切 臣鉉等曰韋所以束枉戾也

乀 左戾也从反丿讀與弗同 分勿切

文四 重一

四百四十七 厂 抴也明也象抴引之形凡厂之屬皆从厂虒字从此 徐鍇曰象丿而不舉首 余制切

四百四八 弋 橜也象折木衺銳著形从厂象物挂之也與職切 文二

乀 流也从反厂讀若移凡乀之屬皆从乀 弋支切

也 女陰也象形 羊者切 㐌 秦刻石也字 文二 重一

四百四九 氏 巴蜀山名岸脅之旁箸欲落墮者曰氏氏崩聞數百里象形乀聲凡氏之屬皆从氏楊雄賦響若氏隤 承旨切

氒 木本从氏大於末讀若厥 居月切 文二

四百五十 氐 至也从氏下箸一一地也凡氐之屬皆从氐 丁礼切

[seal] 臥也从氐垔 於進切 [seal] 觸也从氐失聲 徒結切 [seal] 臣鉉等案今篇韻音皓又音效注云誤也

文四

戈 平頭戟也从弋一橫之象形凡戈之屬皆从戈 古禾切

肇 上諱 臣鉉等曰後漢和帝名也案李舟切韻云擊也从戈肁聲 直小切 戎 兵也从戈从甲 如融切 戣 周禮侍臣執戣立于東垂兵也从戈癸聲 渠追切 戟 有枝兵也从戈倝周禮戟長丈六尺讀若棘 臣鉉等曰倝非聲義當从榦省榦枝也 紀逆切 戛 戟也从戈从首讀若棘 古黠切 賊 敗也从戈則聲 昨則切 戍 守邊也从人持戈 傷遇切 戰 鬭也从戈單聲 之扇切 戲 三軍之偏也一曰兵也从戈䖒聲 香義切 𢧗 利也一曰剔也从戈呈聲 徒結切 或 邦也从口从戈以守一一地也 于逼切 臣鉉等曰今俗作胡國切以爲疑或不定之意 域 或又从土 臣鉉等曰今無復或音 𢧢 斷也从戈雀聲 昨結切 𢦟 殺也从戈今聲商書曰西伯既𢦟黎 口含切 戕 槍也他國臣來弒君曰戕从戈爿聲 士良切 戮 殺也从戈翏聲 力六切 戡 刺也从戈甚聲 竹甚口含二切 戭 長槍也从戈寅聲春秋傳有擣戭 弋刃以淺二切 𢦏 傷也从戈才聲 祖才切 戩 滅也从戈晉聲詩曰實始戩商 即淺切 㦰 絕也一曰田器从从持戈古文讀若咸讀若詩云攕攕女手 臣鉉等曰𢦏銳意也故从从 子廉切 武 楚莊王曰夫武定功戢兵故止戈爲武 文甫切 戢

戢 藏兵也从戈咠聲詩曰載戢干戈 阻立切 𢧢 闕从戈从音 之弋切 戔 賊也从二戈周書曰戔戔巧言 徐鍇曰兵多則殘也故从二戈 昨干切

文二十六 重一

四百五二 戉 斧也从戈乚聲司馬法曰夏執玄戉殷執白戚周左杖黃戉右秉白髦凡戉之屬皆从戉 臣鉉等曰今俗别作鉞非是 王伐切

戚 戉也从戉尗聲 倉歷切

文二

四百五三 我 施身自謂也或說我頃頓也从戈从𠂇𠂇古垂字一曰古殺字凡我之屬皆从我 徐鍇曰从戈者取戈自持也 五可切

𢦵 古文我

義 己之威儀也从我羊 臣鉉等曰此與善同意故从羊 宜寄切 羛 墨翟書義从弗魏郡有羛陽鄉讀若錡今

䰞鄭本内黄北二十里　文三　重二

四百五四 亅 鉤逆者謂之亅象形凡亅之屬皆从亅讀若橜衢月切

𠄌 鉤識也从反亅讀若捕鳥罬居月切　文二

四百五五 珡 禁也神農所作洞越練朱五弦周加二弦象形凡珡之屬皆从珡巨今切

𢪌 古文珡从金

瑟 庖犧所作弦樂也从珡必聲所櫛切

𤨻 古文瑟　文二　重二

琵 琵琶樂器从珡比聲房脂切

琶 琵琶也从珡巴聲義當用枇杷蒲巴切　文二 新附

四百五六 乚 匿也象迟曲隱蔽形凡乚之屬皆从乚讀若隱於謹切

直 正見也从乚从十从目徐鍇曰乚隱也今十目所見是直也除力切 𥄂 古文直

文二 重一

四百五七

亡 逃也从入从乚凡亡之屬皆从亡 武方切

乍 止也一曰亡也从亡从一徐鍇曰出亡得一則止暫止也 鉏駕切 望 出亡在外望其還也从亡朢省聲 巫放切 無 亡也从亡無聲 武扶切 无 奇字无通於元者王育說天屈西北爲无 匃 气也逯安說亡人爲匃 古代切

文五 重一

四百五八

匸 衺徯有所俠藏也从乚上有一覆之凡匸之屬皆从匸讀與傒同 胡礼切

區 踦區藏匿也从品在匸中品衆也 豈俱切 匿 亡也从匸若聲讀如羊騶箠 女力切 丙 側逃也从匸丙聲一曰箕屬臣鉉等曰丙非聲義當从内會意疑傳寫之誤 盧候切 匽 匿也从匸晏聲 於蹇切 医 盛弓弩矢器也从匸从矢國語曰兵不解医 於計切 匹 四丈也从八匸八揲一匹八亦聲 普吉切

文七

四百五九

匚 受物之器象形凡匚之屬皆从匚讀若方 府良切

匚 籀文匚 匠 木工也从匚从斤斤所以作器也疾亮切 匧 藏也从匚夾聲苦叶切 篋 匧或从竹 匡 飲器筥也从匚㞷聲去王切 筐 匡或从竹 匜 似羹魁柄中有道可以注水从匚也聲移尒切 匴 渌米籔也从匚算聲穌管切 䉛 小桮也从匚贛聲古送切 檶 䉛或从木 匪 器似竹筐从匚非聲逸周書曰實玄黃于匪非尾切 𠥓 古器也从匚倉聲七岡切 𠤭 田器也从匚攸聲徒聊切 𠥑 田器也从匚異聲與職切 匫 古器也从匚曶聲呼骨切 匬 甌器也从匚俞聲度侯切 匱 匣也从匚貴聲求位切 匵 匱也从匚賣聲徒谷切 匣 匱也从匚甲聲胡甲切 匯 器也从匚淮聲胡罪切 柩 棺也从匚从木久聲巨救切 匶 籀文柩 匰 宗廟盛主器也周禮曰祭祀共匰主从匚單聲都寒切

文十九　重五

曲 象器曲受物之形或說曲蠶薄也凡曲之屬皆从曲 丘玉切 𠚕 古文曲 𦉫 骫曲也从曲王聲丘玉切 𠚖 古器也从曲舀聲土刀切

文三　重一

四百六一

甾 東楚名缶曰甾象形凡甾之屬皆从甾 側詞切

[seal] 古文 [seal] 𤱶也古田器也从甾𠂤聲楚洽切 畚 𤱶屬蒲器也所以盛種从甾弁聲布忖切 [seal] 𤱶也从甾并聲杜林以爲竹筥楊雄以爲蒲器讀若軿薄經切 𠧴 𠙹也从甾虍聲讀若盧同洛乎切 [seal] 篆文𠧴 [seal] 籀文𠧴

文五　重三

四百六二

瓦 土器已燒之總名象形凡瓦之屬皆从瓦 五寡切

瓬 周家搏埴之工也从瓦方聲讀若抵破之抵臣鉉等曰抵音允非聲未詳分兩切 甄 匋也从瓦垔聲居延切 甍 屋棟也从瓦夢省聲徐鍇曰所以承瓦故从瓦莫耕切 甑 甗也从瓦曾聲子孕切 [seal] 籀文甑从鬳 甗 甑也一曰穿也从瓦鬳聲讀若言魚蹇切 瓵 甌瓵謂之瓵从瓦台聲與之切 甇 大盆也从瓦尚聲丁浪切 甌 小盆也从瓦區聲烏侯切 㼜 罌也从瓦公聲烏貢切 瓨 似罌長頸受十升讀若洪从瓦工聲古雙切 𤬫 小盂也从瓦夗聲臣鉉等曰今俗別作盌非是烏管切 瓴 甕似瓶也从瓦令聲郎丁切 㼰 罌謂之㼰从瓦卑聲部迷切 甂 似小瓿大口而卑用食从瓦扁聲芳連切 瓿 甂也从瓦音聲蒲口切

甕 器也从瓦容聲上封切 甓 瓴甓也从瓦辟聲詩曰中唐有甓扶歷切 甃 井壁也从瓦秋聲側救切 㼽 康瓠破罌

甈 [illegible]臬聲 㿿 甈或从埶 瓾 瑳垢瓦石从瓦爽聲初兩切 㼼 蹈瓦聲从瓦耎聲零帖切 瓪 [illegible]治橐榦也从瓦今

[illegible]聲胡男切 𤮐 破也从瓦卒聲穌對切 瓪 敗也从瓦反聲布綰切 文二十五 重三

瓷 瓦器从瓦次聲疾資切 瓻 酒器从瓦稀省聲丑脂切 文二 新附

弓 以近窮遠象形古者揮作弓周禮六弓王弓

弧弓以射甲革甚質夾弓庾弓以射干侯鳥

獸唐弓大弓以授學射者凡弓之屬皆从弓[illegible]

弴 畫弓也从弓臺聲都昆切 弭 弓無緣可以解轡紛者从弓耳聲緜婢切 𢐀 弭或从兒 [illegible] 角弓[illegible]名[illegible]

[illegible]弓肙聲烏玄切 弧 木弓也从弓瓜聲一曰往體寡來體多曰弧戶吳切 弨 弓反也从弓召聲詩曰彤弓弨兮尺招切 [illegible]

[illegible]弓曲也从弓[illegible]聲九院切 彄 弓弩耑弦所居也从弓區聲恪侯切 𢐰 弓便利也从弓繇聲讀若燒火招切 [illegible]

長聲陟良切 彏 弓急張也从弓矍聲許縛切 弸 弓彊皃从弓朋聲父耕切 彊 弓有力也从弓畺聲巨良切 彎

持弓關矢也从弓䜌聲烏關切 引 開弓也从弓丨 臣鉉等曰象引弓之形余忍切 弙 滿弓有所鄉也从弓于聲哀都切 弘

也从弓厶聲厶古文肱字胡肱切 㢸 弛弓也从弓璽聲斯氏切 弛 弓解也从弓从也施氏切 𢐂 弛或从虒 弢

叏叏垂飾與鼓同意土刀切 弩 弓有臂者周禮四弩夾弩庾弩唐弩大弩从弓奴聲奴古切 彀 張弩也从弓㱿聲古候切 彉

弩滿也从弓黃聲讀若郭苦郭切 彃 䠶也从弓畢聲楚詞曰芎焉彃日卑吉切 彈 行丸也从弓單聲徒案切 𢎹 彈或从弓持丸

發 䠶發也从弓癹聲方伐切 𢏚 帝嚳䠶官夏少康滅之从弓幵聲論語曰𢏚善䠶五計切

文二十七 重三

弜 彊也从二弓凡弜之屬皆从弜其兩切

弼 輔也重也从弜西聲徐鍇曰西舌也非聲舌柔而弜剛以柔从剛輔弼之意房密切 𢐇 弼或如此 𢑀 古文弼

文二 重三

四百六五

弦 弓弦也从弓象絲軫之形凡弦之屬皆从弦 臣鉉等曰今別作絃非是胡田切

盭 弼戾也从弦省从盩讀若戾臣鉉等曰盩者擊罪人見血也弼戾之意郎計切

𢏚 急戾也从弦省少聲於霄切

𢐗 不成遂急戾也从弦省曷聲讀若瘞葬於罽切

文四

四百六六

系 繫也从糸丿聲凡系之屬皆从系胡計切

系或从毄處 籀文系从爪絲

孫 子之子曰孫从子从系系續也思魂切

緜 聯微也从系从帛武延切

繇 隨從也从系䍃聲臣鉉等曰今俗从䍃余招切

文四 重三

說文解字弟十二下

說文解字弟十三上

漢太尉祭酒許慎記

銀青光祿大夫守右散騎常侍上柱國東海縣開國子食邑五百戶臣徐鉉等奉

敕校定

三十三部　文六百九十九　重一百二十二

凡八千三百九十八字　文三十一新附

糸 細絲也象束絲之形凡糸之屬皆从糸讀若覛 莫狄切 𢇁 古文糸

繭 蠶衣也从糸从虫黹省 古典切 𧋡 古文繭从糸見

繅 繹繭爲絲也从糸巢聲 穌遭切

繹 抽絲也从糸睪聲 羊益切

緒 絲耑也从糸者聲 徐呂切

緬 微絲也从糸面聲 弭沇切

純 絲也从糸屯聲論語曰今也純儉 常倫切

綃 生絲也从糸肖聲 相幺切

紇 絲下也从糸气聲春秋傳有臧孫紇 下沒切

紙 絲滓也从糸氐聲 都兮切

紙絲滓也从糸氏聲都兮切絓繭滓絓頭也一曰以囊絮練也从糸圭聲胡卦切纅絲色也从糸樂聲以灼切䊷著絲於筟車也从糸崔聲穌對切

經織也从糸巠聲九丁切織作布帛之總名也从糸戠聲之弋切𢇍樂浪挈令織从糸从式臣鉉等曰挈令蓋律令之書也

紝機縷也从糸壬聲如甚切𦁔紝或从任綜機縷也从糸宗聲子宋切綹緯十縷為綹从糸咎聲讀若柳力久切

緯織橫絲也从糸韋聲云貴切緷緯也从糸軍聲王問切繢織餘也从糸貴聲胡對切統紀也从糸充聲他綜切

紀絲別也从糸己聲居擬切繈觕類也从糸強聲居兩切纇絲節也从糸頪聲盧對切紿絲勞即紿从糸台聲徒亥切

納絲溼納納也从糸內聲奴荅切紡網絲也从糸方聲妃兩切絕斷絲也从糸从刀从卩情雪切𢇍古文絕象不連體絕二絲

繼續也从糸㡭一曰反𢇍為繼古詣切續連也从糸賣聲似足切賡古文續从庚貝臣鉉等曰今俗作古行切

纘繼也从糸贊聲作管切紹繼也从糸召聲一曰紹緊糾也市沼切𦀵古文紹从邵䌟偏緩也从糸羨聲昌善切

䋼緩也从糸盈聲讀與聽同他丁切𦃇䋼或从呈縱緩也一曰舍也从糸從聲足用切紓緩也从糸予聲傷魚切

繎絲勞也从糸然聲如延切紆詘也从糸于聲一曰縈也億俱切緈直也从糸幸聲讀若陘胡頂切纖細也从糸

纖聲息廉切 細 微也从糸囟聲穌計切 緢 旄絲也从糸苗聲周書曰惟緢有稽武儦切 縒 參縒也从糸差聲楚宜切

繙 冕也从糸番聲附袁切 縮 亂也从糸宿聲一曰蹴也所六切 紊 亂也从糸文聲商書曰有條而不紊亡運切

級 絲次弟也从糸及聲居立切 總 聚束也从糸悤聲臣鉉等曰今俗作揔非是作孔切 [illegible] 約也从糸具聲居玉切

約 纏束也从糸勺聲於略切 繚 纏也从糸尞聲盧鳥切 纏 繞也从糸廛聲直連切 繞 纏也从糸堯聲而沼切

紾 轉也从糸㐱聲之忍切 繯 落也从糸睘聲胡畎切 辮 交也从糸辡聲頻犬切 結 締也从糸吉聲古屑切

縎 結也从糸骨聲古忽切 締 結不解也从糸帝聲特計切 縛 束也从糸尃聲符钁切 繃 束也从糸崩聲墨子

曰禹葬會稽桐棺三寸葛以繃之補盲切 絿 急也从糸求聲詩曰不競不絿巨鳩切 絅 急引也从糸冋聲古熒切 𦃃 散絲

也从糸𠂢聲匹卦切 [illegible] 不均也从糸羸聲力臥切 給 相足也从糸合聲居立切 綝 止也从糸林聲讀若郴丑林切 縪 止也

从糸畢聲卑吉切 紈 素也从糸丸聲胡官切 終 綵絲也从糸冬聲職戎切 [illegible] 古文終 [illegible] 合也从糸从集讀若捷

姊入切 繒 帛也从糸曾聲疾陵切 [illegible] 籀文繒从宰省楊雄以爲漢律祠宗廟丹書告 緭 繒也从糸胃聲云貴切 絩 綺絲

之數也漢律曰綺絲數謂之絩布謂之總綬組謂之首从糸兆聲治小切 綺文繒也从糸奇聲袪彼切 縠細縛也从糸㱿聲胡谷切 縳白鮮色也从糸專聲持沇切 縑并絲繒也从糸兼聲古甜切 綈厚繒也从糸弟聲杜兮切 練湅繒也从糸柬聲郎甸切 縞鮮色也从糸高聲古老切 ⿰糸璽粗緒也从糸璽聲臣鉉等曰今俗別作絁非是式支切 紬大絲繒也从糸由聲直由切 綮緻繒也一曰微幟信也有齒从糸𢼄聲康禮切 綾東齊謂布帛之細曰綾从糸夌聲力膺切 縵繒無文也从糸曼聲漢律曰賜衣者縵表白裏莫半切 繡五采備也从糸肅聲息救切 絢詩云素以為絢兮从糸旬聲臣鉉等案論語注絢文貌許掾切 繪會五采繡也虞書曰山龍華蟲作繪論語曰繪事後素从糸會聲黃外切 緀白文皃詩曰緀兮斐兮成是貝錦从糸妻聲七稽切 ⿰糸米繡文如聚細米也从糸从米米亦聲莫礼切 絹繒如麥稍从糸肙聲吉掾切 綠帛青黃色也从糸彔聲力玉切 縹帛青白色也从糸㶾聲敷沼切 ⿰糸育帛青經縹緯一曰育陽染也从糸育聲余六切 絑純赤也虞書丹朱如此从糸朱聲章俱切 纁淺絳也从糸熏聲許云切 絀絳也从糸出聲丑律切 絳大赤也从糸夅聲古巷切 綰惡也絳也从糸官聲一曰綃也讀若雞卵烏版切 縉帛赤色也春秋傳縉雲氏禮有縉緣从糸晉聲即刃切 綪赤繒也从茜染故謂之綪从糸青聲倉絢切 緹帛丹黃色从糸是聲他礼切

衹 緹或从氏 縓 帛赤黃色一染謂之縓再染謂之䞓三染謂之纁从糸原聲七絹切 紫 帛青赤色从糸此聲將此切

紅 帛赤白色从糸工聲戶公切 繱 帛青色从糸悤聲倉紅切 紺 帛深青揚赤色从糸甘聲古暗切 綥 帛蒼艾色

从糸畀聲詩縞衣綥巾未嫁女所服一曰不借綥渠之切 綦 綥或从其 繰 帛如紺色或曰深繒从糸喿聲讀若喿親小切

緇 帛黑色也从糸甾聲側持切 纔 帛雀頭色一曰微黑色如紺纔淺也讀若讒从糸毚聲士咸切 緂 帛騅色也从糸剡聲詩曰毳衣如緂

臣鉉等曰今俗別作毯非是土敢切 綟 帛戾艸染色从糸戾聲郎計切 紑 白鮮衣皃从糸不聲詩曰素衣其紑匹丘切 緂 白鮮衣皃

从糸炎聲謂衣采色鮮也充三切 繻 繒采色从糸需聲讀若易繻有衣臣鉉等曰漢書傳符帛也相俞切 縟 繁采色也从糸辱聲而蜀切

纚 冠織也从糸麗聲所綺切 紘 冠卷也从糸厷聲戶萌切 紭 紘或从弘 紞 冕冠塞耳者从糸冘聲臣鉉等曰今俗別作髧非是

都感切 纓 冠系也从糸嬰聲於盈切 紻 纓卷也从糸央聲於兩切 緌 系冠纓也从糸委聲儒隹切 緄 織帶也从糸昆聲古

本切 紳 大帶也从糸申聲失人切 繟 帶緩也从糸單聲昌善切 綬 韍維也从糸受聲殖酉切 組 綬屬其小者以為冕

纓从糸且聲則古切 緺 綬紫青也从糸咼聲古蛙切 縌 綬維也从糸逆聲宜戟切 纂 似組而赤从糸算聲作管切 紐

系也一曰結而可解从糸丑聲女久切 綸 青絲綬也从糸侖聲古還切 綎 系綬也从糸廷聲他丁切 絙 緩也从糸亘聲胡官切

繐 細疏布也从糸惠聲私銳切 䋧 頸連也从糸暴省聲補各切 紟 衣系也从糸今聲居音切 䘳 籒文从金 緣

衣純也从糸彖聲以絹切 纀 裳削幅謂之纀从糸僕聲博木切 絝 脛衣也从糸夸聲苦故切 繑 絝紐也从糸喬聲牽搖切 緥

小兒衣也从糸保聲臣鉉等曰今俗作褓非是博抱切 繜 薉貉中女子無絝以帛為脛空用絮補核名曰繜衣狀如襜褕从糸尊聲子昆切

紴 絛屬从糸皮聲讀若被或讀若水波之波博禾切 絛 扁緒也从糸攸聲土刀切 絨 采彰也一曰車馬飾从糸戊聲王伐切

縱 絨屬从糸从從省聲足容切 紃 圜采也从糸川聲詳遵切 緟 增益也从糸重聲直容切 纕 援臂也从糸襄聲汝羊切 纗

維綱中繩从糸巂聲讀若畫或讀若維戶圭切 綱 維紘繩也从糸岡聲古郎切 㭃 古文綱 縜 持綱紐也从糸

員聲周禮曰縜寸臣鉉等曰縜長寸也為贇切 綅 絳綫也从糸侵省聲詩曰貝冑朱綅子林切 縷 綫也从糸婁聲力主切 綫

縷也从糸戔聲私箭切 線 古文綫 ⿰糸穴 縷一枚也从糸穴聲乎決切 縫 以鍼紩衣也从糸逢聲符容切 緁 緶衣也从糸疌聲七

接切 𦃃 緁或从習 紩 縫也从糸失聲直質切 緛 衣戚也从糸耎聲而沇切 ⿰糸旦 補縫也从糸旦聲丈莧切

繕 補也从糸善聲時戰切 絬 論語曰絬衣長短右袂从糸舌聲私列切 纍 綴得理也一曰大索也从糸畾聲力追切 縭 以絲介履也从糸离聲力知切 緱 刀劍緱也从糸侯聲古侯切 繄 戟衣也从糸殹聲一曰赤黑色繒烏雞切 縿 旌旗之游也从糸參聲所銜切 徽 衺幅也一曰三糾繩也从糸微省聲許歸切 ⿰糸折 扁緒也一曰弩要鉤帶从糸折聲并列切 紉 繟繩也从糸刃聲女鄰切 繩 索也从糸蠅省聲食陵切 ⿰糸爭 紝未縈繩一曰急弦之聲从糸爭聲讀若旌側莖切 縈 收韏也从糸熒省聲於營切 絇 纑繩絇也从糸句聲讀若鳩其俱切 縋 以繩有所縣也春秋傳曰夜縋納師从糸追聲持偽切 絭 攘臂繩也从糸类聲居願切 緘 束篋也从糸咸聲古咸切 縢 緘也从糸朕聲徒登切 編 次簡也从糸扁聲布玄切 維 車蓋維也从糸隹聲以追切 絥 車絥也从糸伏聲平祕切 茯 絥或从艸 鞴 絥或从革葡聲 紅 乘輿馬飾也从糸正聲諸盈切 綊 紅縷也从糸夾聲胡頰切 緐 馬髦飾也从糸每聲春秋傳曰可以稱旌緐乎附袁切 𦆛 緐或从㝸㝸籒文弁 繮 馬紲也从糸畺聲居良切 紛 馬尾韜也从糸分聲撫文切 紂 馬緧也从糸肘省聲除柳切 緧 馬紂也从糸酋聲七由切 絆 馬縶也从糸半聲博幔切 ⿰糸須 絆前兩足也从糸須聲漢令蠻夷卒有額相主切 紖 牛系也从糸引聲讀若矤直引切 縼

从長繩繫牛也从糸旋聲辭戀切 縻 牛轡也从糸麻聲靡爲切 䌕 縻或从多 紲 系也从糸世聲春秋傳曰臣負羈紲私列切
緤 紲或从枼 纆 索也从糸黑聲莫北切 縆 大索也一曰急也从糸恒聲古恒切 繘 綆也从糸矞聲余聿切 䋾 古文从絲
𦃃 籒文繘 綆 汲井綆也从糸更聲古杏切 絠 彈彄也从糸有聲弋宰切又古亥切 繳 生絲縷也
从糸敫聲之若切 繴 繴謂之罿罿謂之罬罬謂之罦捕鳥覆車也从糸辟聲博戹切 緍 釣魚繳也从糸昏聲吳人解衣相被
謂之緍武巾切 絮 敝緜也从糸如聲息據切 絡 絮也一曰麻未漚也从糸各聲盧各切 纊 絮也从糸廣聲春秋傳曰皆如
挾纊苦謗切 絖 纊或从光 紙 絮一苫也从糸氏聲諸氏切 䋊 治敝絮也从糸咅聲芳武切 䋈 絜縕也一曰敝絮从
糸奴聲易曰需有衣絮女余切 繫 繫褫也一曰惡絮从糸毄聲古詣切 褫 繫褫也一曰維也从糸虒聲郎兮切 緝 績也从糸
咠聲七入切 絘 績所緝也从糸次聲七四切 績 緝也从糸責聲則歷切 纑 布縷也从糸盧聲洛乎切 紨 布也
一曰粗紬从糸付聲防無切 繐 蜀細布也从糸彗聲祥歲切 絺 細葛也从糸希聲丑脂切 綌 粗葛也从糸
㣘 綌或从巾 縐 絺之細也詩曰蒙彼縐絺一曰蹴也从糸芻聲側救切 絟 細布也从糸全聲此緣切 紵 檾屬細者爲絟

粗者爲紵从糸宁聲直呂切 䋯 紵或从緒省 緦 十五升布也一曰兩麻一絲布也从糸思聲息兹切 𢇁 古文緦从糸省 緆

細布也从糸易聲先擊切 𦃇 緆或从麻 緰 緰貲布也从糸俞聲度矦切 縗 服衣長六寸博四寸直心从糸衰聲倉回切 絰

喪首戴也从糸至聲徒結切 緶 交枲也一曰緁衣也从糸便聲房連切 [illegible] 履也一曰青絲頭履也讀若阡陌之

陌从糸戶聲亡百切 緉 履兩枚也一曰絞也从糸从兩兩亦聲力讓切 絜 麻一耑也从糸丰聲古屑切

繆 枲之十絜也一曰綢繆从糸翏聲武彪切 綢 繆也从糸周聲直由切 縕 紼也从糸𥁕聲於云切 紼 亂系也从糸弗聲分勿切

絣 氐人殊縷布也从糸并聲北萌切 紕 氐人𦇐也讀若禹貢玭珠从糸比聲卑履切 𦇐 西胡毳布也从糸罽聲居例切

縊 經也从糸益聲春秋傳曰夷姜縊於賜切 綏 車中把也从糸从妥徐鍇曰礼升車必正立執綏所以安也當从爪从安省說文無妥字息遺切 彝

宗廟常器也从糸糸綦也廾持米器中寶也彑聲此與爵相似周禮六彝雞彝鳥彝黃彝虎彝蟲彝斝彝以待祼將之禮以脂切 [illegible] [illegible]

皆古文彝 緻 密也从糸致聲直利切 文二百四十八 重三十一

緗 帛淺黃色也从糸相聲息良切 緋 帛赤色也从糸非聲甫微切 緅 帛青赤色也从糸取聲子侯切 繖 蓋也从糸散聲

綀 布屬从糸束聲所葅切 縡 事也从糸宰聲子代切 繾 繾綣不相離也从糸遣聲去演切 綣 繾綣也从糸卷聲去阮切

文九 新附

四百六十八

素 白緻繒也从糸𠂹取其澤也凡素之屬皆从素 桑故切

䊵 素屬从素收聲居玉切 𦃃 白約縞也从素勺聲以灼切 𦇍 素屬从素率聲所律切 繛 緩也从素卓聲昌約切 綽 繛或省 𦅺 繛也从素爰聲胡玩切 緩 𦅺或省

文六 重二

四百六十九

絲 蠶所吐也从二糸凡絲之屬皆从絲 息茲切

轡 馬轡也从絲从軎與連同意詩曰六轡如絲 兵媚切 𢇍 織絹从糸貫杼也从絲省卝聲 古還切 臣鉉等曰卝古磺字

文三

四百七十

率 捕鳥畢也象絲罔上下其竿柄也凡率之屬皆从率 所律切

文一

虫 一名蝮博三寸首大如擘指象其臥形物之微
細或行或毛或蠃或介或鱗以虫爲象凡虫之
屬皆从虫 許偉切

蝮 虫也从虫复聲芳目切 螣 神蛇也从虫朕聲徒登切 蚦 大蛇可食从虫冄聲人占切 螼 螾也从虫堇聲弃忍切 螾
側行者从虫寅聲余忍切 蚓 螾或从引 螉 蟲在牛馬皮者从虫翁聲烏紅切 蠑 螉蠑也从虫從聲子紅切 蠁 知聲虫也从虫鄉
聲許兩切 蚼 司馬相如蠁从向 蛁 蟲也从虫召聲都僚切 蜹 蟲也从虫叡出示聲祖外切 蛹 繭蟲也从虫甬聲余隴切 螝
蛹也从虫鬼聲讀若潰胡罪切 蛕 腹中長蟲也从虫有聲戶恢切 蟯 腹中短蟲也从虫堯聲如招切 雖 似蜥蜴而大从虫唯聲息遺切
虺 虺以注鳴詩曰胡爲虺蜥从虫兀聲臣鉉等曰兀非聲未詳許偉切 蜥 蜥易也从虫析聲先擊切 蝘 在壁曰蝘蜓在艸曰蜥易从虫匽聲
於殄切 𧍷 蝘或从䖵 蜓 蝘蜓也从虫延聲一曰螾蜓徒典切 蚖 榮蚖蛇醫以注鳴者从虫元聲愚袁切 蠸 蟲也一曰大螫也讀若
蜀都布名从虫雚聲巨員切 螟 蟲食穀葉者吏冥冥犯法即生螟从虫从冥冥亦聲莫經切 蟘 蟲食苗葉者吏乞貸則生蟘从虫从貸

貸亦聲詩曰去其螟蟘臣鉉等曰今俗作蟘非是徒得切

蟣 蝨子也一曰齊謂蛭曰蟣从虫幾聲居豨切

蛭 蟣也从虫至聲之日切

蝚 蛭蝚至掌也从虫柔聲耳由切

蛣 蛣蚍蝎也从虫吉聲去吉切

蚍 蛣蚍也从虫出聲區勿切

蟫 白魚也从虫覃聲余箴切

蛵 丁蛵負勞也从虫巠聲戶經切

蜭 毛蠹也从虫臽聲乎感切

蟜 蟲也从虫喬聲居夭切

蛓 毛蟲也从虫𢦏聲千志切

蛙 蠆也从虫圭聲烏蝸切

蚔 畫也从虫氏聲巨支切

蠆 毒蟲也象形丑芥切

𧓍 蠆或从䖵

蝤 蝤齎也从虫酋聲字秋切

蠀 齎螬也从虫齊聲徂兮切

蝎 蝤蠀也从虫曷聲胡葛切

強 蚚也从虫弘聲徐鍇曰弘與強聲不相近秦刻石文从口疑从籀文省巨良切

𧕾 籀文強从䖵从彊

蚚 強也从虫斤聲巨衣切

蜀 葵中蠶也从虫上目象蜀頭形中象其身蜎蜎詩曰蜎蜎者蜀市玉切

蠲 馬蠲也从虫目益聲了象形明堂月令曰腐艸爲蠲古玄切

螕 齧牛蟲也从虫𣬉聲邊兮切

蠖 尺蠖屈申蟲从虫蒦聲烏郭切

蝝 復陶也劉歆說蝝蚍蜉子董仲舒說蝗子也从虫彖聲與專切

螻 螻蛄也从虫婁聲一曰螜天螻洛侯切

蛄 螻蛄也从虫古聲古乎切

蠪 丁蟻也从虫龍聲盧紅切

蛾 羅也从虫我聲臣鉉等案爾雅蛾羅蠶蛾也蚰部已有𧓉或作蛾此重出五何切

螘 蚍蜉也从虫豈聲魚綺切

蚳 螘子也从虫氐聲周禮有蚳醢讀若祁直尼切

𧒆 籀文蚳从䖵

𧑓 古文蚳从辰土

蠜 𠂤蠜也从虫樊聲附袁切

悉𧍯也从虫帥聲臣鉉等曰今俗作蟀非是所律切 蝒 馬蜩也从虫面聲武延切 蟷 蟷蠰不過也从虫當聲都郎切 蠰 蟷蠰也从虫襄聲汝羊切 蜋 堂蜋也从虫良聲一名蚚父魯當切 蛸 蟲蛸堂蜋子从虫肖聲相邀切 蛢 𧓇蛢以翼鳴者从虫并聲薄經切 𧓇 𧓇蟥也从虫矞聲余律切 蟥 𧓇蟥也从虫黃聲乎光切 䗐 蛅䗐強羋也从虫施聲式支切 蛅 蛅斯墨也从虫占聲職廉切 蜆 縊女也从虫見聲胡典切 蜰 盧蜰也从虫肥聲符非切 𧍢 渠𧍢一曰天社从虫卻聲其虐切 𧒂 𧒂蠃蒲盧細要土蠭也天地之性細要純雄無子詩曰螟蛉有子𧒂蠃負之从虫𤔔聲古火切 蜾 𧒂或从果 蠃 蜾蠃也从虫羸聲一曰虒蝓郎果切 蠕 螟蠕桑蟲也从虫霝聲郎丁切 蛺 蛺蜨也从虫夾聲兼叶切 蜨 蛺蜨也从虫疌聲臣鉉等曰今俗作蝶非是徒叶切 蚩 蟲也从虫之聲赤之切 螌 螌蝥毒蟲也从虫般聲布還切 蝥 螌蝥也从虫敄聲臣鉉等曰今俗作蟊非是蟊即蠿蟊蜘蛛之别名也莫交切 蟠 鼠婦也从虫番聲附袁切 蛜 蛜威委黍委黍鼠婦也从虫伊省聲於脂切 蜙 蜙蝑以股鳴者从虫松聲息恭切 蚣 蜙或省臣鉉等曰今俗作古紅切以爲蜈蚣蟲名 蝑 蜙蝑也从虫胥聲相居切 蟅 蟲也从虫庶聲之夜切 蝗 螽也从虫皇聲乎光切 蜩 蟬也从虫周聲詩曰五月鳴蜩徒聊切 䑽 蜩或从舟 蟬 以旁鳴者从虫單聲市連切 蜺 寒蜩也从虫兒聲五雞切 螇 螇鹿蛁蟟也从虫奚聲胡雞切 蚗

蚗蛥蛁蟟也从虫夬聲於悦切
蚗蛥蟬屬讀若周天子赧从虫丏聲武延切
蜻蛚也从虫列聲良薛切
蜻蛚也从虫青聲子盈切
蜻蛉也从虫令聲一名桑根郎丁切
蠛蠓也从虫蒙聲莫孔切
[illegible]蟓也一曰蜉游朝生莫死者从虫[illegible]聲离灼切
秦晉謂之蜹楚謂之蚊从虫芮聲而銳切
蟰蛸長股者从虫肅聲穌彫切
蟲也从虫省聲息正切
商何也从虫寽聲力輟切
蠅胆也周禮蜡氏掌除骴从虫昔聲鉏駕切
動也从虫耎聲而沇切
行也从虫支聲巨支切
蟲行也从虫睘聲香沇切
蟲曳行也从虫屮聲讀若騁丑善切
螽醜螸垂腴也从虫欲聲余足切
蠅醜𧍯搖翼也从虫扇聲式戰切
蛇蟬所解皮也从虫捝省輸芮切
螫也从虫若省聲呼各切
蟲行毒也从虫赦聲施隻切
[illegible]也从虫亞聲烏各切
搔蛘也从虫羊聲余兩切
敗創也从虫人食食亦聲乘力切
龍之屬也池魚滿三千六百蛟來為之長能率魚飛置笱水中即蛟去从虫交聲古肴切
若龍而黃北方謂之地螻从虫离聲或云無角曰螭丑知切
龍子有角者从虫丩聲渠幽切
蛇屬黑色潛于神淵能興風雨从虫侖聲讀若戾艸力屯切
蜦或从戾
海蟲也長寸而白可食从虫兼聲讀若嗛力鹽切
雉入海化為蜃从虫辰聲時忍切
蜃屬有三皆生於海千歲化為蛤秦謂之牡厲又云百歲燕所化魁蛤一名復累老服翼所化从虫合聲古沓切
階也脩為螷圜為蠇从虫庳臣鉉等

曰今俗作鮩或作蠯非是蒲猛切 蝸 蝸蠃也从虫咼聲亡華切 蚌 蜃屬从虫丰聲步項切 蠇 蚌屬似蟝微大出海中今民食之从虫萬

聲讀若賴力制切 蝓 虒蝓也从虫俞聲羊朱切 蜎 蜎也从虫肙聲狂沇切 蟺 夗蟺也从虫亶聲常演切 蚴 蚴蟉也从虫幽

聲於虯切 蟉 蚴蟉也从虫翏聲力幽切 蟄 藏也从虫埶聲直立切 蚨 青蚨水蟲可還錢从虫夫聲房無切 [illegible] 鼀鼀詹諸以脰

鳴者从虫匊聲居六切 蝦 蝦蟆也从虫叚聲乎加切 蟆 蝦蟆也从虫莫聲莫遐切 蠵 大龜也以胃鳴者从虫巂聲戶圭切 蠵

司馬相如說蠵从夐 螹 螹離也从虫漸省聲慈染切 蠏 有二敖八足旁行非蛇鮮之穴無所庇从虫解聲胡買切 蟹 蠏或从魚

蛫 蟹也从虫危聲過委切 蜮 短狐也似鼈三足以气䠶害人从虫或聲于逼切 蟈 蜮又从國臣鉉等曰今俗作古獲切以爲蝦蟇之別

石切 𧊜 似蜥易長一丈水潛吞人即浮出日南从虫屰聲吾各切 蛧 蛧蜽山川之精物也淮南王說蛧蜽狀如三歲小兒赤黑色赤目長耳美

髮从虫网聲國語曰木石之怪夔蛧蜽文兩切 蜽 蛧蜽也从虫兩聲臣鉉等曰今俗別作魍魎非是良獎切 蝯 善援禺屬从虫爰聲臣鉉

等曰今俗別作猿猨非是雨元切 蠗 禺屬从虫翟聲直角切 蜼 如母猴卬鼻長尾从虫隹聲余季切 蚼 北方有蚼犬食人从虫句

聲古厚切 蛩 蛩蛩獸也一曰秦謂蟬蛻曰蛩从虫巩聲渠容切 蟨 鼠也一曰西方有獸前足短與蛩蛩巨虛比其名謂之蟨从虫厥聲居月切 [illegible]

蝙 蝙蝠也从虫扁聲布玄切 蝠 蝙蝠服翼也从虫畐聲方六切 蠻 南蠻蛇穜从虫䜌聲莫還切 閩 東南越蛇穜从虫門聲武巾切

虹 螮蝀也狀似蟲从虫工聲明堂月令曰虹始見戶工切 𧈅 籀文虹从申申電也 螮 螮蝀虹也从虫帶聲都計切 蝀 螮蝀也从虫東聲多貢切 𧌒 衣服歌謠艸木之怪謂之祥禽獸蟲蝗之怪謂之𧌒从虫辥聲魚列切

文一百五十三　重十五

蜑 南方夷也从虫延聲徒旱切 蟪 蟪蛄蟬也从虫惠聲胡桂切 蠛 蠛蠓細蟲也从虫蔑聲亡結切 虴 虴蜢艸上蟲也从虫乇聲陟格切 蜢 虴蜢也从虫孟聲莫杏切 蟋 蟋蟀也从虫悉聲息七切 螳 螳蜋也从虫堂聲徒郎切

文七　新附

說文解字弟十三上

說文解字弟十三下　漢太尉祭酒許慎記

銀青光祿大夫守右散騎常侍上柱國東海縣開國子食邑五百戶臣徐鉉等奉

敕校定

䖵　蟲之總名也从二虫凡䖵之屬皆从䖵讀若昆　古魂切

蠶　任絲也从䖵朁聲昨含切　䖸　蠶化飛蟲从䖵我聲五何切　蛾　或从虫　𧓎　齧人跳蟲从䖵叉聲叉古爪字子皓切　蚤　或从虫　蝨　齧人蟲从䖵卂聲所櫛切　螽　蝗也从䖵夂聲夂古文終字職戎切　𧒴　螽或从虫衆聲　𧖁　蟲也从䖵展省聲知衍切　蠽　小蟬蜩也从䖵截聲子列切　蠿　蠿蟊作罔蛛蟊也从䖵𢇍聲𢇍古絕字側八切　蟊　蠿蟊也从䖵矛聲莫交切　𧓍　蟲也从䖵寍聲奴丁切　𧕴　蠐螬也从䖵曹聲財牢切　𧒽　螻蛄也从䖵羍聲胡葛切　𧕰　蟲蛸也从䖵卑聲匹標切　蜱　𧕰或从虫　蠭　飛蟲螫人者从䖵逢聲敷容切　𧖅　古文省　蠠　蠭甘飴也一曰螟子从䖵鼏聲彌必切

蜜 𧖴或从宓 𧕟 蝨蝚也从䖵巨聲強魚切 蟁 齧人飛蟲从䖵民聲無分切 𧒂 蟁或从昏以昏時出也

蚊 俗蟁从虫从文 蝱 齧人飛蟲从䖵亡聲武庚切 蠹 木中蟲从䖵橐聲當故切 螙 蠹或从木象蟲在木中形

譚長說 蠡 蟲齧木中也从䖵彖聲盧啓切 𧒒 古文 𧖨 多足蟲也从䖵求聲巨鳩切 蛷 𧖨或从虫

𧓝 蚍𧓝也从䖵𣬉聲縛牟切 蜉 𧓝或从虫从孚 𧕴 蟲食也从䖵雋聲子兖切 蠢 蟲動也从䖵春聲尺尹切 𡳿 古文

蠢从𢦏周書曰我有𢦏于四

文二十五　重十三

蟲 有足謂之蟲無足謂之豸从三虫凡蟲之屬皆从蟲 直弓切

蟊 蟲食艸根者从蟲象其形吏抵冒取民財則生 徐鍇曰唯此一字象蟲形不从矛書者多誤 莫浮切 𧒀 蟊或从敄 臣鉉等按虫部已有莫交切作蝥蟊蟲此重出 蛑 古文蟊从虫从牟 𧕋 蚍蜉大螘也从蟲𣬉聲房脂切 蚍 𧕋或从虫比聲

[illegible] 民蟲也从蟲門聲武巾切 蜚 臭蟲負蠜也从蟲非聲房未切 𧉂 蜚或从虫 蠱 腹中蟲也春秋傳曰皿蟲爲蠱

蠱 晦淫之所生也梟桀死之鬼亦爲蠱从蟲从皿皿物之用也公戶切

文六 重四

風 八風也東方曰明庶風東南曰清明風南方曰景風西南曰涼風西方曰閶闔風西北曰不周風北方曰廣莫風東北曰融風風動蟲生故蟲八日而化从虫凡聲凡風之屬皆从風 方戎切

凬 古文風

䬅 北風謂之䬅从風涼省聲呂張切

䬙 小風也从風朮聲翾聿切

飆 扶搖風也从風猋聲甫遙切

飑 飆或从包

飄 回風也从風票聲撫招切

颯 翔風也从風立聲穌合切

飂 高風也从風翏聲力求切

䬍 疾風也从風从忽忽亦聲呼骨切

颹 大風也从風胃聲王勿切

𩗯 大風也从風日聲于筆切

颺 風所飛揚也从風昜聲與章切

颲 風雨暴疾也从風利聲讀若栗力質切

颲 烈風也从風列聲讀若列良薛切

文十三 重二

颸 涼風也从風思聲息茲切

颼 颼飂也从風叜聲所鳩切

颭 風吹浪動也从風占聲隻冉切

文三 新附

四百七五

虫也从虫而長象寃曲垂尾形上古艸居患它故相問無它乎凡它之屬皆从它託何切

它或从虫臣鉉等曰今俗作食遮切

文一　重一

四百七六

舊也外骨內肉者也从它龜頭與它頭同天地之性廣肩無雄龜鼈之類以它爲雄象足甲尾之形凡龜之屬皆从龜居追切

古文龜

龜名从龜夊聲夊古文終字徒冬切

龜甲邊也从龜冄聲天子巨𪚮尺有二寸諸侯尺大夫八寸士六寸汝閻切

文三　重一

四百七七

䵶黽也从它象形黽頭與它頭同臣鉉等曰象其腹也凡黽之屬皆从黽莫杏切

黽 籒文黽 鼈 甲蟲也从黽敝聲幷列切 黿 大鼈也从黽元聲愚袁切 鼃 蝦蟇也从黽圭聲烏媧切

鼀 圥鼀詹諸也其鳴詹諸其皮鼀鼀其行圥圥从黽从圥圥亦聲七宿切 䵶 鼀或从酋 䵳 䵳鼁詹諸也詩曰得此䵳鼁言其行䵳鼁从黽爾聲式支切 鼉 水蟲似蜥易長大从黽單聲徒何切 鼷 水蟲也薉貉之民食之从黽奚聲胡雞切 䵹 䵹屬頭有兩角出遼東从黽句聲其俱切 蠅 營營青蠅蟲之大腹者从黽从虫余陵切 鼅 鼅鼄蟊也从黽知省聲陟离切 蜘 或从虫 鼄 鼅鼄也从黽朱聲陟輸切 蛛 鼄或从虫 鼂 匽鼂也讀若朝楊雄說匽鼂蟲名杜林以爲朝旦非是从黽从旦臣鉉等曰今俗作晁直遥切 鼂 篆文从皀

文十三 重五

鼇 海大鼈也从黽敖聲五牢切

文一 新附

四百七十八 卵 凡物無乳者卵生象形凡卵之屬皆从卵 盧管切

毈 卵不孚也从卵段聲徒玩切

文二

四百七十九 二 地之數也从偶凡二之屬皆从二 而至切

亟 敏疾也从人从口从又从二二天地也徐鍇曰承天之時因地之利口謀之手執之時不可失疾也紀力切又去吏切

恆 常也从心从舟在二之間上下心以舟施恆也胡登切

亙 古文恆从月詩曰如月之恆

亘 求亘也从二从回回古文回象亘回形上下所求物也徐鍇曰回風回轉所以宣陰陽也須緣切

竺 厚也从二竹聲冬毒切

凡 最括也从二二偶也从乃乃古文及浮芟切

文六　重二

土 地之吐生物者也二象地之下地之中物出形也凡土之屬皆从土 它魯切

地 元气初分輕清陽爲天重濁陰爲地萬物所陳列也从土也聲徒內切

墬 籒文地从阜土彖聲

坤 地也易之卦也从土从申土位在申苦昆切

垓 兼垓八極地也國語曰天子居九垓之田从土亥聲古哀切

墺 四方土可居也从土奥聲於六切

𡋝 古文墺

堣 堣夷在冀州陽谷立春日日值之而出从土禺聲尚書曰宅堣夷噳俱切

坶 朝歌南七十里地周書武王與紂戰于坶野从土母聲莫六切

坡 阪也从土皮聲滂禾切

坪 地平也从土从平平亦聲皮命切

均 平徧也从土从勻勻亦聲居勻切

壤 柔土也从土襄

聲如墧堅不可拔也从土高聲苦角切墽磽也从土敫聲口交切壚剛土也从土盧聲洛乎切垶赤剛土也从土觲省

聲息營切埴黏土也从土直聲常職切坴土塊坴坴也从土圥聲讀若逐一曰坴梁力竹切㙛土也洛陽有大㙛里从土軍聲戶昆切

墣塊也从土菐聲匹角切圤墣或从卜凷墣也从土一屈象形苦對切塊凷或从鬼堛凷也从土畐聲芳逼切

㙦種也一曰內其中也从土㚇聲子紅切塍稻中畦也从土朕聲食陵切坺治也一曰臿土謂之坺詩曰武王載坺一曰塵皃从土犮聲蒲

撥切坄陶竈窗也从土役省聲營隻切基牆始也从土其聲居之切垣牆也从土亘聲雨元切𩫖籒文垣从𩫏

圪牆高也詩曰崇墉圪圪从土气聲魚迄切堵垣也五版為一堵从土者聲當古切𩫳籒文从𩫏壁垣也从土辟聲比激切

壝周垣也从土尞聲力沼切堨壁間隙也从土曷聲讀若謁魚列切埒卑垣也从土寽聲力輟切堪地突也从土甚聲口含切

堀突也詩曰蜉蝣堀閱从土屈省聲苦骨切堂殿也从土尚聲徒郎切坣古文堂臺籒文堂从高省垜堂塾也从土

朵聲丁果切坫屏也从土占聲都念切㙉涂也从土㳄聲臣鉉等案水部已有此重出力嚕切垷涂也从土見聲胡典切

墐涂也从土堇聲渠吝切塈仰涂也从土既聲其冀切堊白涂也从土亞聲烏各切墀涂地也从土犀聲禮天子赤墀直泥切

墼 瓴適也一曰未燒也从土毄聲古歷切 坋 埽除也从土弅聲讀若糞方問切 埽 棄也从土从帚穌老切 在 存也从土才聲昨代切

坐 止也从土从畱省土所止也此與畱同意徂臥切 㘴 古文坐 坻 箸也从土氏聲諸氏切 填 塞也从土眞聲陟鄰切又待季切

坦 安也从土旦聲他但切 坒 地相次比也衛大夫貞子名坒从土比聲毗至切 堤 滯也从土是聲丁礼切 壎 樂器也以土爲之六孔从土熏聲況袁切

封 爵諸侯之土也从之从土从寸守其制度也公侯百里伯七十里子男五十里徐鍇曰各之其土也會意府容切 𡉚 古文封省 𡊭 籒文从丰

璽 王者印也所以主土从土爾聲斯氏切 璽 籒文从玉 墨 書墨也从土从黑黑亦聲莫北切 垸 以桼和灰而䰍也从土完聲一曰補垸胡玩切

型 鑄器之法也从土刑聲戶經切 埻 射臬也从土𦎫聲讀若準之允切 塒 雞棲垣爲塒从土時聲市之切

城 以盛民也从土从成成亦聲氏征切 𩫨 籒文城从𩫏 墉 城垣也从土庸聲余封切 𩫖 古文墉 堞 城上女垣也从土枼聲徒叶切

坎 陷也从土欠聲苦感切 墊 下也春秋傳曰墊隘从土執聲都念切 坻 小渚也詩曰宛在水中坻从土氏聲直尼切 汷 坻或从水从夂 渚 坻或从水从耆

㙎 下入也从土㬎聲敕立切 垎 水乾也一曰堅也从土各聲胡格切 垐 以土增大道上从土次聲疾資切 堲 古文垐从土即虞書曰龍朕堲讒說殄行堲疾惡也

增 益也从土曾聲作滕切 埤 增也从土卑聲符支切 坿 益也从土付聲符

遏切
塞 隔也从土从𡫳先代切
圣 汝潁之閒謂致力於地曰圣从土从又讀若兔窟苦骨切
垍 堅土也从土自聲讀若泉其冀切
埱 气出土也一曰始也从土叔聲昌六切
埵 堅土也从土垂聲讀若朵丁果切
[illegible] 地也从土叏聲子朴切
埾 土積也从土从聚省才句切
壔 保也高土也从土𠷎聲讀若毒都皓切
培 培敦土田山川也从土咅聲薄回切
埩 治也从土爭聲疾郢切
墇 擁也从土章聲之亮切
𡋯 遏遮也从土則聲初力切
垠 地垠也一曰岸也从土艮聲語斤切
圻 垠或从斤
墠 野土也从土單聲常衍切
垑 特也从土多聲尺氏切
壘 軍壁也从土畾聲力委切
垝 毀垣也从土危聲詩曰乘彼垝垣過委切
陒 垝或从𨸏
圮 毀也虞書曰方命圮族从土己聲符鄙切
𨸹 圮或从手从非配省聲
垔 塞也尚書曰鯀垔洪水从土西聲於眞切
㙴 古文垔
塹 阬也一曰大也从土斬聲七豔切
埂 秦謂阬爲埂从土更聲讀若井汲綆古杏切
壙 塹穴也一曰大也从土廣聲苦謗切
塏 高燥也从土豈聲苦亥切
毀 缺也从土毇省聲許委切
𣫚 古文毀从壬
壓 壞也一曰塞補从土厭聲烏狎切
壞 敗也从土褱聲下怪切
𡊁 古文壞省
𣫹 籒文壞臣鉉等按攴部有𣫹此重出
坷 坎坷也梁國寧陵有坷亭从土可聲康我切
㙤 坼也从土虖聲呼訝切
𨺴 㙤或从𨸏
坼 裂也詩曰不坼不疈从土㡿聲丑格切
坱 塵埃也从土央聲於亮切
塺 塵也从土麻聲亡果切
塿 塺土也从土婁聲洛侯切
坋 塵也

一从土分聲一曰大防也房吻切

⿱非土 塵也从土非聲房未切

埃 塵也从土矣聲烏開切

⿱殹土 塵埃也从土殹聲烏雞切

垽 澱也从土沂聲魚僅切

垢 濁也从土后聲古厚切

⿰土壹 天陰塵也詩曰⿰土壹⿰土壹其陰从土壹聲於計切

坏 丘再成者也一曰瓦未燒从土不聲芳桮切

垤 蟻封也詩曰鸛鳴于垤从土至聲徒結切

坥 益州部謂蟥場曰坥从土且聲七余切

埍 徒隸所居也一曰女牢一曰亭部从土肙聲古泫切

⿱㱿土 囟突出也从土㱿聲胡八切

瘞 幽薶也从土㾜聲於罽切

堋 喪葬下土也从土朋聲春秋傳曰朝而堋禮曰之封周官謂之窆虞書曰堋淫于家方鄧切

垗 畔也為四時界祭其中周禮曰垗五帝於四郊从土兆聲治小切

塋 墓也从土熒省聲余傾切

墓 丘也从土莫聲莫故切

墳 墓也从土賁聲符分切

壟 丘壟也从土龍聲力踵切

壇 祭場也从土亶聲徒干切

場 祭神道也一曰田不耕一曰治穀田也从土昜聲直良切

圭 瑞玉也上圜下方公執桓圭九寸侯執信圭伯執躬圭皆七寸子執穀璧男執蒲璧皆五寸以封諸侯从重土楚爵有執圭古畦切

珪 古文圭从玉

圯 東楚謂橋為圯从土巳聲與之切

垂 遠邊也从土𠂹聲是為切

堀 兔堀也从土屈聲苦骨切

文一百三十一　重二十六

塗 泥也从土涂聲同都切

塓 塗也从土冥聲莫狄切

埏 八方之地也从土延聲以然切

埸 疆也从土易聲羊益切

境 疆也从土竟聲經典通用竟居領切 墪 門側堂也从土孰聲殊六切 墾 耕也从土豤聲康很切 塘 隄也从土唐聲徒郎切

坳 地不平也从土幼聲於交切 壒 塵也从土蓋聲於蓋切 墜 陊也从土隊聲古通用隊直類切 塔 西域浮屠

也从土荅聲土盍切 坊 邑里之名从土方聲古通用埅府良切 文十三 新附

四百八一 垚 土高也从三土凡垚之屬皆从垚吾聊切

堯 高也从垚在兀上高遠也吾聊切 兟 古文堯 文二 重一

四百八二 堇 黏土也从土从黃省凡堇之屬皆从堇巨斤切

𡋬 𡒊 古文堇 艱 土難治也从堇艮聲古閑切 囏 籀文艱从喜 文二 重三

四百八三 里 居也从田从土凡里之屬皆从里良止切

釐 家福也从里𠩺聲里之切 野 郊外也从里予聲羊者切 埜 古文野从里省从林 文三 重一

四百八四 田 陳也樹穀曰田象四口十阡陌之制也凡田

之屬皆从田　待秊切

町　田踐處曰町从田丁聲他頂切　畖　城下田也一曰畖郤也从田耎聲而緣切　𤰝　耕治之田也从田象耕屈之形直由切　𠃭　𤰝或省

疁　燒種也漢律曰疁田茠艸从田翏聲力求切　畬　三歲治田也易曰不菑畬田从田余聲以諸切　𤱓　和田也从田柔聲耳由切　畸

殘田也从田奇聲居宜切　䣛　殘田也詩曰天方薦䣛从田差聲昨何切　畮　六尺爲步步百爲畮从田每聲莫厚切　畞　晦或从田十久　鉉等曰十四方也

久聲　甸　天子五百里地从田包省聲堂練切　畿　天子千里地以遠近言之則言畿也从田幾省聲巨衣切　畦　田五十畝曰畦从田圭聲戶圭切

畹　田三十畝也从田宛聲於阮切　畔　田界也从田半聲薄半切　界　境也从田介聲古拜切　㽘　境也一曰陌也趙魏謂陌爲㽘从田亢聲古郎

切　畷　兩陌間道也廣六尺从田叕聲陟劣切　畛　井田間陌也从田㐱聲之忍切　畤　天地五帝所基址祭地从田寺聲右扶風有五畤好畤鄜畤皆黃帝

時祭或曰秦文公立也周市切　略　經略土地也从田各聲烏約切　當　田相值也从田尚聲都郎切　畯　農夫也从田夋聲子峻切　甿　田民也从

田亡聲武庚切　疄　轢田也从田粦聲良刃切　留　止也从田丣聲力求切　畜　田畜也淮南子曰玄田爲畜丑六切　𤲮　魯郊禮畜从田从兹兹益也

疃　禽獸所踐處也詩曰町疃鹿場从田童聲土短切　暘　不生也从田昜聲臣鉉等曰借爲通暢之暢今俗別作暢非是丑亮切

文二十九　重三

四百八五　畕　比田也从二田凡畕之屬皆从畕　居良切

畺　界也从畕三其界畫也居良切　疆　畺或从彊土　文二　重一

四百八六　黃　地之色也从田从炗炗亦聲　炗古文光凡黃之屬皆从黃　乎光切

𡕛　古文黃　䵨　赤黃也一曰輕易人䵨姁也从黃夾聲許兼切　䵹　黃黑色也从黃耑聲他耑切　䵺　青黃色也从黃有聲呼辠切

黇　白黃色也从黃占聲他兼切　黊　鮮明黃也从黃圭聲戶圭切　文六　重一

四百八七　男　丈夫也从田从力言男用力於田也凡男之屬皆从男　那含切

舅　母之兄弟為舅妻之父為外舅从男臼聲其久切　甥　謂我舅者吾謂之甥也从男生聲所更切　文三

力 筋也象人筋之形治功曰力能圉大災凡力之屬皆从力 林直切

勳 能成王功也从力熏聲許云切 勛 古文勳从員 功 以勞定國也从力从工工亦聲古紅切 助 左也从力且聲牀倨切 勴 助也从力从非慮聲良倨切 勑 勞也从力來聲洛代切 劼 慎也从力吉聲周書曰汝劼毖殷獻臣巨乙切 務 趣也从力敄聲亡遇切 勥 迫也从力强聲巨良切 𢹸 古文从彊 勱 勉力也周書曰用勱相我邦家讀若萬从力萬聲莫話切 ⿸厥力 彊也从力厥聲瞿月切 勍 彊也春秋傳曰勍敵之人从力京聲渠京切 勁 彊也从力巠聲吉正切 勉 彊也从力免聲亡辨切 劭 勉也从力召聲讀若舜樂韶寔照切 勖 勉也周書曰勖哉夫子从力冒聲許玉切 勸 勉也从力雚聲去願切 勝 任也从力朕聲識蒸切 勶 發也从力从徹徹亦聲丑列切 勠 并力也从力翏聲力竹切 勨 繇緩也从力象聲余兩切 動 作也从力重聲徒總切 𢓨 古文動从辵 𥁕 推也从力畾聲盧對切 劣 弱也从力少聲力輟切 勞 劇也从力熒省熒火燒冂用力者勞魯刀切 𢡊 古文勞从悉 勮 務也从力豦聲其據切 勊 尤極也从力克聲苦得切 勩 勞也詩云莫知我勩从力貰聲余制切 勦 勞也春秋傳曰安用勦民从力巢聲子小切

子小切楚交切 勌 勞也从力卷聲臣鉉等曰今俗作倦義同渠卷切 勤 勞也从力堇聲巨巾切 加 語相增加也从力从口古牙切

𠢕 健也从力敖聲讀若豪五牢切 勇 气也从力甬聲余隴切 㦷 勇或从戈用 恿 古文勇从心 勃 排也从力孛聲

蒲没切 勡 劫也从力票聲匹眇切 劫 人欲去以力脅止曰劫或曰以力止去曰劫居怯切 飭 致堅也从人从力食聲讀若敕恥力切

劾 法有辠也从力亥聲胡槩切 募 廣求也从力莫聲莫故切 文四十 重六

劬 勞也从力句聲其俱切 勢 盛力權也从力埶聲經典通用埶舒制切 勘 校也从力甚聲苦紺切 辦 致力也从力辡聲蒲莧切

文四 新附

劦 同力也从三力山海經曰惟號之山其風若劦凡劦之屬皆从劦胡頰切

恊 同心之和从劦从心胡頰切 勰 同思之和从劦从思胡頰切 協 衆之同和也从劦从十臣鉉等曰十衆也胡頰切 叶 古文協从曰十 叶 或从口 文一 重五

說文解字弟十三下

說文解字第十四上　漢太尉祭酒許愼記

銀青光祿大夫守右散騎常侍上柱國東海縣開國子食邑五百戶臣徐鉉等　奉

勅校定

五十一部　文六百三　重七十四

凡八千七百一十七字

文十八新附

金　五色金也黃爲之長久薶不生衣百鍊不輕从革不違西方之行生於土从土左右注象金在土中形今聲凡金之屬皆从金　居音切

金　古文金

銀　白金也从金艮聲　語巾切

鐐　白金也从金尞聲　洛蕭切

鋈　白金也从金芺省聲　烏酷切

鉛 青金也从金㕣聲與專切 錫 銀鉛之閒也从金易聲先擊切 鈏 錫也从金引聲羊晉切 銅 赤金也从金同聲徒紅切 鏈 銅屬从金連聲力延切 鐵 黑金也从金𢧜聲天結切 䥫 鐵或省 銕 古文鐵从夷 鍇 九江謂鐵曰鍇从金皆聲苦駭切 鋚 鐵也一曰轡首銅从金攸聲以周切 鏤 剛鐵可以刻鏤从金婁聲夏書曰梁州貢鏤一曰鏤釜也盧候切 鐼 鐵屬从金賁聲讀若熏火運切 銑 金之澤者一曰小鑿一曰鐘兩角謂之銑从金先聲穌典切 鋻 剛也从金臤聲古甸切 鑗 金屬一曰剝也从金黎聲郎兮切 錄 金色也从金彔聲力玉切 鑄 銷金也从金壽聲之戍切 銷 鑠金也从金肖聲相邀切 鑠 銷金也从金樂聲書藥切 鍊 冶金也从金柬聲郎甸切 釘 鍊鉼黃金从金丁聲當經切 錮 鑄塞也从金固聲古慕切 鑲 作型中腸也从金襄聲汝羊切 鎔 冶器法也从金容聲余封切 鋏 可以持冶器鑄鎔者从金夾聲讀若漁人莢魚之莢一曰若挾持古叶切 鍛 小冶也从金段聲丁貫切 鋌 銅鐵樸也从金廷聲徒鼎切 䥴 鐵文也从金曉聲呼鳥切 鏡 景也从金竟聲居慶切 鉹 曲鉹也从金多聲一曰鬵鼎讀若擠一曰詩云侈兮哆兮尺氏切 鈃 似鐘而頸長从金幵聲戶經切 鍾 酒器也从金重聲職容切 鑑 大盆也一曰監諸可以取明水

於月从金監聲革懺切**鐈**似鼎而長足从金喬聲巨嬌切**鐆**陽鐆也从金隊聲徐醉切**鋞**温器也圜直上从金巠聲戶經切

鑴瓽也从金巂聲戶圭切**鑊**鑴也从金蒦聲胡郭切**鍑**釜大口者从金复聲方副切**鍪**鍑屬从金敄聲莫浮切

錪朝鮮謂釜曰錪从金典聲他典切**銼**鍑也从金坐聲昨禾切**鑹**銼鑹也从金贏聲魯戈切

鉶器也从金荆聲戶經切**鎬**温器也从金高聲武王所都在長安西上林苑中字亦如此乎老切**鏖**温器也一曰金器从金麀聲於刀切

銚温器也一曰田器从金兆聲以招切**𨱍**酒器也从金𦉼象器形大口切**𦉼**𨱍或省金**鐎**鐎斗也从金焦聲即消切

鋗小盆也从金肙聲火玄切**鏏**鼎也从金彗聲讀若彗于歲切**鍵**鉉也一曰車轄从金建聲渠偃切**鉉**舉鼎也易謂之鉉禮謂之鼏从金玄聲胡犬切

鋊可以句鼎耳及鑪炭从金谷聲一曰銅屑讀若浴余足切**鎣**器也从金熒省聲讀若銑烏定切**鑯**鐵器也一曰鐫也从金韱聲臣鉉等曰今俗作尖非是子廉切

錠鐙也从金定聲丁定切**鐙**錠也从金登聲臣鉉等曰錠中置燭故謂之鐙今俗別作燈非是都滕切**鏶**鍱也从金集聲秦入切**鍓**鏶或从咠

鍱鏶也从金枼聲齊謂之鍱與涉切**鏟**鏶也一曰平鐵从金產聲初限切**鑪**方鑪也从金盧聲臣鉉等曰今俗別作爐非是洛故切**鏇**

鏇 圜鑪也从金旋聲辭戀切 鍉 器也从金虒聲杜兮切 鐪 煎膠器也从金虜聲郎古切 釦 金飾器口从金从口口亦聲苦厚切 錯 金涂也从金昔聲倉各切 鋙 鉏鋙也从金御聲魚舉切 鋙 鋙或从吾 錡 鉏鋙也从金奇聲江淮之間謂釜曰錡魚綺切 鍤 郭衣鍼也从金臿聲楚洽切 鉥 綦鍼也从金朮聲食聿切 鍼 所以縫也从金咸聲臣鉉等曰今俗作針職深切 鈹 大鍼也一曰劒如刀裝者从金皮聲敷羈切 鎩 鈹有鐔也从金殺聲所拜切 鈕 印鼻也从金丑聲女久切 𤥽 古文鈕从玉 銎 斤斧穿也从金巩聲曲恭切 鈭 鈭錍斧也从金此聲即移切 錍 鈭錍也从金卑聲府移切 鏨 小鑿也从金从斬斬亦聲藏濫切 鐫 穿木鐫也从金雋聲一曰琢石也讀若瀸子全切 鑿 穿木也从金糳省聲在各切 銛 鍤屬从金舌聲讀若棪桑欽讀若鐮息廉切 鈂 臿屬从金冘聲直深切 𨥈 臿屬从金危聲一曰瑩鐵也讀若跛過委切 鐅 河內謂臿頭金也从金敝聲芳滅切 錢 銚也古田器从金戔聲詩曰庤乃錢鎛即淺切又昨先切 钁 大鉏也从金矍聲居縛切 鈐 鈐鏅大犂也一曰類耜从金今聲巨淹切 鏅 鈐鏅也从金隋聲徒果切 鏺 兩刃木柄可以刈艸从金發聲讀若撥普活切 鉵 枱屬从金蟲省聲讀若同徒冬切 鉏 立薅所用也从金且聲士

魚罶拑屬从金罷聲讀若嬀彼爲切

鎌 鍥也从金兼聲力鹽切

鍥 鎌也从金契聲苦結切

鉊 大鐵也从金召聲鎌謂之鉊張徹說止搖切

銍 穫禾短鎌也从金至聲陟栗切

鎮 博壓也从金眞聲陟刃切

鉆 鐵銸也从金占聲一曰膏車鐵鉆敕淹切

銸 鉆也从金耴聲陟葉切

鉗 以鐵有所劫束也从金甘聲巨淹切

釱 鐵鉗也从金大聲特計切

鋸 槍唐也从金居聲居御切

鐕 可以綴著物者从金朁聲則參切

錐 銳也从金隹聲職追切

鑱 銳也从金毚聲士銜切

銳 芒也从金兌聲以芮切

劂 籀文銳从厂剡

鏝 鐵杇也从金曼聲母官切

槾 鏝或从木

鑽 所以穿也从金贊聲借官切

鑢 錯銅鐵也从金慮聲良據切

銓 衡也从金全聲此緣切

銖 權十分黍之重也从金朱聲市朱切

鋝 十銖二十五分之十三也从金寽聲周禮曰重三鋝北方以二十兩爲鋝力輟切

鍰 鋝也从金爰聲罰書曰列百鍰戶關切

錙 六銖也从金甾聲側持切

錘 八銖也从金垂聲直垂切

鈞 三十斤也从金勻聲居勻切

銞 古文鈞从旬

鈀 兵車也一曰鐵也司馬法晨夜內鈀車从金巴聲伯加切

鐲 鉦也从金蜀聲軍法司馬執鐲直角切

鈴 令丁也从金从令令亦聲郎丁切

鉦 鐃也似鈴柄中上下通从金正聲諸盈切

鐃 小鉦也軍

法卒長執鐃从金堯聲女交切 鐸 大鈴也軍法五人為伍五伍為兩兩司馬執鐸从金睪聲徒洛切 鑮 大鐘淳于之屬所以應鐘磬也堵以二金樂則鼓鑮應之从金薄聲匹各切 鏞 大鐘謂之鏞从金庸聲余封切 鐘 樂鐘也秋分之音物種成从金童聲古者垂作鐘職茸切 銿 鐘或从甬 鈁 方鐘也从金方聲府良切 鎛 鎛鱗也鐘上橫木上金華也一曰田器从金尃聲詩曰庤乃錢鎛補各切 鍠 鐘聲也从金皇聲詩曰鐘鼓鍠鍠乎光切 鎗 鐘聲也从金倉聲楚庚切 鏓 鎗鏓也一曰大鑿平木者从金悤聲倉紅切 錚 金聲也从金爭聲側莖切 鏜 鐘鼓之聲从金堂聲詩曰擊鼓其鏜土郎切 [illegible] 金聲也从金輕聲讀若春秋傳曰䡩而乘它車苦定切 鐔 劍鼻也从金覃聲徐鍇曰劍鼻人握處之下也徐林切 鏌 鏌釾也从金莫聲慕各切 釾 鏌釾也从金牙聲以遮切 鏢 刀削末銅也从金䙴聲撫招切 鈒 鋋也从金及聲穌合切 鋋 小矛也从金延聲市連切 鈗 侍臣所執兵也从金允聲周書曰一人冕執鈗讀若允余準切 鉈 短矛也从金它聲食遮切 鏦 矛也从金從聲七恭切 𨱿 鏦或从彖臣鉉等曰今音楚江切 錟 長矛也从金炎聲讀若老耼徒甘切 鏠 兵耑也从金逢聲敷容切 錞 矛戟柲下銅鐏也从金臺聲詩曰厹矛沃錞徒對切 鐏 柲下銅也从金尊聲徂寸切 鏐 弩眉也一曰黃金之美者从金翏聲力幽切

鍭 矢金鏃翦羽謂之鍭。从金侯聲。乎鉤切
鏑 矢鏠也。从金啇聲。都歷切
鎧 甲也。从金豈聲。苦亥切
釬 臂鎧也。从金干聲。侯旰切
錏 錏鍜，頸鎧也。从金亞聲。烏牙切
鍜 錏鍜也。从金叚聲。乎加切
鐗 車軸鐵也。从金閒聲。古莧切
釭 車轂中鐵也。从金工聲。古雙切
銴 車樘結也。一曰銅生五色也。从金折聲。讀若誓。時制切
釳 乘輿馬頭上防釳，插以翟尾鐵翮象角，所以防網羅釳去之。从金气聲。許訖切
鑾 人君乘車，四馬鑣，八鑾鈴，象鸞鳥聲，和則敬也。从金，从鸞省。洛官切
鉞 車鑾聲也。从金戉聲。詩曰：鑾聲鉞鉞。臣鉉等曰：今俗作鐬，以鉞作斧戉之戉，非是。呼會切
鍚 馬頭飾也。从金陽聲。詩曰：鉤膺鏤鍚。一曰鍱，車輪鐵。臣鉉等曰：今經典作錫。與章切
銜 馬勒口中。从金，从行。銜，行馬者也。戶監切
鑣 馬銜也。从金麃聲。補嬌切
𧤻 鑣或从角。
鉣 組帶鐵也。从金，劫省聲。讀若劫。居怯切
鈇 莝斫刀也。从金夫聲。甫無切
釣 鉤魚也。从金勺聲。多嘯切
⿱埶金 羊箠耑有鐵。从金埶聲。讀若至。脂利切
鋃 鋃鐺，瑣也。从金良聲。魯當切
鐺 鋃鐺也。从金當聲。都郎切
鋂 大瑣也。一環貫二者。从金每聲。詩曰：盧重鋂。莫桮切
鍡 鍡鑸，不平也。从金畏聲。烏賄切
鑸 鍡鑸也。从金壘聲。洛猥切
鎎 怒戰也。从金氣聲。春秋傳曰：諸侯敵王所鎎。許既切
鋪 箸門鋪首也。从金甫聲。普胡切
鐉 所以鉤門戶樞也。一曰治門戶器也。从金巽聲。此緣切
鈔 叉取也。从金少聲。臣鉉等曰：今

俗別作抄楚交切 錔 以金有所冒也从金沓聲他荅切 銽 斷也从金昏聲古活切 鉻 鬄也从金各聲盧各切 𨭼 伐擊也从金亶聲旨善切 鏃 利也从金族聲作木切 鈌 刺也从金夬聲於決切 鏉 利也从金敕聲所右切 鐂 殺也徐鍇曰說文無劉字偏旁有之此字又史傳所不見疑此即劉字也从金从丣刀字屈曲傳寫誤作田尔力求切 錉 業也賈人占錉从金昏聲武巾切 鉅 大剛也从金巨聲其呂切 鎕 鎕銻火齊从金唐聲徒郎切 銻 鎕銻也从金弟聲杜兮切 鈋 吪圜也从金化聲五禾切 鐓 下垂也一曰千斤椎从金敦聲都回切 鍒 鐵之耎也从金从柔柔亦聲耳由切 錭 鈍也从金周聲徒刀切 鈍 錭也从金屯聲徒困切 鑇 利也从金𠂔聲讀若齊徂奚切 錗 側意从金委聲女恚切

文一百九十七　重十三

鑺 兵器也从金瞿聲其俱切 銘 記也从金名聲莫經切 鎖 鐵鎖門鍵也从金貨聲穌果切 鈿 金華也从金田聲待季切 釧 臂環也从金川聲尺絹切 釵 笄屬从金叉聲本只作叉此字後人所加楚佳切 釽 裂也从金爪普擊切

文七　新附

四百九十一 幵 平也象二干對構上平也凡幵之屬皆从幵 徐鍇曰幵但象物平無音義也古賢切

文一

四百九十二 勺 挹取也象形中有實與包同意凡勺之屬皆从勺 之若切

与 賜予也一勺為与此与與同 余呂切

文二

四百九十三 几 踞几也象形周禮五几玉几雕几彤几髤几素几凡几之屬皆从几 居履切

凭 依几也从几从任周書曰凭玉几讀若馮 臣鉉等曰人之依馮几所勝載故从任 皮冰切

凥 處也从尸得几而止孝經曰仲尼凥凥謂閒居如此 九魚切

処 止也得几而止从几从夂 昌與切 處 処或从虍聲

文四 重二

四百九十四 且 薦也从几足有二横一其下地也凡且之屬皆

从且 子余切 又千也切

俎 禮俎也从半肉在且上 側呂切 䖑 且往也从且虍聲 昨誤切 文三

四百九五

斤 斫木也象形凡斤之屬皆从斤 舉欣切

斧 斫也从斤父聲 方矩切 斨 方銎斧也从斤爿聲詩曰又缺我斨 七羊切 斫 擊也从斤石聲 之若切 斪 斫也从斤句聲 其俱切 斸 斫也从斤屬聲 陟玉切 斲 斫也从斤𧯠 𧯠器也斤以斲之 竹角切 ⿰畫丮 斲或从畫从丮 釿 劑斷也从斤金聲 宜引切 所 伐木聲也从斤户聲詩曰伐木所所 疏舉切 斯 析也从斤其聲詩曰斧以斯之 息移切 斮 斬也从斤昔聲 側略切 斷 截也从斤从𢇍 𢇍古文絕 徒玩切 𠢇 古文斷从皀 皀古文叀字 周書曰𠃊𠃊猗無他技 𠢇 亦古文 ⿰良斤 柯擊也从斤良聲 來可切 新 取木也从斤𣎵聲 息鄰切 斦 二斤也从二斤 語斤切 文十五 重三

四百九六

斗 十升也象形有柄凡斗之屬皆从斗 當口切

斛 十斗也从斗角聲 胡谷切 斝 玉爵也夏曰琖殷曰斝周曰爵从吅从斗冂象形與爵同意或說斝受六升 古雅切 料 量也从斗

米在其中讀若遼洛蕭切 斞量也从斗臾聲周禮曰求三斞以主切 斡蠡柄也从斗倝聲楊雄杜林說皆以爲軺車輪斡烏括切

魁羹斗也从斗鬼聲苦回切 斠平斗斛也从斗冓聲古岳切 斟勺也从斗甚聲職深切 斜杼也从斗余聲讀若茶似嗟切

𣂔挹也从斗奭聲舉朱切 㪴量物分半也从斗从半半亦聲博幔切 斻量溢也从斗旁聲普郎切 𣂮杼滿也从斗𢇍聲俱願切 斣相易物俱等爲斣从斗蜀聲易六切 㪿斛旁有㪿从斗厎聲一曰突也一曰利也尒疋曰㪿謂之疀古田器也臣鉉等曰說文無厎字疑厂象形乑聲今俗別作鍫非是土雕切 升十龠也从斗亦象形識蒸切

文十七

矛酋矛也建於兵車長二丈象形凡矛之屬皆从矛莫浮切

𢦬古文矛从戈 𥍮矛屬从矛良聲魯當切 𥎉矛屬从矛害聲苦蓋切 矠矛屬从矛昔聲讀若笮士革切 矜矛柄也从矛今聲居陵切又巨巾切 𥎰刺也从矛丑聲女久切

文六　重一

車輿輪之總名夏后時奚仲所造象形凡車之屬皆

从車 尺遮切

𨏥 籀文車

軒 曲輈藩車从車干聲虛言切

輜 軿車前衣車後也从車甾聲側持切

軿 輜車也从車并聲薄丁切

輼 臥車也从車𥁕聲烏魂切

輬 臥車也从車京聲呂張切

軺 小車也从車召聲以招切

輕 輕車也从車巠聲去盈切

輶 輕車也从車酋聲詩曰輶車鑾鑣以周切

輣 兵車也从車朋聲薄庚切

軘 兵車也从車屯聲徒魂切

𨏔 陷敶車也从車童聲尺容切

轈 兵高車加巢以望敵也从車巢聲春秋傳曰楚子登轈車鉏交切

輿 車輿也从車舁聲以諸切

輯 車和輯也从車咠聲秦入切

𨎌 衣車蓋也从車曼聲莫半切

軓 車軾前也从車凡聲周禮曰立當前軓音範

軾 車前也从車式聲賞職切

輅 車軨前橫木也从車各聲臣鉉等曰各非聲當从路省洛故切

較 車騎上曲銅也从車爻聲古岳切

𨊻 車耳反出也从車从反反亦聲府遠切

轛 車橫軨也从車對聲周禮曰參分軹圍去一以爲轛圍追萃切

輢 車旁也从車奇聲於綺切

輒 車兩輢也从車耴聲陟葉切

𨊴 車約𨊴也从車川聲周禮曰孤乘夏𨊴一曰下棺車曰𨊴敕倫切

轖 車籍交錯也从車嗇聲所力切

軨 車轖間橫木从車令聲郎丁切

𨏵 軨或从霝司馬相如說

輑 軺車前橫木也从車君聲讀若帬又讀若褌牛尹切

軫 車後橫木也从車㐱聲之忍切

轐 車伏兔也从車菐聲周禮曰加軫與轐焉博木切

𨍍 車伏兔下革也从車𢆶聲𢆶古昏字讀若閔眉殞切

軸 持輪也从車由聲徐鍇曰當从胄省直六切

輹 車軸縛也从車复聲易曰輿脫輹芳六切

軔 礙車也从車刃聲而振切

輮 車軔也从車柔聲人九切

𨐌 車䡝規也一曰一輪車从車熒省聲讀若熒渠營切

轂 輻所湊也从車㱿聲古祿切

輥 轂齊等皃从車昆聲周禮曰望其轂欲其輥古本切

軝 長轂之軝也以朱約之从車氏聲詩曰約軝錯衡渠支切

䩚 軝或从革

軹 車輪小穿也从車只聲諸氏切

軎 車軸耑也从車象形杜林說徐鍇曰指事于濊切

轊 軎或从彗

輻 輪轑也从車畐聲方六切

轑 蓋弓也一曰輻也从車尞聲盧皓切

軑 車輨也从車大聲特計切

輨 轂端錔也从車官聲古滿切

輈 轅也从車舟聲張流切

𨏓 籀文輈

轅 輈也从車袁聲雨元切

𨋥 直轅車䡝也从車具聲居玉切

軶 轅前也从車戹聲於革切

⿰車軍 軶軥也从車軍聲乎昆切

軥 軶下曲者从車句聲古候切

轙 車衡載轡者从車義聲魚綺切

钀 轙或从金从獻

軜 驂馬內轡繫軾前者从車內聲詩曰𣲵以觼軜奴荅切

⿴行車 車搖也从車从行一曰衍省聲古絢切

⿰車丞 軺車後登也从車丞聲讀若易拯馬之拯署陵切

載 乘也从車𢦏聲作代切

圜圍也四千人爲軍从車从包省軍兵車也舉云切 軷 出將有事於道必先告其神立壇四通樹茅以依神爲軷既祭軷轢於牲而行爲範軷詩

曰取羝以軷从車犮聲蒲撥切 範 範軷也从車笵省聲讀與犯同音犯 ⿰車獻 載高皃从車獻省聲五葛切 轄 从車

車亥聲讀若蓋切聲一曰轄鍵也胡八切 轉 運也从車專聲知戀切 輸 委輸也从車俞聲式朱切 輖 重也从車周聲職流切 輩

若軍發車百兩爲輩从車非聲補妹切 軋 輾也从車乙聲烏轄切 ⿰車㞋 轢也从車㞋聲尼展切 轢 車所踐也从車樂聲郎擊切

軌 車徹也从車九聲居洧切 ⿰車从 車迹也从車從省聲臣鉉等曰今俗別作蹤非是即容切 軼 車相出也从車失聲夷質切 ⿰車真

車⿰車真鈏也从車真聲讀若論語鏗爾舍瑟而作又讀若掔苦閑切 輊 抵也从車埶聲陟利切 軭 車戾也从車匡聲巨王切 輟

車小缺復合者从車叕聲臣鉉等曰网部輟與𦄍同此重出陟劣切 轚 車轄相擊也从車从毄毄亦聲周禮曰舟

輿擊互者古歷切 ⿱算車 治車軸也从車算聲所眷切 軻 接軸車也从車可聲康我切 ⿱殸車 車堅也从車殸聲口莖切 軵

反推車令有所付也从車从付讀若胥而隴切 輪 有輻曰輪無輻曰輇从車侖聲力屯切 輇 蕃車下庳輪也一曰無輻也从車全聲讀若

饌市緣切 輗 大車轅耑持衡者从車兒聲五雞切 ⿰車宐 輗或从宐 ⿰木兒 輗又从木 軧 大車後也从車氐聲丁禮切

轃 大車簣也从車秦聲讀若臻側詵切 轒 淮陽名車穹隆轒从車賁聲符分切 䡝 大車後壓也从車宛聲於云切 輂 大車駕馬也从車共聲居玉切 䡨 連車也一曰却車抵堂爲䡨从車差省聲讀若遲士皆切 輦 輓車也从車从㚔在車前引之力展切 輓 引之也从車免聲無遠切 軖 紡車也一曰一輪車从車㞷聲讀若狂巨王切 轘 車裂人也从車睘聲春秋傳曰轘諸栗門臣鉉等曰睘渠營切非聲當从還省胡慣切 斬 截也从車从斤斬法車裂也側減切 輀 喪車也从車而聲如之切 輔 人頰車也从車甫聲扶雨切 轟 羣車聲也从三車呼宏切

文九十九 重八

轏 車名从車孱聲士限切 轔 車聲从車粦聲力珍切 轍 車迹也从車徹省聲本通用徹後人所加直列切

文三 新附

𠂤 小𠂤也象形凡𠂤之屬皆从𠂤 臣鉉等曰今俗作堆都回切

𡴎 危高也从𠂤屮聲讀若臬魚列切 官 史事君也从宀从𠂤𠂤猶衆也此與師同意古丸切

文三

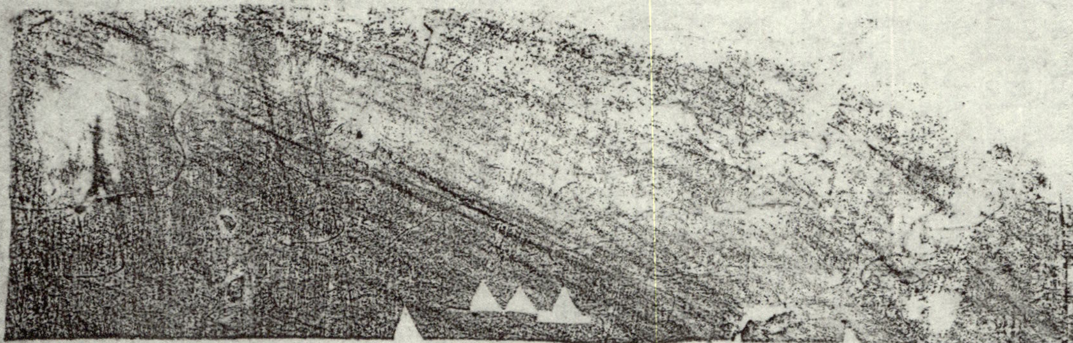

說文解字第十四上

說文解字第十四下

漢太尉祭酒許慎記

銀青光祿大夫守右散騎常侍上柱國東海縣開國子食邑五百戶臣徐鉉等奉
敕校定

𨸏 大陸山無石者象形凡𨸏之屬皆从𨸏 房九切

𨸐 古文 陵 大𨸏也从𨸏夌聲 力膺切 䧅 大𨸏也从𨸏鯀聲 古本切 阞 地理也从𨸏力聲 盧則切 陰 闇也水之南山之北也从𨸏侌聲 於今切 陽 高明也从𨸏昜聲 與章切 陸 高平地从𨸏从坴坴亦聲 力竹切 𨻸 籀文陸 阿 大陵也一曰曲𨸏也从𨸏可聲 烏何切 陂 阪也一曰沱也从𨸏皮聲 彼爲切 阪 坡者曰阪一曰澤障一曰山脅也从𨸏反聲 府遠切 陬 阪隅也从𨸏取聲 子侯切 隅 陬也从𨸏禺聲 噳俱切 險 阻難也从𨸏僉聲 虛檢切 限 阻也一曰門榍从𨸏艮聲 乎簡切 阻 險也从𨸏且聲 側吕切 𨻳 隗高也从𨸏隹聲 都辠切 隗 隗高也从𨸏鬼聲 五辠切 阭 高也一曰石也从𨸏允聲 余準切 陗 陖也从𨸏肖聲 七笑切 陖 陗高也从𨸏夋聲 私閏切

隥 仰也从𨸏登聲都鄧切 陋 阸陜也从𨸏㔷聲盧候切 陜 隘也从𨸏夾聲臣鉉等曰今俗从山非是侯夾切 陟
登也从𨸏从步竹力切 𨻐 古文陟 陷 高下也一曰陊也从𨸏从臽臽亦聲戶猎切 隰 阪下溼也从𨸏㬎聲似入切
𨺖 嶔也从𨸏區聲臣鉉等曰今俗作嶇𡾊非是豈俱切 隤 下隊也从𨸏貴聲杜回切 隊 從高隊也从𨸏㒸聲徒對切 降
下也从𨸏夅聲古巷切 隕 從高下也从𨸏員聲易曰有隕自天于敏切 隉 危也从𨸏从毀省徐巡以爲隉凶也賈侍中說隉法度也
班固說不安也周書曰邦之阢隉讀若虹蜺之蜺五結切 阤 小崩也从𨸏也聲丈尒切 隓 敗城𨸏曰隓从𨸏𡯔聲臣鉉等曰說文無𡯔字蓋二
左也眾力左之故从二左今俗作隳非是許規切 𡐦 篆文 𨻥 仄也从𨸏从頃頃亦聲去營切 陊 落也从𨸏多聲臣鉉等曰今俗
作墮非是徒果切 阬 閬也从𨸏亢聲客庚切臣鉉等曰今俗作坑非是 𨻳 通溝也从𨸏𧶠聲讀若瀆徒谷切 𡎺 古文𨻳从
谷 防 隄也从𨸏方聲符方切 𡉚 防或从土 隄 唐也从𨸏是聲都兮切 阯 基也从𨸏止聲諸市切 址
阯或从土 陘 山絕坎也从𨸏巠聲戶經切 附 附婁小土山也从𨸏付聲春秋傳曰附婁無松柏符又切 阺 秦謂陵阪曰阺从𨸏
氐聲丁禮切 阢 石山戴土也从𨸏从兀兀亦聲五忽切 隒 崖也从𨸏兼聲讀若儼魚檢切 阸 塞也从𨸏戹聲於革切 隔

障也从𨸏鬲聲古覈切 障 隔也从𨸏章聲之亮切 隱 蔽也从𨸏㥯聲於謹切 隩 水隈崖也从𨸏奥聲烏到切 隈 水曲隩也从𨸏畏聲烏恢切 ⿱臾𨸏 商小塊也从𨸏从臾臣鉉等曰臾古文蕢字去衍切 𨼨 水衡官谷也从𨸏解聲一曰小谿胡買切 隴 天水大阪也从𨸏龍聲力鍾切 ⿰阝衣 酒泉天依阪也从𨸏衣聲於希切 陜 弘農陜也古虢國王季之子所封也从𨸏夾聲失冉切 ⿰阝無 弘農陜東阪也从𨸏無聲武扶切 ⿰阝卷 河東安邑陬也从𨸏卷聲居遠切 陭 上黨陭氏阪也从𨸏奇聲於离切 隃 北陵西隃鴈門是也从𨸏俞聲傷遇切 阮 代郡五阮關也从𨸏元聲虞遠切 ⿰阝告 大𨸏也一曰右扶風郿有陪𨸏从𨸏告聲苦浩切 ⿰阝武 丘名从𨸏武聲方遇切 ⿰阝貞 丘名从𨸏貞聲陟盈切 ⿰阝丁 丘名从𨸏丁聲讀若丁當經切 ⿰阝爲 鄭地阪从𨸏爲聲春秋傳曰將會鄭伯于隝許爲切 陼 如渚者陼丘水中高者也从𨸏者聲當古切 陳 宛丘舜後嬀滿之所封从𨸏从木申聲臣鉉等曰陳者大昊之虛畫八卦之所木德之始故从木直珍切 𨸏 古文陳 陶 再成丘也在濟陰从𨸏匋聲夏書曰東至于陶丘陶丘有堯城堯嘗所居故堯號陶唐氏徒刀切 ⿰阝⿱召土 耕以臿浚出下壚土也一曰耕休田也从𨸏从土召聲之少切 阽 壁危也从𨸏占聲余廉切 除 殿陛也从𨸏余聲直魚切 階 陛也从𨸏皆聲古諧切 阼 主階也从𨸏乍聲昨誤切 陛 升高階也从𨸏坒聲旁礼切 陔 階次也从𨸏亥聲古

哀切 際 壁會也从𨸏祭聲子例切 隙 壁際孔也从𨸏从𡭴𡭴亦聲綺戟切 陪 重土也一曰滿也从𨸏咅聲薄回切 ⿰阝彖 道邊庳垣也从𨸏彖聲徒玩切 陾 築牆聲也从𨸏耎聲詩云捄之陾陾如乘切 陴 城上女牆俾倪也从𨸏卑聲符支切 𩫏 籀文陴从𩫖 隍 城池也有水曰池無水曰隍从𨸏皇聲易曰城復于隍乎光切 阹 依山谷為牛馬圈也从𨸏去聲去魚切 陲 危也从𨸏垂聲是為切 隖 小障也一曰庳城也从𨸏烏聲安古切 院 堅也从𨸏完聲臣鉉等案宀部已有此重出王眷切 陯 山𨸏陷也从𨸏侖聲盧昆切 陙 水𨸏也从𨸏辰聲食倫切 ⿰阝戔 水𨸏也从𨸏戔聲慈衍切

文九十二　重九

阠 稜名从𨸏凡聲所臻切 阡 路東西為陌南北為阡从𨸏千聲倉先切

文二　新附

五百一

𨺅 兩𨸏之閒也从二𨸏凡𨺅之屬皆从𨺅　房九切

⿰𨺅夬 𨸏突也从𨺅決省聲於決切 ⿰𨺅𦐇 陋也从𨺅𦐇聲𦐇籀文嗌字烏懈切 隘 籀文⿰𨺅𦐇从𨸏益 ⿰𨺅㒸 塞上亭守逢火者从𨺅从火遂聲徐醉切 隧 篆文省

文四　重二

五百二

厽 絫坺土為牆壁象形凡厽之屬皆从厽　力軌切

絫 增也从厽从糸絫十黍之重也力軌切　垒 絫墼也从厽从土力軌切　文三

五百三

四 陰數也象四分之形凡四之屬皆从四 息利切

𠃢 古文四　亖 籀文四　文一　重二

五百四

宁 辨積物也象形凡宁之屬皆从宁 直呂切

䍆 輴也所以載盛米从宁从甾甾缶也陟呂切　文二

五百五

叕 綴聯也象形凡叕之屬皆从叕 陟劣切

綴 合著也从叕从糸 陟衛切　文二

五百六

亞 醜也象人局背之形賈侍中說以爲次弟也凡亞之屬皆从亞 衣駕切

𢀳 闕 衣駕切　文二

五百七

五 五行也从二陰陽在天地閒交午也凡五之屬皆从五 臣鉉等曰二天地也疑古切

㐅 古文五省

文一　重一

五百八

六 易之數陰變於六正於八从入从八凡六之屬皆从六 力竹切

文一

五百九

七 陽之正也从一微陰从中衺出也凡七之屬皆从七 親吉切

文一

五百十

九 陽之變也象其屈曲究盡之形凡九之屬皆从九 擧有切

馗 九達道也似龜背故謂之馗馗高也从九从首 渠追切

逵 馗或从辵从坴

文二　重一

五百十一

禸 獸足蹂地也象形九聲尔疋曰狐貍貛貉醜其足蹞其迹禸凡禸之屬皆从禸 人九切

蹂 篆文从足柔聲 禽 走獸總名从禸象形今聲 巨今切 离 山神獸也从禽頭从禸从屮歐陽喬說离猛獸也臣鉉等曰从屮義無所取疑象形 呂支切 萬 蟲也从禸象形 無販切 禹 蟲也从禸象形 王矩切 禹 古文禹 𥝢 周成王時州靡國獻𥝢人身反踵自笑笑即上脣揜其目食人北方謂之土螻尔疋云𥝢𥝢如人被髮一名梟陽从禸象形 符未切 禼 蟲也从禸象形讀與偰同 私列切 禼 古文禼

文七　重三

五百十二

嘼 犍也象耳頭足禸地之形古文嘼下从禸凡嘼之屬皆从嘼 許救切

獸 守備者从嘼从犬 舒救切

文二

五百十三

甲 東方之孟陽气萌動从木戴孚甲之象一曰人頭

㝎爲甲甲象人頭凡甲之屬皆从甲古狎切

𠇥古文甲始於十見於千成於木之象

文一　重一

五百十四

乙象春艸木寃曲而出陰气尙彊其出乙乙也與丨同意乙承甲象人頸凡乙之屬皆从乙於筆切

乾上出也从乙乙物之達也倝聲渠焉切又古寒切　𠃓籒文乾

亂治也从乙乙治之也从𤔔郎段切

尤異也从乙又聲徐鍇曰乙欲出而見閡見閡則顯其尤異也羽求切

文四　重一

五百十五

丙位南方萬物成炳然陰气初起陽气將虧从一入冂一者陽也丙承乙象人肩凡丙之屬皆从丙徐鍇曰陽功成入於冂冂門也天地陰陽之門也兵永切

文一

五百十六

丁夏時萬物皆丁實象形丁承丙象人心凡丁之屬

皆从丁 當經切 文一

五百十七 戊 中宮也象六甲五龍相拘絞也戊承丁象人脅凡戊之屬皆从戊 莫候切

五百十八 成 就也从戊丁聲 氏征切 戌 古文成从午 徐鍇曰戊中宮成於中也 文二 重一

己 中宮也象萬物辟藏詘形也己承戊象人腹凡己之屬皆从己 居擬切

𢀒 古文己 巹 謹身有所承也从己丞讀若詩云赤舄己己 居隱切 𢀜 長踞也从己其聲讀若杞 暨己切 文三 重一

五百十九 巴 蟲也或曰食象蛇象形凡巴之屬皆从巴 徐鍇曰一所吞也指事 伯加切

𢀳 㧞擊也从巴帚闕 博下切 文二

五百二十

庚 位西方象秋時萬物庚庚有實也庚承己象人䯧凡庚之屬皆从庚 古行切 文一

五百廿一

辛 秋時萬物成而孰金剛味辛辛痛即泣出从一从辛辛辠也辛承庚象人股凡辛之屬皆从辛 息鄰切

辠 犯法也从辛从自言辠人蹙鼻苦辛之憂秦以辠似皇字改爲罪臣鉉等曰自古者以爲鼻字故从自 徂賄切 辜 辠也从辛古聲 古乎切 𣦇 古文辜从死 辥 辠也从辛峕聲 私列切 辤 不受也从辛从受受辛宜辤之 似茲切 辝 籒文古乎切 辭 訟也从𤔔辛𤔔辛猶理辜𤔔理也 似茲切 嗣 籒文辭从司 文六 重三

五百廿二

辡 辠人相與訟也从二辛凡辡之屬皆从辡 方免切

辯 治也从言在辡之閒 符蹇切 文二

五百廿三

壬 位北方也陰極陽生故易曰龍戰于野戰者接也

五百廿四

五百廿五

褱人裹妊之形承亥壬以子生之叙也與巫同意

壬承辛象人脛脛任體也凡壬之屬皆从壬 如林切 文一

癸 冬時水土平可揆度也象水從四方流入地中之形

癸承壬象人足凡癸之屬皆从癸 居誄切

𥘀 籀文从𣥠从矢 文一 重一

子 十一月陽气動萬物滋入以爲偁象形凡子之屬

皆从子 李陽冰曰子在襁緥中足併也 即里切

𢀈 古文子从巛象髮也 𡿺 籀文子囟有髮臂脛在几上也 孕 裹子也从子从几 徐鍇曰取象於裹妊也 以證切 挽

生子免身也从子从免 徐鍇曰說文無免字疑此字从𫝣省以免身之義通用爲解免之免晚冕之類皆當从挽省 芳萬切 臣鉉等曰今俗作亡辯切 字

乳也从子在宀下子亦聲 疾置切 㝅 乳也从子𣪊聲 一曰㝅瞀也 古候切 孿 一乳兩子也从子䜌聲 生患切 孺 乳子也 一曰輸

孺　……一曰輸尚小也从子需聲而遇切　季　少偁也从子从稚省稚亦聲居悸切　孟　長也从子皿聲莫更切　𠔋　古文孟　孽　庶子也从子辥聲魚列切　孳　汲汲生也从子茲聲子之切　𡤣　籀文孳从絲　孤　無父也从子瓜聲古乎切　存　恤問也从子才聲徂尊切　𡥉　放也从子爻聲古肴切　疑　惑也从子止匕矢聲徐鍇曰止不通也𠀤古矢字反匕之幼子多惑也語其切

文十五　重四

五百廿六　了　尦也从子無臂象形凡了之屬皆从了盧鳥切　孑　無右臂也从了乚象形居桀切　孓　無左臂也从了丿象形居月切

文三

五百廿七　孨　謹也从三子凡孨之屬皆从孨讀若翦旨兗切　孱　迮也一曰呻吟也从孨在尸下臣鉉等曰尸者屋也士連切　孴　盛皃从孨从曰讀若薿薿一曰若存魚紀切　𦇩　籀文孴从二子一曰𦇩即奇字𣉳

文三　重一

五百廿八　𠫓　不順忽出也从到子易曰突如其來如不孝子

突出不容於内也凡𠫓之屬皆从𠫓 他骨切

𠫓 或从到古文子即易突字

育 養子使作善也从𠫓肉聲虞書曰教育子 徐鍇曰𠫓不順子也不順子亦教之况順者乎 余六切

毓 育或从每

疏 通也从㐬从疋疋亦聲 所葅切

文三　重二

五百廿九

丑 紐也十二月萬物動用事象手之形時加丑亦舉手時也凡丑之屬皆从丑 敕九切

肚 食肉也从丑从肉 女久切

羞 進獻也从羊羊所進也从丑丑亦聲 息流切

文三

五百三十

寅 髕也正月陽气動去黃泉欲上出陰尚彊象宀不達髕寅於下也凡寅之屬皆从寅 徐鍇曰髕斥之意人陽气鋭而出上閡於宀臼所以擯之也 弋真切

𡥈 古文寅

文一　重一

五百廿一

卯 冒也二月萬物冒地而出象開門之形故二月爲天門凡卯之屬皆从卯 莫飽切

丣 古文卯

文一　重一

五百廿二

辰 震也三月陽气動靁電振民農時也物皆生从乙匕象芒達厂聲也辰房星天時也从二二古文上字凡辰之屬皆从辰 徐鍇曰匕音化乙艸木萌初出曲卷也臣鉉等曰三月陽气成艸木生上徹於土故从匕厂非聲疑亦象物之出植鄰切

𨑃 古文辰

辱 恥也从寸在辰下失耕時於封畺上戮之也辰者農之時也故房星爲辰田候也而蜀切

文二　重一

五百廿三

巳 巳也四月陽气巳出陰气巳藏萬物見成文章故巳爲蛇象形凡巳之屬皆从巳 詳里切

㠯 用也从反巳賈侍中說巳意巳實也象形羊止切

文二

五百卅四

午 啎也五月陰气午逆陽冒地而出此予矢同意凡午之屬皆从午疑古切

啎 逆也从午吾聲五故切

文二

五百卅五

未 味也六月滋味也五行木老於未象木重枝葉也凡未之屬皆从未無沸切

文一

五百卅六

申 神也七月陰气成體自申束从臼自持也吏臣餔時聽事申旦政也凡申之屬皆从申失人切

𦥔 古文申

𠃟 籀文申

朄 擊小鼓引樂聲也从申柬聲羊晉切

臾 束縛捽抴爲臾从申从乙臣鉉等曰乙屈也羊朱切

曳 臾曳也从申丿聲余制切

文四 重二

酉 就也八月黍成可爲酎酒象古文酉之形凡酉之屬皆从酉 與久切

丣 古文酉从卯卯爲春門萬物已出丣爲秋門萬物已入一閉門象也

酒 就也所以就人性之善惡从水从酉酉亦聲一曰造也吉凶所造也古者儀狄作酒醪禹嘗之而美遂疏儀狄杜康作秫酒子酉切 ⿰酉冢 䊩生衣也从酉冢聲莫紅切 ⿰酉甚 孰䊩也从酉甚聲余箴切 釀 醞也作酒曰釀从酉襄聲女亮切 醞 釀也从酉昷聲於問切 ⿰酉弁 酒疾孰也从酉弁聲芳萬切 酴 酒母也从酉余聲讀若廬同都切 釃 下酒也一曰醇也从酉麗聲所綺切 ⿰酉肙 酒也从酉肙聲古玄切 ⿰酉鬲 釃酒也从酉鬲聲郎擊切 醴 酒一宿孰也从酉豊聲盧啓切 醪 汁滓酒也从酉翏聲魯刀切 醇 不澆酒也从酉𦎧聲常倫切 醹 厚酒也从酉需聲詩曰酒醴惟醹而主切 酎 三重醇酒也从酉从時省明堂月令曰孟秋天子飲酎除柳切 醠 濁酒也从酉盎聲烏浪切 醲 厚酒也从酉農聲女容切 ⿰酉茸 酒也从酉茸聲而容切 酤 一宿酒也一曰買酒也从酉古聲古乎切 [illegible] 酒也从酉[illegible]省[illegible]切 ⿰酉監 泛齊行酒也从酉監聲盧瞰切 ⿰酉竷 酒味淫也从酉竷省聲讀若春秋傳曰美而豔古禫切 酷 酒厚味也

从酉告聲苦沃切 醰 酒味苦也从酉覃聲徒紺切 𨡕 酒色也从酉市聲普活切 配 酒色也从酉己聲臣鉉等

曰己非聲當从妃省滂佩切 ⿰酉弋 酒色也从酉弋聲與職切 醆 爵也一曰酒濁而微清也从酉戔聲阻限切 酌 盛酒

行觴也从酉勺聲之若切 醮 冠娶禮祭从酉焦聲子肖切 𥛾 醮或从示 ⿰酉贊 歓酒也从酉贊聲子朕切 酳 少少

歓也从酉勻聲余刃切 醻 主人進客也从酉𠷎聲市流切 酬 醻或从州 醋 客酌主人也从酉昔聲在各切臣鉉等曰

今俗作倉故切 ⿰酉𥁕 歓酒俱盡也从酉𥁕聲迷必切 釂 歓酒盡也从酉嚼省聲子肖切 酣 酒樂也从酉从甘甘亦聲胡甘切

酖 樂酒也从酉冘聲丁含切 醧 私宴歓也从酉區聲依倨切 醵 會歓酒也从酉豦聲其虐切 𨠥 醵或从巨

酺 王德布大歓酒也从酉甫聲薄乎切 醅 醉飽也从酉咅聲匹回切 醉 卒也卒其度量不至於亂也一曰潰也从酉从

卒將遂切 醺 醉也从酉熏聲詩曰公尸來燕醺醺許云切 醟 酗也从酉熒省聲爲命切 酗 醉醟也从酉句聲香

遇切 酲 病酒也一曰醉而覺也从酉呈聲直貞切 醫 治病工也殹惡姿也醫之性然得酒而使从酉王育說一曰殹病聲酒所以治

病也周禮有醫酒古者巫彭初作醫於其切 莤 禮祭束茅加于祼圭而灌鬯酒是爲莤象神歆之也一曰莤榼上塞也从酉从艸春

秋傳曰尔貢包茅不入王祭不供無以莤酒所六切 醨 薄酒也从酉离聲讀若離呂支切 䤌 酢也从酉韱聲初減切

酸 酢也从酉夋聲關東謂酢曰酸素官切 䤮 籀文酸从畯 𨢦 酢漿也从酉𢦏聲徒奈切 醶 酢漿也从酉僉聲臣鉉等曰今俗作釅非是魚窆切

酢 醶也从酉乍聲倉故切臣鉉等曰今俗作在各切 酏 黍酒也从酉也聲一曰甜也賈侍中說酏為鬻清移尔切

醬 醢也从肉从酉酒以和醬也爿聲即亮切 [illegible] 古文 [illegible] 籀文 醢 肉醬也从酉𥁕臣鉉等曰𥁕器也所以盛醢呼改切 [illegible] 籀文

䤁 䤁䤑榆■也从酉敄聲莫候切 䤑 䤁䤑也从酉俞聲田候切 酹 餟祭也从酉寽聲郎外切

[illegible] 醻榆醬也从酉畢聲蒲計切 [illegible] 醬也从酉矞聲居律切 䣼 雜味也从酉京聲力讓切

[illegible] 闕慈冉切 [illegible] 闕而琰切

文六十七 重八

酪 乳漿也从酉各聲盧各切 醐 醍醐酪之精者也从酉胡聲戶吳切 酩 酩酊醉也从酉名聲莫迥切 酊 酩酊从酉丁聲都挺切 醒 醉解也从酉星聲按醒字注云一曰醉而覺也則古醒亦音醒也桑經切 醍 清酒也从酉是聲它禮切

文八 新附

酋 繹酒也从酉水半見於上禮有大酋掌酒官也凡

五百卅九

五百四十

酋之屬皆从酋 字秋切

䔿 酒器也从酋廾以奉之周禮六尊犧尊象尊著尊壺尊太尊山尊以待祭祀賓客之禮祖昆切 尊 尊或从寸臣鉉等曰今俗以尊作尊卑之尊别作罇非是

文二 重一

戌 滅也九月陽气微萬物畢成陽下入地也五行土生於戊盛於戌从戊含一凡戌之屬皆从戌 辛聿切

文一

亥 荄也十月微陽起接盛陰从二二古文上字一人男一人女也从乙象裹子咳咳之形春秋傳曰亥有二首六身凡亥之屬皆从亥 胡改切

𢂋 古文亥爲豕與豕同亥而生子復從一起

文一 重一

說文解字弟十四下

說文解字第十五上　漢太尉祭酒許慎記

銀青光禄大夫守右散騎常侍上柱國東海縣開國子食邑五百户徐鉉等奉敕校定

古者庖犧氏之王天下也仰則觀象於天俯則觀法於地視鳥獸之文與地之宜近取諸身遠取諸物於是始作易八卦以垂憲象及神農氏結繩爲治而統其事庶業其繁飾僞萌生黄帝之史倉頡見鳥獸蹏迒之迹知分理之可相别異也初造書契百工以乂萬品以察蓋取諸夬夬揚于王庭言文者宣教明化於王者朝廷君子所以施禄及下居德則忌也倉頡

之初作書蓋依類象形故謂之文其後形聲相益即
謂之字字者言孳乳而浸多也著於竹帛謂之書書
者如也以迄五帝三王之世改易殊體封于泰山者
七十有二代靡有同焉周禮八歲入小學保氏教國
子先以六書一曰指事指事者視而可識察而可見
上下是也二曰象形象形者畫成其物隨體詰詘日
月是也三曰形聲形聲者以事為名取譬相成江河
是也四曰會意會意者比類合誼以見指撝武信是
也五曰轉注轉注者建類一首同意相受考老是也
六曰假借假借者本無其字依聲託事令長是也及

宣王太史籀著大篆十五篇與古文或異至孔子書
六經左丘明述春秋傳皆以古文厥意可得而說其
後諸侯力政不統於王惡禮樂之害己而皆去其典
籍分爲七國田疇異畮車涂異軌律令異法衣冠異
制言語異聲文字異形秦始皇帝初兼天下丞相李
斯乃奏同之罷其不與秦文合者斯作倉頡篇中車
府令趙高作爰歷篇太史令胡毋敬作博學篇皆取
史籀大篆或頗省改所謂小篆者也是時秦燒滅經
書滌除舊典大發隸卒興役戍官獄職務繁初有隸
書以趣約易而古文由此絕矣徐鍇曰王僧虔云秦獄吏程邈善大篆得罪繫雲陽獄增減

大篆去其繁複始皇善之出爲御史名其書曰隸書班固云謂施之於徒隸也即今之隸書而無點畫俯仰之勢自爾秦書有八體一曰大篆二曰小篆三曰刻符四曰蟲書徐鍇曰案漢書注蟲書即鳥書以書幡信首象鳥形即下云鳥蟲是也五曰摹印蕭子良以刻符摹印合爲一體徐鍇以爲符者竹而中剖之字形半分理應別爲一體摹印屈曲填密則秦璽文也子良誤合之六曰署書蕭子良云署書漢高六年蕭何所定以題蒼龍白虎二闕羊欣云何覃思累月然後題之七曰殳書徐鍇曰書於殳也殳體八觚隨其勢而書之八曰隸書漢興有艸書徐鍇曰案書傳多云張竝作艸又云齊相杜探作據說文則張竝之前已有矣蕭子良云藁書者董仲舒欲言災異藁艸未上即爲藁書藁者艸之初也史記上官奪屈原藁艸今云漢興有艸知所言藁艸是創艸非艸書也尉律徐鍇曰尉律漢律篇名學僮十七已上始試諷籒書九千字乃得爲吏又以八體試之郡移太史并課最者以爲尚書史書或不正輒舉劾之今雖有尉律不課小學不修莫達其說久矣

孝宣時召通倉頡讀者張敞從受之涼州刺史杜業沛人爰禮講學大夫秦近亦能言之孝平時徵禮等百餘人令說文字未央廷中以禮爲小學元士黃門侍郎楊雄采以作訓纂篇凡倉頡已下十四篇凡五千三百四十字羣書所載略存之矣及亡新居攝使大司空甄豐等校文書之部自以爲應制作頗改定古文時有六書一曰古文孔子壁中書也二曰奇字即古文而異者也三曰篆書即小篆秦始皇帝使下杜人程邈之所作也（徐鍇曰李斯雖改史篇爲秦篆而程邈復同作也）四曰佐書即秦隸書五曰繆篆所以摹印也六曰鳥蟲書所以書幡信也

壁中書者魯恭王壞孔子宅而得禮記尚書春秋論
語孝經又北平矦張倉獻春秋左氏傳郡國亦往往
於山川得鼎彝其銘即前代之古文皆自相似雖叵
復見遠流其詳可得略說也而世人大共非訾以爲
好奇者也故詭更正文鄉壁虛造不可知之書變亂
常行以燿於世諸生競說字解經誼稱秦之隸書爲
倉頡時書云父子相傳何得改易乃猥曰馬頭人爲
長人持十爲斗虫者屈中也廷尉說律至以字斷法
苛人受錢苛之字止句也若此者甚眾皆不合孔氏
古文謬於史籀俗儒啚夫翫其所習蔽所希聞不見

通學未嘗覩字例之條怪舊埶而善野言以其所知
為祕妙究洞聖人之微恉又見倉頡篇中幼子承詔
因號古帝之所作也其辭有神僊之術焉其迷誤不
諭豈不悖哉書曰予欲觀古人之象言必遵修舊文
而不穿鑿孔子曰吾猶及史之闕文今亡也夫蓋非其
不知而不問人用己私是非無正巧說衺辭使天下
學者疑蓋文字者經藝之本王政之始前人所以垂
後後人所以識古故曰本立而道生知天下之至嘖
而不可亂也今敘篆文合以古籀博采通人至于小
大信而有證稽譔其說將以理羣類解謬誤曉學者

達神恉徐鍇曰恉即意旨字恉者莫也多通用分別部居不相雜廁徐鍇曰分部相從自許始萬物咸覩靡不兼載厥誼不昭爰明以諭其偁易孟氏書孔氏詩毛氏禮周官春秋左氏論語孝經皆古文也其於所不知蓋闕如也

說文解字弟一

一一部 丄二部 示三部 三四部 王五部 玉六部

玨七部 气八部 士九部 丨十部 屮十一部 艸十二部

蓐十三部 茻十四部

說文解字弟二

小十五部 八十六部 釆十七部 半十八部 牛十九部 犛二十部

告部二十一 口部二十二 凵部二十三 吅部二十四 哭部二十五 走部二十六

止部二十七 癶部二十八 步部二十九 此部三十 正部三十一 是部三十二

辵部三十三 彳部三十四 廴部三十五 㢟部三十六 行部三十七 齒部三十八

牙部三十九 足部四十 疋部四十一 品部四十二 龠部四十三 冊部四十四

說文解字弟三

㗊部四十五 舌部四十六 干部四十七 𧮫部四十八 只部四十九 㕯部五十

句部五十一 丩部五十二 古部五十三 十部五十四 卅部五十五 言部五十六

誩部五十七 音部五十八 䇂部五十九 丵部六十 菐部六十一 𠬞部六十二

𠬜部六十三 共部六十四 異部六十五 舁部六十六 𦥑部六十七 䢅部六十八

爨部六十九 革部七十 鬲部七十一 䰜部七十二 爪部七十三 丮部七十四

鬥部七十五　又部七十六　𠂇部七十七　史部七十八　支部七十九　𦘒部八十

聿部八十一　畫部八十二　隶部八十三　臤部八十四　臣部八十五　殳部八十六

殺部八十七　𠘧部八十八　寸部八十九　皮部九十　㼱部九十一　攴部九十二

教部九十三　卜部九十四　用部九十五　爻部九十六　㸚部九十七

說文解字弟四

𥄎部九十八　目部九十九　䀠部一百　眉部一百一　盾部一百二　自部一百三

白部一百四　鼻部一百五　皕部一百六　習部一百七　羽部一百八　隹部一百九

奞部一百十　萑部一百十一　𦫳部一百十二　苜部一百十三　羊部一百十四　羴部一百十五

瞿部一百十六　雔部一百十七　雥部一百十八　鳥部一百十九　烏部一百二十　𠦒部一百二十一

冓部一百二十二　幺部一百二十三　𢆶部一百二十四　叀部一百二十五　玄部一百二十六　予部一百二十七

放部一百二十八 受部一百二十九 𣦼部一百三十 歺部一百三十一 死部一百三十二 冎部一百三十三

骨部一百三十四 肉部一百三十五 筋部一百三十六 刀部一百三十七 刃部一百三十八 㓞部一百三十九

丯部一百四十 耒部一百四十一 角部一百四十二

說文解字弟五

竹部一百四十三 箕部一百四十四 丌部一百四十五 左部一百四十六 工部一百四十七 㠭部一百四十八

巫部一百四十九 甘部一百五十 曰部一百五十一 乃部一百五十二 丂部一百五十三 可部一百五十四

兮部一百五十五 号部一百五十六 亏部一百五十七 旨部一百五十八 喜部一百五十九 壴部一百六十

鼓部一百六十一 豈部一百六十二 豆部一百六十三 豊部一百六十四 豐部一百六十五 䖒部一百六十六

虍部一百六十七 虎部一百六十八 虤部一百六十九 皿部一百七十 凵部一百七十一 去部一百七十二

血部一百七十三 丶部一百七十四 丹部一百七十五 青部一百七十六 井部一百七十七 皀部一百七十八

皀部一百七十九 食部一百八十 亼部一百八十一 會部一百八十二 倉部一百八十三 入部一百八十四

缶部一百八十五 矢部一百八十六 高部一百八十七 冂部一百八十八 𩫏部一百八十九 京部一百九十

亯部一百九十一 㫗部一百九十二 畗部一百九十三 㐭部一百九十四 嗇部一百九十五 來部一百九十六

麥部一百九十七 夊部一百九十八 舛部一百九十九 舜部二百 韋部二百一 弟部二百二

夂部二百三 久部二百四 桀部二百五

說文解字弟六

木部二百六 東部二百七 林部二百八 才部二百九 叒部二百十 之部二百十一

帀部二百十二 出部二百十三 𣎵部二百十四 生部二百十五 乇部二百十六 𠂹部二百十七

𠌶部二百十八 華部二百十九 𥝌部二百二十 稽部二百二十一 巢部二百二十二 桼部二百二十三

束部二百二十四 㯻部二百二十五 囗部二百二十六 員部二百二十七 貝部二百二十八 邑部二百二十九

𨛜 部二百三十

說文解字弟七

日 部二百三十一　旦 部二百三十二　倝 部二百三十三　㫃 部二百三十四　冥 部二百三十五　晶 部二百三十六

月 部二百三十七　有 部二百三十八　朙 部二百三十九　囧 部二百四十　夕 部二百四十一　多 部二百四十二

毌 部二百四十三　𢎘 部二百四十四　𣐺 部二百四十五　𠧪 部二百四十六　齊 部二百四十七　朿 部二百四十八

片 部二百四十九　鼎 部二百五十　克 部二百五十一　录 部二百五十二　禾 部二百五十三　秝 部二百五十四

黍 部二百五十五　香 部二百五十六　米 部二百五十七　毇 部二百五十八　臼 部二百五十九　凶 部二百六十

朩 部二百六十一　𣏟 部二百六十二　麻 部二百六十三　尗 部二百六十四　耑 部二百六十五　韭 部二百六十六

瓜 部二百六十七　瓠 部二百六十八　宀 部二百六十九　宮 部二百七十　呂 部二百七十一　穴 部二百七十二

㝱 部二百七十三　疒 部二百七十四　冖 部二百七十五　𠔼 部二百七十六　冃 部二百七十七　㒳 部二百七十八

网 部二百七十九　襾 部二百八十　巾 部二百八十一　巿 部二百八十二　帛 部二百八十三　白 部二百八十四

㡀 部二百八十五　黹 部二百八十六

說文解字弟八

人 部二百八十七　匕 部二百八十八　匕 部二百八十九　从 部二百九十　比 部二百九十一　北 部二百九十二

丘 部二百九十三　㐺 部二百九十四　𡈼 部二百九十五　重 部二百九十六　臥 部二百九十七　身 部二百九十八

㐆 部二百九十九　衣 部三百　裘 部三百一　老 部三百二　毛 部三百三　毳 部三百四

尸 部三百五　尺 部三百六　尾 部三百七　履 部三百八　舟 部三百九　方 部三百十

儿 部三百十一　兄 部三百十二　兂 部三百十三　皃 部三百十四　𠑹 部三百十五　先 部三百十六

禿 部三百十七　見 部三百十八　覞 部三百十九　欠 部三百二十　㱃 部三百二十一　次 部三百二十二

旡 部三百二十三

說文解字弟九

頁 部三百二十四　百 部三百二十五　面 部三百二十六　丏 部三百二十七　首 部三百二十八　県 部三百二十九

須 部三百三十　彡 部三百三十一　彣 部三百三十二　文 部三百三十三　髟 部三百三十四　后 部三百三十五

司 部三百三十六　卮 部三百三十七　卩 部三百三十八　印 部三百三十九　色 部三百四十　卯 部三百四十一

辟 部三百四十二　勹 部三百四十三　包 部三百四十四　茍 部三百四十五　鬼 部三百四十六　甶 部三百四十七

厶 部三百四十八　嵬 部三百四十九　山 部三百五十　屾 部三百五十一　屵 部三百五十二　广 部三百五十三

厂 部三百五十四　丸 部三百五十五　危 部三百五十六　石 部三百五十七　長 部三百五十八　勿 部三百五十九

冄 部三百六十　而 部三百六十一　豕 部三百六十二　㣇 部三百六十三　彑 部三百六十四　豚 部三百六十五

豸 部三百六十六　𤉡 部三百六十七　易 部三百六十八　象 部三百六十九

說文解字弟十

馬部三百七十　廌部三百七十一　鹿部三百七十二　麤部三百七十三　㲋部三百七十四　兔部三百七十五

萈部三百七十六　犬部三百七十七　㹜部三百七十八　鼠部三百七十九　能部三百八十　熊部三百八十一

火部三百八十二　炎部三百八十三　黑部三百八十四　囱部三百八十五　焱部三百八十六　炙部三百八十七

赤部三百八十八　大部三百八十九　亦部三百九十　夨部三百九十一　夭部三百九十二　交部三百九十三

尣部三百九十四　壺部三百九十五　壹部三百九十六　㚔部三百九十七　奢部三百九十八　亢部三百九十九

夲部四百　夰部四百一　亣部四百二　夫部四百三　立部四百四　竝部四百五

囟部四百六　思部四百七　心部四百八　惢部四百九

說文解字弟十一

水部四百十　沝部四百十一　瀕部四百十二　𡿨部四百十三　巜部四百十四　川部四百十五

泉部四百十六　灥部四百十七　永部四百十八　𠂢部四百十九　谷部四百二十　仌部四百二十一

雨 部四百二十二 雲 部四百二十三 魚 部四百二十四 𩺰 部四百二十五 燕 部四百二十六 龍 部四百二十七

飛 部四百二十八 非 部四百二十九 卂 部四百三十

說文解字第十二

乞 部四百三十一 不 部四百三十二 至 部四百三十三 西 部四百三十四 鹵 部四百三十五 鹽 部四百三十六

戶 部四百三十七 門 部四百三十八 耳 部四百三十九 𦣝 部四百四十 手 部四百四十一 𠦬 部四百四十二

女 部四百四十三 毋 部四百四十四 民 部四百四十五 丿 部四百四十六 厂 部四百四十七 乁 部四百四十八

氏 部四百四十九 氐 部四百五十 戈 部四百五十一 戉 部四百五十二 我 部四百五十三 亅 部四百五十四

琴 部四百五十五 乚 部四百五十六 亡 部四百五十七 匸 部四百五十八 匚 部四百五十九 曲 部四百六十

甾 部四百六十一 瓦 部四百六十二 弓 部四百六十三 弜 部四百六十四 弦 部四百六十五 系 部四百六十六

說文解字第十三

糸部四百六十七 素部四百六十八 絲部四百六十九 率部四百七十 虫部四百七十一 䖵部四百七十二

蟲部四百七十三 風部四百七十四 它部四百七十五 龜部四百七十六 黽部四百七十七 卵部四百七十八

二部四百七十九 土部四百八十 垚部四百八十一 堇部四百八十二 里部四百八十三 田部四百八十四

畕部四百八十五 黃部四百八十六 男部四百八十七 力部四百八十八 劦部四百八十九

說文解字弟十四

金部四百九十 幵部四百九十一 勺部四百九十二 几部四百九十三 且部四百九十四 斤部四百九十五

斗部四百九十六 矛部四百九十七 車部四百九十八 𠂤部四百九十九 阜部五百 𨸏部五百一

厽部五百二 四部五百三 宁部五百四 叕部五百五 亞部五百六 五部五百七

六部五百八 七部五百九 九部五百十 内部五百十一 嘼部五百十二 甲部五百十三

乙部五百十四 丙部五百十五 丁部五百十六 戊部五百十七 己部五百十八 巴部五百十九

庚 部五百二十　辛 部五百二十一　辡 部五百二十二　壬 部五百二十三　癸 部五百二十四　子 部五百二十五

了 部五百二十六　孨 部五百二十七　𠫓 部五百二十八　丑 部五百二十九　寅 部五百三十　卯 部五百三十一

辰 部五百三十二　巳 部五百三十三　午 部五百三十四　未 部五百三十五　申 部五百三十六　酉 部五百三十七

酋 部五百三十八　戌 部五百三十九　亥 部五百四十

說文解字第十五上

說文解字第十五下　　漢太尉祭酒許慎記

銀青光祿大夫守右散騎常侍上柱國東海縣開國子食邑五百戶臣徐鉉等奉

敕校定

敘曰此十四篇五百四十部九千三百五十三文重一千一百六十三解說凡十三萬三千四百四十一字其建首也立一爲耑方以類聚物以羣分同牽條屬共理相貫雜而不越據形系聯引而申之以究萬原畢終於亥知化窮冥于時大漢聖德熙明承天稽唐敷崇殷中遐邇被澤渥衍沛滂廣業甄微學士知方探嘖索隱厥誼可傳粤在永元困頓之季徐鍇曰漢和帝永元十二年歲

在庚子也孟陬之月朔日甲申曾曾小子祖自炎神縉雲相
黃共承高辛太岳佐夏呂叔作藩俾侯于許世祚遺
靈自彼徂召宅此汝瀕竊卬景行敢涉聖門其弘如
何節彼南山欲罷不能既竭愚才惜道之味聞疑載
疑演贊其志次列微辭知此者稀儻昭所尤庶有達者
理而董之　召陵萬歲里公乘艸莽臣沖稽首再拜
上書皇帝陛下臣伏見陛下神明盛德承遵聖業上
考度於天下流化於民先天而天不違後天而　奉
天時萬國咸寧神人以和猶復深惟五經之妙皆爲
漢制博采幽遠窮理盡性以至於命先帝詔侍中騎

都尉賈逵修理舊文殊藝異術王教一耑苟有可以
加於國者靡不悉集易曰窮神知化德之盛也書曰
人之有能有為使羞其行而國其昌臣父故太尉南
閣祭酒慎本從逵受古學蓋聖人不空作皆有依據
今五經之道昭炳光明而文字者其本所由生自周
禮漢律皆當學六書貫通其意恐巧說衺辭使學
者疑慎博問通人考之於逵作說文解字六藝羣書
之詁皆訓其意而天地鬼神山川艸木鳥獸蚰蟲雜
物奇怪王制禮儀世閒人事莫不畢載凡十五卷十
三萬三千四百四十一字慎前以詔書校東觀教小

黄門孟生李喜等以文字未定未奏上今慎巳病遣
臣齎詣闕愼又學孝經孔氏古文說文古孝經者孝
昭帝時魯國三老所獻建武時給事中議郎衞宏所
校皆口傳官無其說謹撰具一篇并上臣沖誠惶誠
恐頓首頓首死皋死皋臣聞昝首再拜以聞皇帝陛下
建光元年九月己亥朔二十日戊午上徐鍇曰建光元年漢安帝之十五年歲在辛酉
召上書者汝南許沖詣左掖門會令并齎所上書十
月十九日中黄門饒喜巳詔書賜召陵公乘許沖布
四十匹即日受詔朱雀掖門　敕勿謝
銀青光禄大夫守右散騎常侍上柱國東海縣開國

子食邑五百戶臣徐鉉奉直郎守秘書省著作郎直
史館臣句中正翰林書學臣葛湍臣王惟恭等奉
詔校定許慎說文十四篇并序目一篇凡萬六百餘
字聖人之旨蓋云備矣稽夫八卦既畫萬象既分則
文字為之大輅載籍為之六轡先王教化所以行於
百代及物之功與造化均不可忽也雖復五帝之後
改易殊體六國之世文字異形然猶存篆籀之迹不
失形類之本及暴秦苛政散隸聿興便於末俗人競
師法古文既絕譌偽日滋至漢宣帝時始命諸儒修
倉頡之法亦不能復故光武時馬援上跡論文字之

譌謬其言詳矣及和帝時申命賈逵修理舊文於是
許慎采史籀李斯揚雄之書博訪通人考之於逵作
說文解字至安帝十五年始奏上之而隸書行之已
久習之益工加以行草八分紛然閒出返以篆籀爲
奇怪之迹不復經心至於六籍舊文相承傳寫多求
便俗漸失本原爾雅所載艸木魚鳥之名肆意增益
不可觀矣諸儒傳釋亦非精究小學之徒莫能矯正
唐大曆中李陽冰篆迹殊絕獨冠古今自云斯翁之
後直至小生此言爲不妄矣於是刊定說文修正筆
法學者師慕篆籀中興然頗排斥許氏自爲臆說夫

以師心之見破先儒之祖述豈聖人之意乎今之爲
字學者亦多從陽冰之新義所謂貴耳賤目也自唐
末喪亂經籍道息
皇宋膺運
二聖繼明人文國典粲然光被興崇學校登進羣才
以爲文字者六藝之本固當率由古法乃
詔取許慎說文解字精加詳校垂憲百代臣等愚陋
敢竭所聞蓋篆書堙替爲日已久凡傳寫說文者皆
非其人故錯亂遺脫不可盡究今以集書正副本及
羣臣家藏者備加詳考有許慎注義序例中所載而

諸部不見者審知漏落悉從補録復有經典相承傳
寫及時俗要用而說文不載者承
詔皆附益之以廣篆籀之路亦皆形聲相從不違六
書之義者其間說文具有正體而時俗譌變者則具
於注中其有義理乖舛違戾六書者竝序列於後俾
夫學者無或致疑大抵此書務援古以正今不徇今
而違古若乃高文大册則宜以篆籀著之金石至於
常行簡牘則艸隸足矣又許慎注解詞簡義奥不可
周知陽冰之後諸儒箋述有可取者亦從附益猶有
未盡則臣等粗爲訓釋以成一家之書說文之時未

有反切後人附益互有異同孫愐唐韻行之已久今
並以孫愐音切爲定庶夫學者有所適從食時而成
旣異淮南之敏縣金於市曾非呂氏之精塵瀆
聖明若臨冰谷謹上

新修字義

左文一十九說文闕載注義及序例偏旁有之今並
録於諸部

詔 志 件 借 魋 綦 剔 䙴 醆 趄

顦 璵 𤁸 櫍 緻 笑 迓 睆 峯

左文二十八俗書譌謬不合六書之體

亹 字書所無不知所从無以下筆 易云定天下之亹亹文亹當作娓 个 亦不見義無以下筆明堂左右个者明堂旁室也當作介 暮

本作莫日且冥也在茻中也 亨 本作亯 芽 以手進之 捧 本作奉从廾从手丰聲經典皆如此 遨 本作敖从出从放 徘

佪 本作裴回寬衣也取其裴回之狀 廻 本作回象回轉之形 腰 本只作要說文象形借為玄要之要後人加肉 嗚 本只作

烏盱呼也以其名自呼後人加口 慾 說文欲字注云貪欲也此後人加心 揀 本只作柬說文从束八八柬之也後人加手

倖 本只作幸古為之奉祿後人加人 下一十二字後人妄加偏傍失六書之義 鞦韆 案詞人高無際

漢武帝後庭之戲也本云千秋祝壽之詞也語譌轉為秋千後人不本其意乃造此字非皮革所為非車馬之用不合从革 作鞦韆賦序云 影 彡案影者 景 光景之

類也合通用景非毛髮藻飾之事不當从彡 斌 本作彬或份文質備也从文配武過為鄙 悦

經典只作說 蕿 後有从斌从貝者云白顏亦於義無取 藝 本只作埶後人加云艸云義無所取 著 本作箸說文陟慮切注云飯敧也借為住箸之箸後人从艸 墅

經典只用野 亦音常句切 野 褻 褻字本作蘇禾切从衣 象形借為褻杓之褻 讀 周易繫辭義云深也案 賾 此亦假借之字當通

用 嚳 學也从學省黃 聲 說文無學部 黈 充耳也从纊省主聲 說文無纊部 矗 直 直見經史所 無說文

部此三字皆無部類可附虞說文噳字注云麌鹿羣臣相聚也詩麀鹿噳噳當用虞字他他佀之他當用佗沱江之別流也

篆文筆迹相承小異

尸尺尸本作𡰥尸本从二从古文及左旁不當引筆下垂蓋前作筆勢如此後代因而不改卬說文不从人直作乚親左旁亲从辛从木說文不省此二字李斯刻石文如此後人因之音从辛从六中畫不當上曲亦李斯刻石如此上曲則字形茂美人皆効之冖說文作𠔼象二屬之形李斯筆迹小變不言爲異乃說文作𠄎乃亦李斯小變其勢李陽冰乃云从開口形亦爲臆說屮說文从屮而垂下於相出入也从入此字从屮下垂當只作屮蓋相承多一畫肉如六切說文本作肉後人相承作肉白月字相類奐說文作奐上史籀筆迹小異非別體無此本蕃廡之廡李斯借爲有無之無後人尚其簡便故皆从之有無字本从亡李陽冰乃云不當加亡且蕃廡字从大从冊數之積也从林亦蕃多之義若不加亡何以得爲有無之無畱或作畱亦非

盈說文作盈李斯筆迹小異

說文解字第十五下

銀青光祿大夫守右散騎常侍上柱國東海縣開國
子食邑五百戶臣徐鉉等伏奉
聖旨校定許慎說文解字一部伏以振發人文興崇
古道考遺編於魯壁緝蠹簡於羽陵載穆
皇風允符
昌運伏惟
應運統天睿文英武大聖至明廣孝皇帝陛下凝神
繫表降鑒機先聖靡不通　思無不及以爲經
籍既正憲章具明非文字無以見聖人之心非篆籀
無以究文字之義眷茲譌俗深惻

皇慈爰命討論以垂程式將懲宿弊宜屬通儒臣等
寔媿謏聞猥承乏使徒窮懵學豈副
宸謨塵瀆
冕旒冰炭交集其書十五卷以編袟繁重每卷各分
上下共三十卷謹詣
東上閤門進
上謹進
雍熙三年十月　日翰林書學臣王惟恭臣葛湍等狀進
奉直郎守祕書省著作郎直史館臣句中正
銀青光祿大夫守右散騎常侍上柱國東海縣開國子食邑五百戶臣徐鉉

中書門下　牒徐鉉等

新校定說文解字

牒奉

敕許愼說文起於東漢歷代傳寫譌謬實多六書之

蹤無所取法若不重加刊正漸恐失其原流爰命儒

學之臣共詳篆籀之跡右散騎常侍徐鉉等深明舊

史多識前言果能商搉是非補正闕漏書成上奏克

副朕心宜遣雕鐫用廣流布自　我朝之垂範俾永

世以作程其書宜付史館仍令國子監雕爲印版依

九經書例許人納紙墨價錢收贖兼委徐鉉等點檢

書寫雕造無令差錯致誤後人牒至準
敕故牒

雍熙三年十一月　日牒

給事中參知政事辛仲甫

給事中參知政事呂蒙正

中書侍郎兼工部尚書平章事李昉

道光戊戌四月初六日　孟慈戶部以宋槧小
字說文見示余究心此許書廿年得見斯書
良可慶幸其中亦多誤字然因此可以攷
見原文不似近刻肥改許書失却本來面
目是可歎也山陽丁晏記